미래 변화의 물결을 타라

THE THIRD WAVE

3차 인터넷 혁명이 불러올 새로운 비즈니스

미래 변화의

THE THIRD WAVE

물결을 타라

스티브 케이스 지음 | 이은주 옮김

이레미디어

세상을 바꾸려 했던
모든 벤처 기업인에게 이 책을 바친다.

더 높이, 더 멀리 올라라.
하늘을 목표 삼고, 별을 겨냥하라.

-마크 홉킨스

나는 하와이 호놀룰루에서 태어나 그곳
에서 자랐는데, 첫 번째 생일날에 하와
이가 미국의 50번째가 주가 됐다.

맨 왼쪽부터 나, 형 대니, 아버지 댄, 어머니 캐롤, 누나 카린, 남동생 제프이다(1967년 호놀
룰루).

1970년대 말 윌리엄스 대학 재학 시절에 한 밴드의 보컬이었지만, 노래를 썩 잘하지 못해
서 사업 쪽으로 방향 전환을 했다.

1986년에 PBS 방송국의 프로그램 〈컴퓨터 크로니클〉에 출연했다. 28세에 처음으로 한 TV 인터뷰였다.

1985년에 '사용하기 쉽고, 값싸고, 유용하고, 재미있는 온라인 서비스'임을 내세워 출시한 첫 번째 브랜드인 퀀텀링크. 당시 미국의 온라인 사용 비율은 3%였고 주당 사용 시간도 평균 1시간 정도였다.

금요일마다 회사에서 열렸던 맥주 파티로, 이런 자리는 팀원들이 무슨 생각을 하는지 알 수 있는 좋은 기회다. 나, 공동 창업자이자 최고기술책임자 마크 세리프, 초창기 직원 키스 배런, 공동 창업자이자 CEO인 짐 킴지다.

최고 전성기 때 AOL은 미국 인터넷 트래픽의 거의 절반을 차지했다. 대다수 미국인에게 AOL은 인터넷 그 자체였다. 당시 미국인에게 AOL은 구글, 페이스북, 트위터, 아마존, 스포티파이, 유튜브, 인스타그램 등이 통합된 개념이었다.

AOL이 뉴욕증권거래소에 상장된 날 월스트리트에서 찍은 사진이다. AOL은 인터넷 기업으로는 최초로 1992년에 증시에 상장됐으며, 당시 시가총액은 7,000만 달러였고 상장으로 1,100만 달러를 조달했다. 8년 후에는 시가총액이 1,600억 달러가 되면서 1990년대 최고 성장주가 됐다.

AOL 디스크는 미국의 아이콘이 됐다. 우리는 1990년대에 시험 사용용으로 이 견본품 수억 개를 무료배포했다. 이 전략으로 1992년에 20만 명에 불과했던 회원이 10년 후에 2,500만 명으로 증가했다.

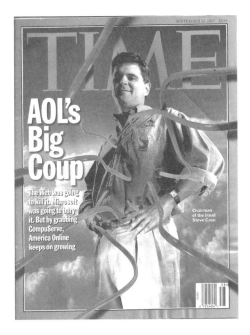

AOL은 듣도 보도 못한 기업에서 끊임없이
언급되는 업계의 중심 기업이 됐다. 사진은 수
많은 잡지 표지 가운데 하나이다. 나는 'AOL이
벼락 성공을 하는 데 10년이 걸렸다'고 너스레
를 떨곤 했다.

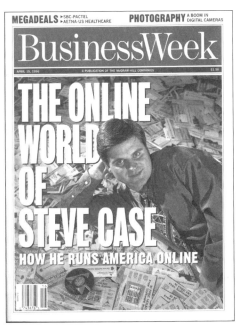

1999년 백악관에서 열린 '아동, 폭력 그리고 책임(Children, Violence & Responsibility)' 회의에서 당시 영부인 힐러리 클린턴 여사와 아동 보호와 인터넷 역할에 관해 토의하는 중이다.

David Hume Kennerly

AP Photo

2000년 2월에 클린턴 대통령이 온라인에 접속하는 한 학생을 지켜보고 있다. 지금은 당연한 일이지만 당시에는 엄청난 뉴스였다. 케이스 재단의 '파워업' 프로그램에 따라 디지털 양극화 해소를 위해 낙후된 지역에 컴퓨터센터 1,000개를 건립했다.

Luke Frazza

백악관 모임에서 조지 W. 부시 대통령, 디즈니의 CEO 마이클 아이스너(Michael Eisner)와 함께 한 사진이다. 2000년 선거전 당시 광대역 통신망에 대한 '접근 개방'을 요청했으나 부시는 결국 이를 받아들이지 않았고, 이것이 타임워너와의 합병을 결심하게 된 주요 동기가 됐다. 디즈니와도 합병을 고려했으나 결국 성사되지 않았다.

1996년, 오랜 다툼 끝에 AOL과 마이크로소프트는 결국 휴전을 선언했다. 빌 게이츠는 AOL이 마이크로소프트의 웹 브라우저를 사용하는 대신 윈도에 AOL 소프트웨어를 탑재하는 데 동의했다.

1998년에 TED 컨퍼런스에서 빌리 그레이엄 목사를 만났다. 우리는 친한 친구가 됐으며 진과 결혼할 때는 주례를 서주기도 했다. 사진은 2000년 '로널드 레이건 자유상' 만찬식장에서이다.

중화인민공화국 수립 50주년을 맞이하여 1999년에 중국에서 열린 〈포천〉지 주최 '글로벌 CEO 포럼'. 베이징에서 나와 아내 진은 타임워너의 CEO 제리 레빈과 담소를 나눴다. 이날의 일들이 AOL과 타임워너 합병의 단초가 됐다.

Stan Honda

2000년에 AOL과 타임워너의 합병을 기념하며 제리 레빈과 테드 터너와 함께. 이날은 다들 웃고 있었다.

Chris Hondros

'승리'를 나타내는 듯한 이날의 포즈가 두고두고 후회가 됐다. 합병 논의에 걸림돌이 되지 않도록 나는 CEO 자리를 내놓기로 했었다. 그러나 합병 선언을 하는 이날, AOL이 숙이고 들어간다는 인상을 주고 싶지 않아서 이런 포즈를 취했던 것이다. 그런데 사람들은 이 때문에 내가 AOL-타임워너의 수장이라고 오해했고, 합병 실패의 책임을 내가 지는 모양새가 됐다.

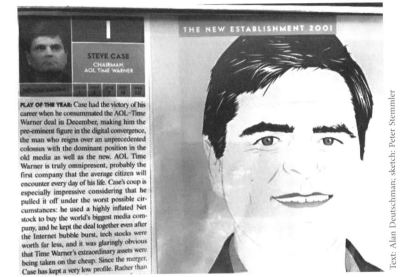

Text: Alan Deutschman; sketch: Peter Stemmler

2000년과 2001년에 〈베니티페어〉는 빌 게이츠, 스티브 잡스, 워런 버핏, 제프 베조스 등 쟁쟁한 인물들을 제치고 영광스럽게도 나를 가장 영향력 있는 '혁신가'로 선정했다. 그러나 이 영광은 그리 오래 가지 않았다. 2년 후에는 1위는커녕 명단에조차 오르지 못했다.

AOL과 타임워너가 합병하고 나서 몇 개월 후 몬태나 주에 있는 테드 터너의 목장에서 함께 말을 탔다. 그러나 터너는 오래지 않아 내게 등을 돌렸고 나를 이사회 회장에서 물러나게 하려 했다.

2002년 그래미상 시상식에서 타임워너 CEO 제프 뷰크스와 전 CEO 딕 파슨스와 함께. 다들 웃고 있지만 속으로는 다른 생각중! 나는 몇 개월 후 회사를 떠나게 된다.

2002년에 햄브레이트앤드퀴스트(Hambrecht & Quist) 보건의료 회의에서 형 댄과 포옹하는 사진이다. 댄은 이로부터 몇 개월 후 뇌암으로 세상을 떠났다. 형이 떠나고 나니 세상이 산산조각이 나는 것만 같았다. 그 슬픔은 이루 말로 다할 수 없었다.

케이스 재단은 세계 곳곳에 도움의 손길을 뻗쳤다. 2005년에 에티오피아의 한 오지 마을에서 마을 사람들, 그리고 아내 진과 함께.

2010년 창립 25주년을 기념하는 AOL 버지니아 본사. 참으로 길고, 예측할 수 없고, 특별하고, 또 때로는 아주 이상한 여정이었다. 돌이켜보면 대다수가 인터넷의 잠재력과 미래에 대해 회의적일 때, 과감하게 우리와 인터넷의 미래를 믿고 함께해준 이 '개척자들'에게 항상 감사해야 할 것 같다.

2011년에 '스타트업 아메리카 파트너십'을 위해 오바마 대통령과 함께 '에어포스원(대통령 전용기)'을 타고 클리블랜드로 갔던 당시.

2011년 의회 의사당에서 오바마 대통령의 국정연설을 기다리며 GE의 CEO 제프 이멜트와 대화하고 있다.

〈포브스〉 선정 세계 억만장자 자선가 400인의 '자선 정상 회담(Forbes 400 Summit on Philanthropy)'에서 워런 버핏, 빌 게이츠와 함께. 버핏은 투자회사 레볼루션을 시작하는 데 큰 계기를 마련해줬다. 또 사업적으로는 빌 게이츠와 빈말로도 친한 사이라 할 수 없으나 기빙플레지(Giving Pledge) 같은 자선 및 기부 운동을 함께 할 때는 참 즐거웠다.

2012년에 초당적 법안 '외국인 과학 기술 인재의 취업 및 창업 장려 법안(Startup Act 2.0)을 발표하는 자리. 왼쪽부터 마크 워너상원 의원, 나, 마르코 루비오 상원 의원, 제리 모건, 크리스 쿤스이다.

백악관 로즈가든에서 공화당 원내총무 에릭 칸토, 여러 하원의원들, 기업인 등이 지켜보는 가운데 오바마 대통령이 '잡스법'에 서명하고 있다.

오바마 대통령과 함께 에어포스원에서 내리는 모습.

지역의 기업가 정신 진작을 위한 버스투어로, 4,000마일을 달리며 19개 도시를 돌아다녔다. 한때 실리콘 밸리처럼 명성을 날리다 쇠락하고, 이제 다시 부활의 조짐을 보이는 디트로이트가 출발지였다. 왼쪽부터 기업인 댄 길버트, 미시건 주 주지사 릭 스나이더이다.

뉴올리언스에서 우리의 '나머지의 부상' 팀이 또 한 번의 버스투어를 마친 것을 축하하며.

버스투어 방문 지역에서는 항상 지역 기업인을 대상으로 사업 설명 경진 대회를 개최했다. 피츠버그에서 있었던 대회에서 우승자가 나와 프랑코 해리스로부터 상금 10만 달러 수표를 받고 포스를 취하고 있다.

2013년 백악관에서 오바마 대통령과 이민법 개정의 필요성에 관해 논의하는 중이다. 이민정책은 매우 복잡하고 정치인으로서 심리적으로 상당히 부담스러운 분야이기는 하나, 글로벌 인재 쟁탈전에서 밀리지 않으려면 초당적 관점에서 이민제도 개혁에 나서야 한다.

최근에는 차세대 기업인의 육성·지원에 집중하고 있다. 좀 더 건강한 음식을 제공한다는 취지에서 설립한 건강식 패스트푸드 레스토랑 스위트그린의 창업자들과 함께했다. 레볼루션은 이곳에 4,000만 달러를 투자했고 나도 이사회에 참여했다.

원래 우리의 '나머지의 부상' 프로그램은 미국 내 지역 기업가 정신을 진작한다는 데 초점을 맞췄으나, 전 세계에 스타트업 문화를 전파한다는 차원에서 아프리카, 중동, 쿠바 등도 방문하고 있다. 사진은 2015년 나이지리아 라고스에서.

2014년 백악관에서 오바마 대통령과의 만찬 자리. 나는 1970년대 중반에 '배리' 오바마와 같은 고등학교에 다녔다. 30년이 지나 오바마가 상원의원이 되고 백악관에 입성하면서 다시 만나게 됐다.

지난 10년 동안 레볼루션은 100여 명의 기업인에게 투자했다. 우리는 세상을 바꿀 수 있는 사람 혹은 그런 아이디어에 투자한다는 원칙을 세웠다.

세기가 바뀌던 시점에 나는 우연찮게도 디지털 미디어업계에 불어 닥칠 중요한 사건의 시발점이 되는 현장을 직접 목격했다. 무엇인가 아귀가 잘 맞지 않는다는 생각이 들 정도로 그때의 상황은 참으로 미묘하고도 아이러니했다. 자본주의 체제에 던져진 이 획기적인 사건이 일어날 당시 우리는 옛 공산주의 체제의 상징인 베이징 인민대회당에서 열린 공산혁명 50주년 기념식에 참석하고 있었다.

〈타임〉지가 주관하는 1999년도 '뉴스 투어'의 일환으로 당시 〈타임〉의 편집자였던 나를 비롯하여 타임워너Time Warner 이사진과 미국의 주요 기업인이 중국으로 왔다.

중국 방문의 백미는 중국 공산당 고위 간부 주최로 인민대회당에서 열렸던 성대한 연회에 참석한 일이었다. 1,000여 명의 손님에게 12가지 코스요리가 제공되는 장면을 한번 상상해보라. 장관도 그런 장관이 없다.

그때 나는 당시 타임워너의 부회장이었던 테드 터너Ted Turner가 고급스런 빨간 벨벳 의자에서 일어나 자신의 아내인 제인 폰다를 '나의 좌파 부인'이라고 소개하는 모습을 지켜보고 있었다. 그렇게 테드 터너에게 눈을 고정하고 있는 중에도 아메리칸 온라인^{Amarican On-line, 이하 AOL}의 스티브 케이스가 계속해서 눈에 들어왔다. 케이스가 타임워너의 CEO 제리 레빈^{Jerry Levin}과 머브 아델슨^{Merv Adelson} 이사를 포함한 타임워너 이사진과 열띤 대화를 나누는 모습에서 눈을 뗄 수가 없었다. 그때의 케이스는 무덤덤한 표정이었으나 그 눈빛만은 매우 강렬했다.

할 말이 뭐가 그리 많은지 대화는 끝날 줄 모르고 계속됐고, 만찬이 끝난 직후에는 토론의 열기가 더욱 고조됐다. 연회가 끝나고 밖으로 나왔을 때 엄청난 폭풍우 때문에 참석자들은 대회당의 복도와 계단에 모여서 자동차를 기다려야 했다. 여기서도 터너와 케이스는 계속해서 농담을 주고받고 있었다. 먼저 케이스가 "그쪽 회사 괜찮겠어요?"라는 농담을 건넸다. 그러자 터너가 이렇게 응수했다. "피차일반 아닌가요?"

그러나 이 '농담'이 그저 빈말은 아니었다. 이들이 한 말 속에는 심오한 '진실'이 숨겨져 있었다. 그날 밤 거대한 초상화 속의 마오쩌둥이 좌중에게 미소를 보내는 가운데 케이스와 타임워너 이사진은 영화, 잡지, 케이블 TV, 온라인 서비스 등에 이르기까지 문어발식으로 대화를 확장해나갔다. 더불어 '이메일 시대'를 이끌었던 미디어 왕국의 옛 영광을 곱씹었다. 그러나 이제 웹과 광대역 통신 시스템의 위협에 맞서야 하는 시대가 됐다. 이러한 현실 인식을 바탕으로 이들은 위기를 헤쳐나가기 위해 양사가 서로 협력할 방안에 대해 논의하기 시작했다.

레빈은 경거망동하지 않는 노련함으로 상대의 말을 경청하며 이따금 고개를 끄덕였다. 차분하게 요점만 말하는 케이스 역시 일절 흥분하는 기색이 보이지 않았다. 두 사람의 모습을 보고 있으면 합병 가능성에 관한 이야기 자체가 일상적인 관심이나 호기심 수준 이상은 아닌 듯 여겨졌다. 그러나 나는 뭔가 심각한 일이 진행될 것이라는 생각이 들었다. 합병 이야기가 처음 거론됐던 그날 밤 이후 채 4개월이 지나지 않은 시점인 다음해 1월, 마침내 AOL과 타임워너의 전격 합병 소식이 전해졌다.

나는 온라인 콘텐츠 제공을 위해 AOL과 〈타임〉이 파트너십을 맺었던 1992년에 처음으로 케이스를 만났다. AOL은 상장 당시만 해도 그 가치가 7,000만 달러 수준이었다. 그런데 8년이 지나 타임워너와 합병할 때에는 시가총액이 1,600억 달러로 불어나 있었다.

AOL을 창업할 때 케이스의 머릿속에는 기발하고 획기적인 아이디어로 가득했다. AOL이 처음으로 서비스를 출시했던 1985년에는 미국 가구 중 온라인을 사용하는 비율이 3%에 불과했다. 그래도 케이스는 디지털 영역이 콘텐츠와 상거래 부문에만 국한되지 않으리라고 믿었다. 디지털의 미래는 사람들을 연결해 서로 자유롭게 소통할 수 있게 하는 커뮤니티를 형성하는 데 있다고 주장했다. 내 졸저《이노베이터The Innovators》를 준비할 때 케이스를 만났는데 그때도 그는 다음과 같이 말했다.

"1985년 그때부터 우리의 화두는 '커뮤니티'였다. 인터넷의 킬러 앱은 바로 '사람'이라고 생각했다."

케이스가 옳았다. AOL은 무한 연결성을 바탕으로 커뮤니티를 형성하여 서로 협력하고 자유롭게 소통하려는 인간의 욕구를 겨냥했던 것이다. 바로 이러한 추세에 발맞춰 페이스북에서 트위터, 스냅챗 Snapchat, 메신저 서비스, 레딧Reddit, 소셜 뉴스 웹사이트에 이르는 소셜 네트워크가 탄생한 것이다. 사실 이 새로운 서비스에 대한 아이디어 대부분이 케이스가 AOL을 창업하던 그때 이미 생각하고 있던 것이었다.

무엇보다 케이스는 참여와 통합의 중요성을 인지하고 있었고, 이 개념은 디지털 혁명을 일으키는 데 큰 도움이 되었다. AOL이 등장하기 전까지 인터넷은 일반 대중이 아니라 극히 일부 마니아의 전유물이었다. 일반인들은 '편지가 도착했습니다'라는 알림 소리만 들어도 화들짝 놀라던 시절이었다. 케이스와 AOL은 이 변화를 주도하며 실제로 '아메리카의 온라인화'를 이끌었다.

그 이전 해에 당시 상원의원이었던 앨 고어Al Gore가 인터넷의 상업적 사용을 허용하는 내용의 법안을 발의하여 이를 통과시키는 데 힘을 쏟았다. 이때까지만 해도 인터넷은 정부 조달업체와 연구자들만 사용할 수 있는 네트워크였다. 그런데 이 법안은 AOL이나 기타 소비자 서비스업체를 통해 온라인에 접속하여 인터넷을 이용할 수 있다고 천명했다. 케이스는 당시 상황을 이렇게 회고한다.

"지금 생각하면 참으로 어이없는 일이지만 1992년까지만 해도 AOL 같은 상용 서비스를 통해 인터넷에 접속하는 것은 불법이었다."

그런데 AOL이 1993년 9월에 포털 사이트를 개설하면서부터 변화가 시작됐다. 이때부터 AOL 포털 회원이 인터넷 게시판이나 뉴스그룹newsgroup a)에 접근하는 것이 허용됐다. 이때를 시작으로 사람들이 인터넷으로 물밀듯이 몰려드는 현상을 보며 기존 네티즌은 '영원히 반복되는 9월'이라 이름 붙였다. 매년 9월이면 신입생이 입학하여 교내 네트워크를 통해 인터넷에 접근하는 일이 반복되는 데서 착안한 표현이다. 처음에는 무분별한 게시물 때문에 소동이 빚어지기도 했으나 몇 주일이 지나자 사용자들이 이른바 네티켓netiquette b)을 준수하게 되면서 인터넷 문화와 규율이 차차 정착되기 시작했다. 그러나 1993년에 AOL이 인터넷의 '수문'을 연 이후 뉴비newby c)가 끊임없이 양산되면서 네티켓과 사회적 규준이 교란되는 일이 벌어졌다. 그러자 기존 네티즌이 불만의 목소리를 내기 시작했다. 어쨌든 사실상 AOL과 기타 이와 유사한 서비스 제공업체가 주도한 인터넷의 '대중화'야말로 경이적인 대사건임에는 틀림없다. 이를 통해 포괄적이며 폭발적인 디지털 혁명의 길이 열린 것이다.

케이스는 이 책에서 자신의 경험에서 얻은 교훈을 토대로 앞으로 도래할 인터넷 혁명 시대에서 성공을 구가하는 방법을 전해주고 있

---

a) 특정 주제에 관심을 가진 불특정 다수가 모여 함께 토론하고 정보를 교환할 수 있는 인터넷 게시판 서비스

b) 네트워크 사용자들이 네트워크상에서 지키고 갖추어야 하는 예의범절

c) 인터넷을 처음 접하게 되어 여러 가지로 미숙하고 네티켓을 잘 몰라 다른 사람에게 불편을 끼치는 초보자들을 낮춰 일컫는 말

다. 1차 인터넷 혁명(제1의 물결)을 주도했고, 2차 인터넷 혁명(제2의 물결)에서는 적극적 투자자로 나섰던 케이스야말로 우리의 일상생활 전반에 파고들 인터넷 세상의 기본 틀을 제공해줄 적임자다.

케이스는 이 흥미로운 책을 쓰는 것 자체로 우리에게 더할 나위 없이 가치 있는 서비스를 제공하고 있다. 20년이 넘는 세월 동안 케이스를 지켜보며 많은 것을 배웠다. 그의 통찰력에 감탄했던 한 사람으로서, 수많은 미래의 혁신가가 이 책을 통해 케이스와 같은 훌륭한 일을 해주리라는 생각만으로도 가슴이 벅차오른다.

-월터 아이작슨

*아스펜연구소의 CEO 월터 아이작슨은 《이노베이터》의 저자이며 스티브 잡스(Steve Jobs), 알베르트 아인슈타인(Albert Einstein), 벤저민 프랭클린(Benjamin Franklin), 헨리 키신저(Henry Kissinger) 등의 일대기를 쓴 전기 작가다.

1~3차 인터넷 혁명

1차 인터넷 혁명
1985~1999

인터넷 구축
온라인 세상의 토대 정립

추진 동력

사람

상품

플랫폼

파트너십

정책

끈기

2차 인터넷 혁명
2000~2015

앱 경제와 모바일 혁명
검색, 소셜 네트워크, 전자상거래
등이 인터넷 부문의 주류로 부상

추진 동력

사람

상품

플랫폼

3차 인터넷 혁명
2016~

만물인터넷d)
유비쿼터스 연결성 덕분에 주요
산업 부문에서의 변화를 이끌어낼
수 있게 됨

추진 동력

사람

상품

플랫폼

파트너십

정책

끈기

---

d) 사물인터넷(Internet of Things)이 진화한 개념이 만물인터넷(Internet of Everything)이다. 단순한 사물
간의 연결을 넘어 데이터, 클라우드, 모바일 등을 연결하는 환경을 말한다.

대학 졸업반 때 나는 도서관에 처박혀 한 권의 책을 읽고 또 읽으면서 보냈다. 도저히 손에서 놓을 수 없을 정도로 흥미로운 그 책은 바로 앨빈 토플러Alvin Toffler가 쓴《제3의 물결》이었다. 이 책은 내 세계관과 미래관을 완전히 바꿔놓았다.

토플러는 세상의 변화를 예측하고 있었다. 농경사회의 정착을 인류 역사상 '제1의 물결'이라 칭했고, 이후 수천 년 동안 농경사회가 세상을 지배했다. '제2의 물결'은 산업혁명으로 시작된 대량생산 및 판매의 시대로 사람들의 생활방식에 일대 변혁을 일으켰다. 토플러의 '제3의 물결'은 바로 정보화 시대를 의미한다. 이는 모든 사람이 무한 서비스와 정보에 접근할 수 있는 쌍방향적 세상의 일원으로서, 지리적 기준이 아닌 공통 관심사를 기준으로 지구촌이라는 거대 커뮤니티를 형성하는 시대를 말한다. 결론적으로 말해 토플러는 오늘의 모습을 정확히 예측했다. 나는 토플러의 비전에 완전히 매료됐고, 토플러가 말하는 '제3의 물결'의 일부가 되어 3차 인터넷 혁명을 구현하는 데 일조하고 싶은 마음이 간절했다.

AOL이 등장하고 30여 년이 지난 지금 토플러가 말한 제3의 물결은 정말로 현실이 됐다. 그 물결의 시작을 목격할 수 있었던 것도 행운이었고 내 바람대로 그 물결이 현실화하는 데 일조할 수 있었던 것은 더 큰 행운이었다.

인터넷 시대가 첫걸음을 내디딘 이후 그 발전 기세는 눈이 핑핑 돌 만큼 엄청났다. 토플러가 인류사적 혁명을 세 단계로 구분했듯이 인터넷 시대 역시 단계적으로 발전하는 양상을 보였다.

1차 인터넷 혁명기(제1의 물결)는 온라인 세상의 토대와 인프라를 구축하는 시기였다. 하드웨어와 소프트웨어 그리고 인터넷 접속과 상호연결을 가능케 하는 네트워크 구축에 초점을 맞춘 시스코시스템즈Cisco Systems, 스프린트Sprint, 에이치피HP, 선마이크로시스템즈Sun Microsystems, 마이크로소프트Microsoft, 애플Apple, 아이비엠IBM, AOL 등의 IT 기업이 이러한 흐름을 주도했다. 이와 함께 우리는 정보 초고속도로(이 용어를 기억하는가!)의 진입로를 개설하고 있었다.

그때만 해도 온라인이라는 신천지를 개척하던 우리로서는 극복해야 할 장애물이 한두 가지가 아니었다. 일단은 인터넷 접속에 필요한 비용을 줄여야 했다. 당시에는 유선 전화망을 이용하여 인터넷에 접속했는데, 시간당 10달러였다. 결코 만만한 가격이 아니었다. 그때 우리는 컴퓨터에 내장형 모뎀을 장착해달라고 PC(개인용 컴퓨터) 제조사에 요청했다. 당시만 해도 온라인 접속자는 극히 일부 마니아뿐이었으므로 PC 제조사로서는 일반인에게 모뎀이 그다지 필요하지 않을 것이라 생각했다.

AOL 초창기에는 사람들에게 인터넷이 무엇이고, 이것이 어떻게 작동하는지 그리고 인터넷을 왜 이용해야 하는지를 설명해야 했다. 1995년에 PBS$^{Public Broadcasting Service \ e)}$에서 진행한 인터뷰가 생각난다. 이때 PBS 측은 내게 "인터넷이 왜 필요한가?"를 물었다. AOL이 등장하고 10년이 지났는데도 여전히 이러한 질문이 나온다는 사실이 참으로 아이러니했으나 어쩔 수 없는 일이었다. 그 당시 인터넷에 대한 사람들의 인식 수준이 그 정도에 불과했으니까 말이다.

온라인의 대중화, 그것이 바로 차세대 혁신가들에게 주어진 임무이자 새로운 기회였다. 미래 비전을 지닌 뛰어난 혁신가들은 이미 글로벌 네트워킹 환경을 적극적으로 활용할 방법을 강구하기 시작했다. 그리고 그 방법을 고심하던 이들은 자신들의 아이디어를 기반으로 혁신적 IT 기업을 창업하기 시작했다. 이러한 관점에서 AOL 서비스 사용자 가운데 커뮤니케이션 소프트웨어인 AIM$^{AOL \ Instant \ Messenger}$을 활용한 사람이 있었다. 바로 마크 저커버그$^{Mark \ Zuckerberg}$였다.

2차 인터넷 혁명(제2의 물결)은 21세기에 들어서면서 시작됐다. 닷컴 거품이 한껏 부풀었다 꺼졌던 그때, 즉 인터넷 시대 개막 이후 최초의 '대소멸 사건'이 있고 난 직후였다. 이때 수많은 기업인과 투자자가 엄청난 손실을 봤다. 그러나 이러한 대재앙의 와중에도 살아남은 사람들은 차세대 인터넷 혁명을 주도할 기회를 얻었다.

---

e) 미국과 푸에르토리코, 버진 제도, 괌, 아메리칸 사모아 등의 공공 텔레비전 방송국을 회원으로 하는 미국의 비영리 민간법인 공영방송국

2차 인터넷 혁명은 1차 인터넷 혁명 때 구축된 인터넷 환경을 활용하는 기업이 주도했다. 구글Google 같은 검색엔진은 웹상의 방대한 정보를 좀 더 쉽게 이용할 수 있게 했다. 아마존Amazon과 이베이eBay는 원스톱 쇼핑의 메카가 되면서 인터넷 세상의 변방에서 중심으로 화려하게 부상했다. 소셜 네트워크가 성숙기에 접어든 것도 2차 인터넷 혁명의 결과물이었다. 구글은 인터넷 정보의 정렬 및 재구성 작업에 몰두했고, 소셜 네트워크는 사람들에 초점을 맞추면서 수많은 사용자를 끌어들였다. 그리고 애플이 아이폰을 출시하고, 구글이 안드로이드를 선보이고, 모바일 혁명이 이루어지는 등의 일도 모두 2차 인터넷 혁명기의 산물이다. 스마트폰과 태블릿이 인터넷의 새로운 성장 엔진으로 부상하며 모바일 앱 경제가 탄생했고, 이것이 2차 인터넷 혁명의 강력한 추진 동력이 됐다.

2차 인터넷 혁명은 트위터와 인스타그램Instagram 같은 소셜 앱 그리고 웨이즈Waze 같은 트래픽(교통 정보) 앱 등 소프트웨어 서비스가 그 중심이었다. 참고로 소셜 앱은 사람들의 생각이나 사진 등을 좀 더 쉽게 공유할 수 있게 하며, 트래픽 앱은 유비쿼터스 모바일 연결성을 바탕으로 한다. 당연한 말이지만 이러한 서비스를 제공하는 기업이 시장에서 유리한 고지를 선점하기 위해서는 나름의 장애물을 극복해야만 한다. 그런데 이들 2차 인터넷 혁명기 기업의 중요한 특징은 시장에서 서로 경쟁만 하는 것이 아니라, 주요 자원을 공유할 수 있는 환경에서 활동한다는 사실이다.

첫째, 실질적으로 이들 기업의 제품은 무한 확장성을 특징으로 한다. 따라서 신규 사용자의 증가 문제는 서버 용량을 증설하고 엔지니어를 더 채용하는 것으로 간단히 해결할 수 있다.

둘째, 이러한 제품 자체(앱)가 무한 복제성을 지닌다. 따라서 특별히 따로 제조할 필요가 없다.

그런데 이제 이러한 제2의 물결도 또 다른 새로운 '물결'에 슬슬 그 자리를 내주기 시작했다. 앞으로 수십 년 후 역사가들이 기술 혁명의 역사를 집필할 때면 인터넷이 전 세계에 편재하는 그 순간, '만물 인터넷IOE, Internet of Everything' 시대가 개막됐다고 쓸 것이다. 이 순간이 바로 인터넷 제3의 물결, 즉 3차 인터넷 혁명의 시작점이다.

3차 인터넷 혁명과 함께 인터넷이 인터넷 기업에 종속되던 시대는 막을 내리게 된다. 그리고 제품이 인터넷을 필요로 하는 시대로 접어들게 된다. 또 3차 인터넷 혁명기는 '인터넷 구동'이라는 말이 '전기 구동'이라는 말처럼 자연스럽게 느껴질 것이다. 요즘 같은 시대에 '전기 사용' 운운하는 사람들이 있으면 웬 석기 시대 이야기냐고 할 것이다. 그런데 앞으로는 '인터넷 사용' 운운하는 사람들도 같은 취급을 받을 정도로 온 세상이 인터넷을 기반으로 돌아간다 해도 과언이 아닌 그런 시대가 도래하는 것이다. 제품에 연결 센서를 부착하는 형태의 '사물인터넷IOT, Internet of Thing' 개념의 한계를 느끼기 시작하면서 '만물 인터넷'으로 개념이 확장되는 시대, 그것이 바로 3차 인터넷 혁명기다.

이 새로운 시대를 주도할 기업인들이 기존 대기업에 도전장을 내밀고 우리의 일상생활 전반에 영향을 미칠 혁신적 서비스를 제공하게 될 것이다. 또 이들은 기존의 보건의료체계와 교육체계를 재편할 것이다. 식품의 안전성을 높여주고, 더 편리하게 출퇴근할 수 있게 해주는 제품이나 서비스를 창조해낼 것이다. 이 새로운 시대에는 '제2의 물결'에 기초한 전술 교본은 먹히지 않을 것이다.

2차 인터넷 혁명기의 창업 스토리는 대학생의 참신한 아이디어 하나로 시작되는 경우가 많았으나, 3차 인터넷 혁명기의 창업 스토리는 이와는 양상이 다를 것이다. 2차 인터넷 혁명기 기업의 성공에는 불필요한 요소였을지 몰라도 기업으로서는 부문 간 '파트너십 구축'이 필수다. 따라서 3차 인터넷 혁명을 2차 인터넷 혁명기의 기업인 대다수가 간과했던 정책 환경을 재검토할 필요가 있다. 그리고 아무리 훌륭한 아이디어가 있더라도 이를 상용하려면 2차 인터넷 혁명기보다 훨씬 높은 진입장벽을 넘어야 할 것이다.

3차 인터넷 혁명기 기업인에게는 오히려 2차보다 1차 인터넷 혁명기의 전술 교본이 더 유용하다. 1차 인터넷 혁명기에는 인터넷이 아직 걸음마 단계였고 이에 대해 회의적인 시각이 많았다. 또 진입장벽이 엄청나게 높았고 고객에게 다가가기 위해서는 파트너십 구축이 필수적이었으며, 새로운 현실에 맞춰 규제 시스템이 막 갖춰지기 시작하던 때였다. 3차 인터넷 혁명기도 이와 비슷한 환경이라고 보면 된다.

내가 이 책을 쓴 이유는 우리가 지금 역사적으로 중대한 시점
에 살고 있기 때문이며, 나아가 이 역사적 전환기 속에서 더 나은 미
래를 만들 수 있는 일에 미력하나마 힘을 보태고 싶기 때문이다. 또
3차 인터넷 혁명기를 어떻게 준비할 것이며, 어떻게 기회를 포착할 것
인지 그 방법을 찾으려면 1차 인터넷 혁명의 역사를 고찰하는 일이
무엇보다 중요하다. 그런데도 나 자신을 비롯하여 지금까지 이 부분
을 제대로 설명한 사람이 거의 없다.

나는 많은 경험으로 터득한 다양한 관점을 토대로 이 주제에 몰
두하게 됐다. 일단 나는 스타트업^{startup} 기업인이지만 대기업에서 일한
경험이 있다. 정부기관에서 상근한 적은 없으나 준 정부기관 혹은 이
와 관련된 기관에서 일한 적은 있다. 그리고 직접 투자자이자 간접 투
자 지원자로서, 또 IT 창업자이면서 실리콘 밸리에만 머물지 않았던
벤처 기업인으로 3차 인터넷 혁명에 초점을 맞추고 싶었다.

그리고 이 책을 통해 달성하고자 하는 몇 가지 목표가 있다. 일단
은 소비자 인터넷이 어떻게 탄생했는지, 그리고 AOL 같은 기업이 여
기에 얼마나 접근했는지, 혹은 얼마나 거리가 있는지 설명하려고 한
다. 그리고 이와 관련하여 다른 사람은 거의 경험해보지 못했을 내 경
험담을 가능한 한 상세하게 들려주고 싶다. 기업인의 한 사람으로서,
이른바 한 기업의 경영진이 무슨 일을 어떻게 수행하는지부터 이야기
하고자 한다.

그러나 어떤 내용을 말하든 뜬구름 잡는 이야기는 하고 싶지 않다. 1차 인터넷 혁명에서 얻은 교훈은 3차 인터넷 혁명에 고스란히 적용된다는 맥락에서 내가 하는 모든 이야기가 하나로 통합된다는 점을 기억하기 바란다. 따라서 과거 이야기 또한 전체적으로 보면 3차 인터넷 혁명이라는 초점에서 크게 벗어나지 않을 것이다. 이러한 관점에서 3차 인터넷 혁명이 어떤 모습으로 어떻게 전개될지, 그리고 이것이 펼쳐낼 미래가 어떠할지도 설명할 것이다.

· · ·

신생 기업인들은 자신의 꿈을 실현하는 데, 또 기존 대기업 경영자들은 새로운 기업 환경에 적응하는 데 도움이 됐으면 하는 바람으로 이 책을 썼다. 또 이 책은 경영학도와 일반 대중에게도 도움이 될 것이다. 우편함에 들어 있던 AOL CD에 향수를 느끼는 세대와 'CD-ROM'이란 용어 자체가 생소한 현 세대 모두를 위한 책이다.

지난 수십 년은 환희와 좌절 그리고 흥망이 교차하는, 예측 불허의 험난하고도 긴장감 넘치는 여정이었다. 엄청난 공포와 극한의 불안감에 몸서리치던 때도 있었고, 이보다 더 큰 기쁨에 환호하던 때도 있었다. 그 모든 기억과 경험을 독자 여러분에게 생생하게 전달하고 싶었다. 사실 따지고 보면 2000여 년 전에 발명된 이 '종이' 책보다 더 좋은 정보 전달 매체가 또 있겠는가?

지나온 세월을 돌아보며 유유자적 회고록 따위를 쓸 생각은 없다. 셰익스피어는 "지나간 모든 것은 서막에 불과하다"고 했다. 내 경험 가운데 교훈으로 삼을 만한 부분을 독자 여러분과 공유하려고 한다. 또한 창업 안내서를 쓸 생각도 없다. 다만 게임의 규칙이 왜 변하고 있는지 그 이유는 설명하고 싶었다. 정책에 관한 이야기를 시시콜콜 늘어놓고 싶지도 않다. 그러나 세계 제일의 기업인 왕국이었던 미국이 이제 그 타이틀을 잃을 위기에 놓여 있다고 생각하기 때문에, 왜 그런 사태가 벌어졌는지 또 이를 피하기 위해서는 무엇을 어떻게 해야 하는지 설명하고 싶었다.

회고록이라 해도 좋고 미래 교본이든 성명서든 그 명칭은 아무래도 상관없다. 어쨌거나 나는 즐거운 마음으로 이 책을 썼다. 모쪼록 독자 여러분도 이 책을 읽고 내가 토플러의《제3의 물결》을 읽었을 때의 그 감동을 느낄 수 있기를 바란다.

제1장

굴곡의 여정

내 형인 댄은 생일이 나보다 13개월밖에 빠르지 않고 학년도 한 학년 차이다. 우리는 방을 같이 썼고, 대다수 형제가 그렇듯이 뭘 하든 서로 지지 않으려는 마음이 매우 강했다. 마음먹은 일은 뭐든지 잘해내는 형 때문에 나는 마음고생이 이만저만이 아니었다. 운동신경까지 타고난 형은 항상 1등을 놓치지 않았다. 이렇게 막강한 형과 경쟁해서는 승산이 없다고 생각한 나는 형이 관심을 두지 않는 것에 눈을 돌리기 시작했다.

　　형이 테니스를 치면 나는 야구에 관심을 두는 식이었다. 그런데 우리 둘이 경쟁심을 느끼지 않으면서 공유할 수 있는 관심사가 하나 있었다. 나는 사업이 뭔지도 모르던 어린 시절부터 사업가가 되고 싶었고, 형은 진심으로 이런 나를 도와주었다. 내가 아이디어를 생각해내면 형은 그 아이디어를 실현할 수 있도록 도와주었다.

　　내가 10살 때 우리 형제는 첫 번째 사업을 시작했다. 11살이었던 형은 나보다 1년을 더 살며 쌓은 경험과 지식을 다 짜내 이 사업에 쏟아부었다. 회사 이름은 케이스엔터프라이즈^{Case Enterprises}로 정했다. 우리가 운전면허를 취득할 나이가 아직 안 됐다는 사실은 굳이 알리려 하지 않았고, 사람들이 그 사실을 모르고 넘어가기를 바랐다. 그리고 우리 회사를 국제 통신판매 회사라고 광고했다. 그러다가 어느 순간 케이스엔터프라이즈는 하와이에서 스위스 시계 독점 판매업자가 돼 있었다. 실제로 시계를 팔았는지 어쨌는지 기억나지는 않지만 말이다.

그때 우리는 집집마다 돌아다니며 동네 사람들에게 축하카드 파는 일에 주력했다. 사람들은 꼭 필요해서가 아니라 도와준다는 마음으로 우리 물건을 사준 것 같았다. 그러나 형은 그 부분을 전혀 신경 쓰지 않았다. 그것이 우리 같은 어린아이가 하는 사업의 장점이라고 여기는 듯했다. 다시 말하자면 그 또한 우리 브랜드의 일부라는 것이었다. 사실 부모님도 변호사도 선생님도 우리가 물건을 어디서 가져오는지 몰랐다. 아니, 개의치 않았다. 사람들은 내가 방으로 들어가면 방에 들어가는 것이냐, 사무실로 들어가는 것이냐고 놀리며 재미있어했다.

초창기에 벌였던 이런저런 사업에서 돈을 많이 벌지는 못했지만 경험은 많이 쌓았다. 새로운 사업 아이디어나 새로운 판매방법을 생각해내는 과정 자체가 내게 깊은 인상을 남겼다. 1976년에 매사추세츠 주에 있는 윌리엄스대학에 입학하려고 하와이를 떠나면서도 새로운 사업을 구상하는 일은 멈추지 않았다. 그래서 대학 재학 중에도 시험 기간에 학생들에게 과일 바구니를 배달하는 일(물론 비용은 학생의 부

▶▶▶

모에게 청구)을 포함하여 작은 사업을 여섯 가지나 시작했다. 음악 사업에도 관심이 많아서 CBGB^Country, Blue Grass and Blues 같은 뉴욕의 전설적인 클럽에서 시간을 보내면서 사업 아이디어를 구상했다.

부지런히 수업을 듣고 과제도 열심히 했지만, 부업에 쏟았던 열정에 비하면 턱도 없었다. 자연히 대학생활은 그다지 만족스럽지 못했다. 어느 날, 지도교수가 나를 부르더니 부업에 그렇게 많은 시간을 투자했다가는 나중에 분명히 후회하게 될 것이라며 따끔하게 충고했다. 그때 했던 교수의 말이 지금도 생각난다.

"학생의 본분은 공부야. 제발 학업에 충실하게나. 부업에 그렇게 열을 올리면 에너지가 분산될 뿐이네. 솔직히 말해 학교생활과 부업은 어울리는 조합이 아니지 않나?"

지도교수만 그렇게 생각하는 것이 아니었다. 다른 학생들도 대학 신문의 사설을 통해 내 행동을 비난하고 나섰다. 그 사설은 이렇게 시작됐다.

"나는 스티브 케이스가 여는 파티에 절대 참석하지 않을 것이고, 스티브 케이스가 파는 음반도 절대 안 살 것이다. 스티브 케이스 개인에 대한 반감은 전혀 없다. 다만, 학교에서 그렇게 멋대로 영업 행위를 하는 것이 못마땅한 것이다."

졸업반 때 컴퓨터 개론을 수강했다. 그런데 그 수업이 너무 싫어서 하마터면 거의 낙제할 뻔했다. 그때는 아직까지도 천공 카드를 사용하던 시절이라 프로그램을 작성할 때도 이 카드에 구멍을 뚫어 컴퓨터에 입력해야 했다. 이렇게 입력한 다음 몇 시간이 지나면 결과가 나오는데, 나는 자꾸 실수가 나와서 같은 과정을 다시 반복해야 했다. 흥미도 없는 데다 너무 지루한 작업을 억지로 하다 보니 성적은 낮을 수밖에 없었고, 이 때문에 졸업도 못할 뻔했다. 그래도 이때의 경험이 내게는 아주 귀중한 자산이 됐다.

천공 카드는 아주 귀찮은 도구지만 제대로만 쓰면 아주 강력한 힘을 발휘할 수 있었다. 당시에는 원시적 수준의 '컴퓨터'였지만, 잠재력만큼은 인정할 수밖에 없었다. 며칠 혹은 몇 주일이 걸려야 될 작업을 컴퓨터는 단 몇 초 만에 해치우고 있었다. 그때의 현실은 '실망스러움' 그 자체였으나 이제와 돌이켜보면 컴퓨터에 대한 관심이 그때부터 싹트지 않았나 싶다. 사실 그때 처음으로 컴퓨터의 잠재력에 눈을 떴던 것이다. 물론 그해에 토플러의 책을 읽지 않았다면 내가 지금 이 길을 걷고 있을지는 의문이다.

1980년 봄, 대학 졸업을 앞둔 내 머릿속은 온통 이제 막 태동한 디지털 산업에 뛰어들어야겠다는 생각뿐이었다. 그래서 디지털 시대의 도래에 관한 야심 찬 예측을 담은 자기소개서와 이력서를 들고 여러 기업에 원서를 넣었다.

그러나 나를 받아주는 곳도, 내 생각에 관심을 보이는 곳도 별로 없었다. 몇 번 면접을 보기는 했으나 결과는 마찬가지였다. 하지만 디지털 세상에 대한 내 생각을 포기할 수가 없었다. 실현 불가능해 보이는 미래관 때문에 평범한 직장에서는 만족하지 못할 젊은이라는 인상을 준 것이 원인인 것 같았다. 계속해서 퇴짜를 맞자 호기롭게 나불대는 일을 당분간이라도 멈추지 않으면 내 미래가 암울하리라는 사실을 깨달았다. 그때만 해도 스타트업 문화가 꽃 필 분위기가 아니었고, 인터넷도 물론 없었다. 결국 이런저런 유용한 기술을 습득하려면 대기업에 들어가야 한다고 결론 내렸다. 마침내 프록터앤드갬블^{Procter & Gamble,} ^{이하 P&G}의 브랜드 관리 부서에 자리를 얻었다. 이것저것 다 따져봤을 때 가장 적당한 곳이었다. 낮에는 이곳에서 '유용한' 기술을 배울 수 있었고, 밤에는 디지털 세상에 관한 꿈을 계속 꿀 수 있었다.

P&G에서 확실하게 배운 것이 하나 있다면 그것은 사람들에게 자사 제품을 알리는 방법이었다. 라디오 연속극이 처음 등장하자 P&G는 주 청취자층을 대상으로 세제 광고를 하면 좋겠다고 판단했다. 그래서 1933년에 주부들에게 큰 인기를 끌었던 연속극 〈마 퍼킨스^{Oxydol's} ^{Own Ma Perkins}〉를 필두로 라디오 프로그램 사이사이에 광고를 내보내기 시작했다. 이후 이러한 연속극을 '소프 오페라^{soap opera}'라고 부르게 됐다. 1950년대 들어 대중의 관심이 라디오에서 TV로 옮겨가자 P&G는 TV 드라마를 겨냥한 광고를 내보냈다. 발 빠른 대응이었다.

나는 소비자 기호 전문가들과 함께 타사 제품과의 차별화를 위한 방법을 찾는 일에 몰두했다. 이 사람들은 세계 정상급 엘리트 마케터로서 시대를 앞서가는 모습을 보여주었다. P&G는 소비자들이 시험

삼아 한번 사용해보도록 시험용 견본품을 무료로 나눠주는 전략을 최초로 선보인 기업이다(나중에 AOL의 시험용 프로그램을 출시할 때 나는 이 전략을 본떠 전국에 시제품을 무료로 배포했다).

P&G(신시내티 소재)에서 2년간 일한 후에 캔자스에 있는 피자헛Pizza Hut 신제품 개발 부서로 자리를 옮겼다. 피자헛으로 자리를 옮긴 이유는 크게 두 가지였다.

첫째, 급료와 권한 부여 조건이 이전보다 더 좋았다.

둘째, 벤처기업의 운영방식을 이해하려면 피자헛이 더 나을 것 같았다.

피자헛은 댄 카니Dan Carney와 프랭크 카니Frank Carney 형제가 위치토주립대학에 재학 중이던 1958년에 설립했다. 켈로그앤드블러프Kellogg and Bluff 거리 한 귀퉁이에서 매장 하나로 시작한 피자헛은 혁신적 사업방식에 프랜차이즈 가맹점을 동참시킴으로써 세계 최대 피자 체인점으로 급성장했다. 피자헛의 상향식 혁신방식은 P&G의 하향식 스타일과는 완전히 달랐기 때문에 나는 이 부분에 강한 흥미를 느꼈다.

첫 근무 장소는 본사 조리 실습실이었다. 나는 우물 안 개구리가 되고 싶지는 않았기 때문에 이 조리 실습실에서 미국 전역에서 무슨 일이 벌어지는지 알아야 한다고 생각했다. '우물 안'에서도 혁신은 이루어질 수 있지만, 획기적인 혁신 대부분은 '우물 밖'에서 이루어지고 있다고 생각했다. 그래서 나는 선발대로 활동할 전문팀을 신설하여

신 메뉴 개발에 도움이 되는 아이디어를 찾아 전국을 누비고 다녔다. 워싱턴 D. C.에도 여러 번 출장을 갔다. 우리는 조지타운에 있는 포시즌즈 호텔에 묵으면서 그곳에서 가장 유명한 피자를 먹어보기도 했다. 이 정도는 그리 어려운 일이 아니었다. 조리 실습실에서 완성한 메뉴를 10대 주방장이 운영하는 5,000여 개 매장에서 실제로 만들게 하는 일은 매우 어려웠다. 너무 어리다 보니 아무래도 능력에 한계가 있을 수밖에 없었다. 이론적으로는 가능했던 아이디어가 실제로 해보면 현실성이 없다고 결론 나는 경우가 많았다.

당시 우리가 시험해보던 아이디어 가운데 하나가 바로 피자 배달이었다. 때는 1982년이었고 피자가 인기 외식 메뉴이기는 했으나, 배달은 아직 보편화되지 않은 상황이었다. 이외에도 피자를 좀 더 간편하게 가져갈 수 있는 방법도 강구했다. 바쁜 사람들을 위해 칼조네 피자나 포켓 피자를 파는 것이 대안이 될 수 있는지도 열심히 연구했다. 그때를 돌이켜보면 우리가 초점을 맞췄던 간편성과 휴대성 요소가 피자헛을 대표하는 중요한 개념으로 자리 잡았다는 사실이 참으로 흥미롭다. 어쨌거나 우리는 간편성을 위해 기본에 충실하고자 했다.

피자헛에서는 딱 1년밖에 근무하지 않았다. 시간이 갈수록 토플러의 비전에 대한 강박적 집착은 더욱 강해졌다. 나는 토플러가 말하는 그 비전의 일부가 되고 싶었다. 그러자면 방법을 찾아야 했다.

나의 첫 번째 스타트업

1982년, 드디어 내 꿈에 다가갈 기회가 찾아왔다. 형이 내게 컨트롤비디오코퍼레이션Control Video Corporation, 이하 CVC이라는 스타트업이 한참 성장 중인 전자게임 산업에 진출하려 한다는 이야기를 해줬다. 당시 형은 케이스엔터프라이스 CEO에서 실리콘 밸리의 유망한 투자은행가로 변신한 터였다. 우리 둘 다 어린 시절에 품었던 열정을 잊지 않고 있었다. 나는 여전히 아이디어맨이었고, 형은 그 아이디어를 실현하는 방법을 찾는 일에 계속 몰두했다.

당시 형이 근무하는 투자은행 햄브레이트앤드퀴스트Hambrecht & Quist, 이하 H&Q가 CVC에 투자를 고려하는 중이었다. 형은 내게 이 업체의 사업계획서를 검토해보고 의견을 말해달라고 했다. CVC의 사업계획을 검토해본 결과 꽤 긍정적인 인상을 받았고, 내 생각을 그대로 말해줬다. 나 역시도 그 회사에 관심이 생겼다. 결국 H&Q는 CVC에 투자하기로 했고, 몇 개월 후 나는 워싱턴 D. C. 근교에 본사를 둔 CVC에서 시간제 컨설턴트로 일하게 됐다.

나는 여기서 텍사스 출신의 뛰어난 엔지니어 마크 세리프Marc Seriff를 만났다. 세리프는 1970년대에 인터넷 기술 개발을 주도했던 초창기 멤버였고, 뛰어난 기술력을 보유한 진정한 비전가였다.

1970년대 후반, 세리프는 아이디어맨이었던 기업인 빌 폰 마이스터^{Bill von Meister}를 만났고, 두 사람은 함께 두 개의 회사를 차렸다. 마이스터는 최초의 온라인 서비스 가운데 하나인 더소스^{The Source}를 만든 통신 서비스 부문의 개척자였다. 마이스터는 세리프와 함께 홈뮤직스토어 ^{Home Music Store}라는 음악 서비스 사업을 구상했다. 두 사람은 냅스터^{Napster} ¹⁾ 보다 20년이나 앞서(스포티파이²⁾보다는 약 30년 앞선) 대중에게 디지털 음악 서비스를 제공하려 했다. 이 아이디어는 음반업계의 주목을 받았으나, 이를 구체화하기 위해 필요한 권리를 확보하는 데에는 애를 먹었다.

워너뮤직^{Warner Music} 같은 초창기 후원업체들은 음악 사용권 계약을 취소하고 나섰다. 1981년에 워너뮤직의 한 임원은 '위성과 케이블을 통해 가정에 직접 음악 서비스를 제공하면 오프라인 음반업계가 고사될 것'이라고 주장했다. 이 임원은 다음과 같이 목소리를 높였다.

"오프라인 음반 판매상들이 음반을 내다버리겠다고 으름장을 놓고 있다."

워너뮤직은 한 치도 양보하려 하지 않았으므로 이 건에 대해 워너뮤직의 양해를 얻는 일은 어려워 보였다. 그래도 이 아이디어를 완전히 포기하기는 아까웠기 때문에 홈뮤직스토어와 타협을 시도했고, 적절한 선에서 해결책을 찾으려 했다. 워너뮤직은 세리프와 마이스터에게 음악보다는 비디오 게임 서비스를 제공하는 데 그 기술을 활용

1) 음악 파일 공유 서비스

2) Spotify, 음원 스트리밍 서비스

하는 것이 어떻겠느냐고 조언했다. 워너뮤직의 그 임원은 워너뮤직의 모회사인 워너커뮤니케이션즈^{Warner Communications}의 계열사인 비디오 게임 회사 아타리^{Atari} 측과 접촉해보라고 말했다.

추진력이 남달랐던 마이스터는 결국 방향을 선회하여 온라인 게임 서비스 쪽으로 눈을 돌렸고, 이렇게 탄생한 것이 게임라인^{Game Line}이다. 전화선에 연결하여 게임을 내려받을 수 있는 게임 카트리지를 만들어 제공하고, 사용자에게 월 사용료를 부과한다는 것이 아이디어의 핵심이었다(원시적 형태의 넷플릭스^{Netflix}로 이해하면 됨).

1983년 1월, 세리프와 마이스터는 드디어 이 새로운 비디오 게임 서비스 출시를 위한 만반의 채비를 갖췄다. 이들은 라스베이거스에 열린 소비자가전전시회^{Consumer Electronics Show}에서 이 새로운 서비스를 소개하기로 했다. 게임라인 로고가 새겨진 거대한 열기구를 트로피카나 호텔 지붕에 매달아 사람들의 관심을 끌었다. 나는 이로부터 9개월 후에 이 회사에 정직원으로 들어갔다. 이 신제품이 막 출시된 때였다.

그러나 이 야심찬 계획은 대재앙으로 막을 내리고 말았다.

아타리 비디오 게임은 일시적 유행이었다. 1, 2년간 승승장구하는 듯 보였으나 아타리 제품에 대한 관심은 이내 시들해졌다. 그러자 소매상들은 게임라인에 주문을 취소하기 시작했고, 재고는 쌓여만 갔다(어느 주말인가는 팔리지 않은 게임라인 모뎀 수천 개를 사무실 뒤에 있는 대형 쓰레기 수거함에 내다 버린 적도 있었다). 게임라인의 매출은 예상치의 5% 선에 그쳤고, CVC 경영진은 비용 절감에 나서야만 했다. 이로 인해 직원 대다수가 일자리를 잃었다. 당시 7명으로 구성된 마케팅 팀의 막내였던 내가 유일한 생존자가 됐다. 그 이유는 내가 잘나서가 아니라 급여가 가장 낮았기 때문이었다. 부모님도 걱정이 이만저만이 아니었다. 3년 동안 직장을 세 번이나 옮겼는데 이제 또 다른 일자리를 구해야 하는 것은 아닌지 걱정하셨다.

이때의 경험은 시장 타이밍과 관리 비용에 관해 많은 것을 배우는 계기가 됐고, 실패를 통해 귀중한 교훈을 얻은 첫 번째 경험이다. 게임라인의 충격적 실패는 쉽게 가시지 않을 고통스러운 사건이었으나, 나는 결코 실망하지 않았다. 게임라인에 대한 희망은 꺾였으나 디지털 미래에 대한 내 신념은 꺾이지 않았다. 고지식해서인지 순진해서인지 몰라도 나는 우리가 뭔가를 해내리라고 확신했다.

파산을 모면하려면 파트너를 찾아야 했다. 이 회사의 임시 경영자가 된 나는 회사를 구하기 위해 할 수 있는 모든 일을 다 했다. 수십 차례 협상을 벌인 결과 마침내 벨사우스BellSouth와 손을 잡게 됐다. 당시 벨사우스는 독점 금지 규정에 따라 마벨Ma Bell[3]에서 분리된 직후였다. 벨사우스는 CVC에 운영 자금을 제공했으나 시간이 갈수록 맞춤형 모뎀 기술을 사용하는 우리의 전략에 문제가 있음이 분명해졌다.

시장에 진입할 당시 우리의 기술은 이미 구식이 된 상황이었다. 우리는 겨우 내려받기만 가능한 모뎀 기술을 가지고 시장을 기웃거리

---

3) 에이티앤드티코퍼레이션(AT&T Corporation)의 애칭

고 있었던 것이다. 요컨대 우리는 소비자에게 게임을 보내줄 수는 있었지만, 소비자는 우리 쪽에 데이터를 보내거나 소비자들끼리 데이터를 주고받는 것은 불가능했다. 그런데 소비자들은 이미 쌍방향 데이터 송수신이 가능한 모뎀을 사기 시작했다. CVC의 핵심 자산이라고 생각했던 저비용 모뎀 기술이 결국은 최대 부채 요소로 돌변했다. 우리는 원하는 사람이 별로 없는데도 서비스를 꾸역꾸역 제공하려고 한 셈이었다.

재시동의 동력을 마련하다

우리는 시대에 뒤처진 이 기술을 포기하고 업계 표준 모뎀 기술을 채택하여 신흥 시장인 개인용 컴퓨터^{PC} 시장에 집중하기로 했다. 우리가 '쓸모없는 모뎀'을 보유한 '모뎀 회사'라는 모순을 인정했다. 그래도 하드웨어 회사가 우리의 지향점은 아니라는 사실을 분명히 할 필요는 있었다. 모뎀은 소비자 온라인 서비스 회사라는 궁극적 목표에 도달하기 위한 수단일 뿐이었다. 그래서 하드웨어 사업을 접고 처음의 목표로 돌아갔다. 그리고 우리가 잘하는 일, 즉 사용자 친화적 소프트웨어 및 서비스를 개발하는 일에 전념했다. 이것이 온라인 세상을 여는 지름길이라고 여겼다.

더불어 마케팅 및 판매 전략도 재정비했다. 서비스를 소비자에게 직접 판매하는 방식은 비용도 많이 들고 위험 수준도 높았다. 따라서 PC 제조업체와의 파트너십을 구축하여 우리가 자체 개발한 온라인 서비스를 파트너인 제조사의 고객에게 판매하는 방식으로 전환하기로 했다. 우리가 온라인 소프트웨어와 서비스를 개발하면 파트너사는 이를 자사의 PC에 내장하여 판매하고 이익금을 나눠 가지는 방식이었다.

이론적으로는 꽤 설득력 있는 전략이었으므로 우리는 기대감을 갖고 행동에 나섰다. 그러나 파트너가 될 만한 업체들과 접촉하기 시작하면서 그렇게 녹록한 일이 아니라는 사실을 깨달았다. 가능성 있는 곳과 열심히 접촉을 했으나 계속 거절만 당했다. 일부 업체는 온라인 시스템을 토대로 하는 것에 한계가 있다고 보는 듯했다. 또 온라인의 가능성을 감지한 업체라 해도 신생 기업과 손잡는 위험을 감수하려 하지 않았다. 특히 이전에 내놓은 제품이 실패했고, 이 때문에 채권자와 투자자가 잔뜩 화가 나 있는 상태의 회사와 파트너십을 구축하는 것은 극히 위험한 일이라고 보았다.

그러다 마침내 우리의 제안에 솔깃해할 만한 곳을 찾아냈다. 잘나가던 가정용 컴퓨터 제조업체 가운데 하나였던 코모도어^{Commodore}였다. 당시 코모도어의 창업자는 회사를 떠났고, 남은 경영진은 앞으로 나아가기 위해 돌파구를 찾고 있었다. 이들은 경쟁이 날로 치열해지는 시장에서 자사가 부동의 우위를 점할 수 있는 새로운 시도가 필요하다고 느끼고 있었다.

코모도어의 전략기획책임자였던 클리브 스미스^{Clive Smith}는 우리의 제안에 긍정적이었으나, 다른 임원들은 CVC와 파트너 관계를 맺는 것은 위험하다고 판단했다.

스미스는 솔직하게 말했다.

"당신들 회사는 너무 무거운 짐을 지고 있어서 그것이 우리에게 큰 부담이 됩니다. 우리 모두 여러분이 뭘 하려고 하는지는 충분히 이해하고, 또 대단하다고 생각합니다. 그러나 CVC와 손을 잡고 싶어 하지는 않아요. 위험 부담이 너무 크니까요."

그래서 나는 스미스에게 조언을 구했다. 무슨 방법이 없겠는가? 다시 기회를 줄 수 없는가? 그러자 수화기 건너편에서 잠시 침묵이 흘렀다. 나는 '아, 이제 별 수 없구나!' 하는 생각이 들었다. 스미스는 어떻게 말해야 할지 모르는 것 같았다.

잠시 후 스미스는 이렇게 말했다.

"글쎄, 나도 잘 모르겠어요. 차라리 창업을 하는 게 어떨까요?"

이상하게도 그때까지는 그런 생각을 못했다. 그러나 스미스가 그 얘기를 꺼내자 그 방법밖에 없겠다는 생각이 들었다. 물론 창업은 쉬운 일이 아니다. 그저 이름만 바꾼다고 새 회사가 차려지는 것은 아니다. 백지 상태에서 모든 것을 다시 시작해야 한다. 일단은 CVC에서 소프트웨어 사용권을 취득하고 나서 직원들을 새 회사로 데려온 다음에 CVC를 청산하는 절차를 밟아야 한다.

▶▶▶

내가 27세 생일을 맞기 직전인 1985년 여름, 우리는 스미스의 조언을 받아들여 퀀텀컴퓨터서비스Quantum Computer Services라는 회사를 설립했다. 지역 최대 상업지구인 버지니아 주 타이슨즈 코너에 있던 CVC 사무실 임대 계약을 그대로 인수했고, 직원들도 대부분 모두 받아들였다. 나와 마크 세리프 그리고 CVC의 또 다른 임원이었던 짐 킴지Jim Kimsey가 퀀텀의 공동 창업자가 됐다.

킴지는 정말 독특한 경력과 개성의 소유자였다. 우리처럼 킴지도 기술 쪽에 관해서는 문외한이나 다름없었다. 원래 킴지는 워싱턴 D.C.에서 술집과 레스토랑을 운영했고 생활방식도 이러한 배경에 걸맞아 보였다. 미 육군사관학교 출신으로 두 차례나 베트남에서 복무한 경력이 있는 킴지는 미사여구를 붙여 말하기를 좋아했다. 그리고 역사적인 인물의 말을 인용하기를 좋아했다. 그중에서도 니체가 자주 등장했는데 거짓말 조금 보태서 다음과 같은 말을 거의 백 번은 들은 것 같다.

"아무리 힘들어도 견뎌내면 더욱 강해진다."

킴지는 나보다 20년 연상이었다. 그래서 세상 사람은 나이가 많은 킴지를 대표로 인식하는 듯했다. 투자자들은 킴지를 '총감독'이라고 불렀다. 20대의 새파란 애송이가 경영하는 회사가 업계와 시장의 신뢰를 얻기 어려운 당시 기업 환경에서 킴지가 이렇게 버티고 있는 것이 우리에게는 든든한 일이었다.

처음에 킴지의 절친한 친구이자 클라이너퍼킨스코필드바이어스

Kleiner Perkins Caufield Byers, 이하 KPCB라는 벤처 캐피털 회사의 공동 창업자 프랭크 코필드Frank Caufield가 킴지에게 CVC에 관한 이야기를 했다. 킴지는 게임라인의 비전에 크게 마음이 동해 워싱턴 D. C. 지역의 독점 영업권을 사들였다. KPCB가 CVC의 초기 투자자로서 H&Q와 손을 잡으면서 프랭크 코필드도 이사진에 합류했다. 그런데 게임라인 때문에 CVC가 위기 상황에 몰리자 친구인 킴지에게 어떻게든 사태를 해결하여 KPCB가 투자 손실을 보는 일을 막아달라고 부탁했던 것이다. 당시 킴지는 기술 분야와는 거리가 멀었고, 또 그다지 알고 싶어 하지도 않았으나 친구의 부탁에 기꺼이 응했다. 처음에는 그저 몇 달 정도면 상황이 종료될 것이라고 보고 가벼운 마음으로 발을 담갔다가 결국 그 몇 달이 10년을 넘기고 말았다.

킴지가 없었다면 우리는 자금을 조달할 방법이 없어 파산을 면치 못했을 것이다. 세리프가 없었다면 우리 제품에 필요한 핵심 기술을 확립하지 못했을 것이다. 나는 전략가와 실행가의 역할을 맡았다. 아이디어를 짜내고, 파트너십을 구축하고, 소비자 친화적으로 제품을 설계하고, 브랜딩과 광고 업무를 처리하였다. 우리 셋의 결합은 각자 부족한 부분을 서로 완벽히 채워주는 절묘한 조합이었다. 그러나 어쨌거나 성공의 전환점을 마련하려면 자본이 좀 더 필요했다.

우리는 CVC의 투자자를 만나 앞으로의 사업 계획을 설명했다. 투자자들은 이러한 비전에는 구미를 당기면서도 경영진인 우리에 대해서는 여전히 의심의 눈초리를 거두지 못했다. 이전에 우리가 저지른 실패로 투자 손실을 봤던 만큼 큰 위험 부담을 안고 다시 투자하게 된다면 그에 상응하는 대가가 따라야 한다고 생각하는 듯했다. 만약 이번에 다시 투자한다면 단순히 새 투자분에 대한 수익금만이 아니라, 이전 투자에서 날린 투자금까지 회수하기를 바랐다. 그렇게까지 많이 양보하고 싶지는 않았지만 우리로서는 달리 선택의 여지가 없었다. 1985년 당시만 해도 기술 관련 스타트업 환경이 아직 확립되지 않은 상태였고, 벤처 투자자를 만나기도 쉽지 않았다. 그러나 우리가 여기서 투자자를 찾지 못하면 망하는 길밖에 없었다.

　　투자자는 이른바 '갑'이었고, 그 힘을 자신들의 이익을 위해 유리하게 사용할 위치에 있었다. 실질적으로 투자자들이 회사를 소유하고, 경영진은 사업 운영 실적에 따라 그에 상응하는 대가를 취하는 조건으로 투자 계약을 마무리를 지으려 했다. 그래서 내 지분이 3%를 넘었던 적이 없었다. 그러나 이것은 내게 그다지 문제가 되지 않았다. 중요한 것은 '비전'을 실현하는 것이었다. 투자자들이 내건 조건이 마음에 들지는 않았으나 내 아이디어가 완전히 사장되지 않았다는 사실에 나는 그저 기뻤고, 비전을 실현할 기회가 다시 찾아왔다는 것에 만족했다.

우리는 새로 조달한 자본 100만 달러로 퀀텀을 시작했다. 파트너십을 충분히 활용하여 마케팅 비용을 최소화할 수 있었기에 가능한 일이었다. 우리는 소박하게 시작하기로 했다. 그래서 각 회사 사정에 걸맞은 맞춤형 설명회로 승부를 걸었다. 먼저 코모도어 64 사용자 기반을 활용하고자 코모도어와 손잡고 게임 중심의 서비스 큐링크^{Q-Link}의 개발에 나섰다. 이러한 움직임은 라디오샤크^{RadioShark}와 파트너십 구축을 협상하는 데 큰 도움이 됐다. 라디오샤크의 그래픽 사용자 인터페이스^{GUI, Graphical User Interface}를 활용하는 내려 받기 서비스 피시링크^{PC-Link}를 개발하자는 취지였다. 이 여세를 몰아 교육 서비스인 프러머네이드^{Promenade}의 공동 개발을 위해 IBM 측과도 교섭을 벌였다. 각 파트너사는 각기 자사 고유의 브랜드와 맞춤형 제품을 보유하고 있었고, 우리는 온라인 서비스 구축과 운용만 담당하면 되었다.

결론부터 말하자면 이러한 시도는 성공이었다. 우리는 저비용 체계를 계속 고수할 수 있었고, 영업 개시 2년 만에 드디어 수익이 나기 시작했다. 그리고 급성장까지는 아니더라도 완만한 성장세가 꾸준히 이어졌다. 우리는 성장과 도약의 지름길은 주요 기업과의 파트너십 구축에 있다고 믿었다. 그래서 이번에는 애플로 눈을 돌렸다.

▶▶▶

쿠퍼티노의 제왕, 애플

1987년에 나는 애플 본사가 있는 샌프란시스코에 아파트를 얻어 6개월 동안 매일 출근하다시피 애플을 방문했다. 그러면서 사내에서 만나는 사람마다 붙잡고 아직 햇병아리 단계이지만 무한한 가능성이 있는 온라인 시장에 눈을 돌리라고 설득했다. 그리고 내가 만나는 사람이나 부서의 특성에 맞게 이야기의 주제에 변화를 줬다. 즉 우리와 파트너가 되면 좋겠다는 생각이 들도록 상대가 구미를 당겨할 만한 주제로 사람들을 설득해나갔다. 우리의 주장에 가장 관심을 보인 부서는 애플에서 가장 힘이 약하고 영향력도 별로 없던 고객 서비스 부서였다.

나는 이들에게 단도직입적으로 말했다. 이 서비스를 애플 컴퓨터에 탑재하면 대규모 콜센터를 운영하는 것보다 훨씬 좋은 서비스를 훨씬 더 저렴하게 제공할 수 있다고 주장했다. 그리고 이런 말도 덧붙였다.

"양질의 고객 서비스를 제공할 수 있으며, 더 나아가 또 다른 서비스까지 제공하여 타사와의 차별성을 확보할 수 있을 겁니다."

이러한 설명이 그들을 움직였다. 이에 공감한 사람들은 이러한 접근법이 그동안 변방으로 밀려나 있던 고객 서비스 부서의 사내 입지 강화를 위한 전략으로도 손색이 없을 것이라고 생각했다. 우리와의 파트너십 구축은 어디까지나 '고객 지원'을 그 핵심으로 한다는 사실은 물론 잘 알고 있었다. 그러나 또 한편으로 온라인 서비스가 제공되기 시작하면 고객 서비스 부서가 그동안 '돈을 쓰기만 하던' 곳에서 '돈을 버는' 곳으로 탈바꿈할 기회가 된다는 사실을 충분히 인지했다. 이렇게 되면 이 부서원들의 경력 개발에도 큰 도움이 될 것이다. 이것은 파트너십 구축에 열중하도록 만드는 동기 요소로 작용했다.

그때 애플에 스티브 잡스가 있었다면 이 파트너십 계약을 체결하지 못했을 것이다. 스티브 잡스가 우리에게 '애플' 명칭을 사용할 권리를 줄 리 만무하고, 이와 같은 중요한 결정을 아랫사람들(자신보다 아래급 임원)이 하게 내버려두지도 않았을 것이다. 그러나 스티브 잡스는 2년 전에 애플을 떠났고, 덕분에 우리에게 기회가 생긴 셈이었다. 내가 샌프란시스코로 온 지 6개월 만에 드디어 애플과 온라인 서비스 개발 계약을 체결했다. 이것이 바로 '애플링크 퍼스널 에디션AppleLink Personal Edition'이다.

계약을 성사시킨 후 다시 워싱턴 D. C.로 복귀하자 팀원들은 나를 마치 개선장군 대하듯 열렬히 환영해줬다. 우리는 애플과 파트너십을 구축하고 애플의 브랜드를 사용할 수 있는 권리를 확보했다. 애플과 손잡은 우리는 그 이름값 덕분에 자금을 500만 달러나 조달할 수 있었고, 이는 우리가 그동안 조달한 자금 중 최고액이었다. 애플과의 원활한 협력 작업을 위해 애플 본사가 있는 곳에서 멀지 않은 곳에 사무소(쿠퍼티노 지점)를 개설했다. 그리고 창업 이래 최대 사업인 프로젝트를 담당하는 데 필요한 직원을 충원했다.

▶▶▶

소프트웨어의 프로토타입이 완성되자 초창기 컴퓨터 시대의 개척자 가운에 한 명인 앨런 케이$^{Alan\ Kay}$를 만나 조언을 들었다. 1970년대에 케이는 제록스 파크$^{Xerox\ PARC}$ 4) 소속으로서 스몰토크^{Smalltalk}라는 프로그래밍 언어 개발을 담당하는 연구팀의 일원이었다. 컴퓨터 간의 네트워크 형성에 사용되는 스몰토크는 훗날 애플의 초기 매킨토시 컴퓨터에 큰 영향을 미치게 된다. 나와 만났을 당시 케이는 로스앤젤레스에 거주하면서 애플 펠로우$^{Apple\ Fellow}$ 5)로서 애플에 근무하고 있었다. 나는 우리가 설계한 것을 보여주고, 더 직관적인 소프트웨어가 되려면 어떻게 해야 하는지 물어보기 위해 로스앤젤레스로 날아갔다. 참고로 이 분야는 케이(그리고 애플)의 전문 분야였다. 이런 전설적인 인물을 만날 수 있다는 것만으로도 영광이었다. 그러나 이 감격스러운 만남을 비롯하여 애플과의 밀애는 그리 오래가지 않았다.

우리는 1년 동안 '애플링크' 서비스를 구축하는 데 몰두했고, 야심차게 제품의 출시를 준비했다. 그러나 두 회사는 시작부터 불협화음을 냈다. 애플은 이 소프트웨어를 판매하려고 했고, 게다가 애플 공식 매장에서 독점 판매하려고 했다. 그러나 우리 입장에서 보면 이것은 최악의 접근법이었고, 우리의 기본 전략에도 어긋났다. 우리의 기본 원칙은 소프트웨어의 무료 배포였다. 애플 컴퓨터에 소프트웨어

---

4) 팔로알토연구소(Palo Alto Research Center)라고도 함

5) 뛰어난 기술적 업적을 세운 공로자에게 부여하는 명칭

를 탑재하고 잡지 및 모뎀과 함께 패키지로 꾸려 우편으로 배포하려고 했다. 소비자로 하여금 이 소프트웨어를 어떻게든 한번 사용해보게 하려면 무료로 배포하는 것이 가장 좋은 방법이라고 생각했다. 궁극적인 목적이야 물론 사용자에게 서비스 비용을 내게 하는 것이다. 그러자면 일단은 가능한 한 간편하고 쉽게 시험 사용해볼 기회를 제공하는 것이 가장 좋다고 생각했다(아이러니하게도 이 접근법에 난색을 표했던 애플도 결국은 애플 앱스토어에서 소프트웨어를 무료로 배포하는 전략으로 성공하게 된다). 수개월 동안 이 부분에 대해 강력하게 주장했다. 기타 마케팅 방법에 대해서도 수차례 충돌이 빚어졌으며, 타협점을 찾지 못했다. 이 때문에 양사 간에 불신이 싹텄고, 애플 내에서도 이러한 파트너십에 대한 회의감이 팽배하기 시작했다.

어느 날 아침 댈러스 공항 근처에서 교통사고가 나서 교통체증이 심해지는 바람에 늦게 출근했다. 뒤늦게 사무실에 도착하자 책상 위에 '긴급'이라고 쓰인 메모가 놓여 있었다. 비서의 말로는 애플의 한 임원이 나와 이야기를 나누고 싶다고 했는데 뭔가 심상치 않은 일이 있는 것 같다고 했다. 겉으로만 봐서는 그러한 메모가 특별히 이상할 것은 없었다. 애플과는 수개월에 걸쳐 마케팅 방식을 놓고 씨름하고 있었고, 그동안 경영진으로부터 들을 말, 못들을 말을 다 들어온 터였기 때문이다. 그러나 설마 파트너십을 깨자는 이야기를 들을 줄은 꿈에도 생각하지 못했다.

전화를 걸자 그 임원이 단도직입적으로 이렇게 말했다.

"케이스, 정말 미안한데 이 계약은 우리의 실수였어요. 그래서 우리는 계약 파기를 원합니다."

나는 그의 마음을 돌리려고 애썼다. 다른 대안이 있을지 모른다며 설득하려 했다. 하지만 그 어떤 말도 소용없다는 것을 금방 깨달았다. 우리는 타협점을 찾기보다는 서로 상대가 잘못됐다고 주장하기 바빴다. 그리고 그것으로 끝이었다. 모든 것이 정말 끝났다. 양쪽 다 무엇을 어떻게 해야 하는지 방법을 찾지 못했다.

제**2**장

전 미국의 온라인화
: 애메리카 온라인

● ● ●

　　　　　　　전화를 끊고는 한동안 책상 앞에 가만히 앉아 있었다. 그렇게 꼼짝 않고 한 시간은 있었던 것 같다. 무엇을 어떻게 해야 할지 몰랐다. 뭔가 대안을 생각해내지 못한 채 사람들에게 이 끔찍한 소식을 전하고 싶지도 않았다. 마땅한 대안 없이 이 소식을 전할 생각을 하니 오금이 저리는 기분이었다. 그러나 다른 대안이 뭐가 있단 말인가?

　　우리의 핵심 전략은 컴퓨터 제조사와 파트너십을 구축하는 것이었다. 그런데 지금 우리의 가장 큰, 그리고 가장 중요한 파트너인 애플과 결별하게 된 것이다. 돌이켜 보면 그날 오후는 정말 '비탄의 5단계[6]'를 완벽하게 경험하는 시간이었다.

　　처음에는 '부정' 단계였다. 첫 테이프를 끊은 사람은 세리프였다. 세리프는 정말 계약이 완전히 끝난 것은 아닐 것이라며 아연해했다.

---

6)　스위스의 심리학자이자 작가인 엘리자베스 퀴블러 로스가 말하는 비탄 혹은 상실감에 대한 5단계 정서적 반응

수개월 동안 줄다리기를 해온 만큼 애플 쪽에서 허세를 부리는 것이라고 생각했다.

다음은 '분노'를 표출하는 단계였다. 처음에는 애플을 향해, 다음에는 서로를 향해 분노를 표출하기 시작했다. 짐은 나를 똑바로 쳐다보며 이렇게 말했다.

"우리가 너무 빡빡하게 나간 거 아냐? 파트너와 일하면서 우리가 원하는 것을 100% 얻어내려 하는 게 말이 돼? 대체 왜 그런 무리수를 뒀느냔 말이지. 그래서는 될 일도 안 된다고, 젠장!"

그다음은 '타협'을 모색하는 단계였다. 나는 화이트보드 앞에 서서 계약을 유지하기 위해 우리가 양보할 수 있는 사항이 무엇인지 하나하나 써나가기로 했다. 모두가 이런저런 의견을 내느라 정신이 없었다. 그러나 양보할 수 있는 사항을 하나하나 써나가는 동안, 과연 그렇게까지 하면서 계약을 유지할 필요가 있겠느냐는 생각이 고개를 들기 시작했다. 요컨대 그런 희생을 감수하면서까지 계약을 유지하고 싶지는 않다는 생각이 지배적이었다.

나는 이렇게 말했다.

"애플이 하자는 대로 다 하면 우리는 망하는 겁니다. 그러나 애플을 잃으면 투자자도 잃게 될 겁니다. 애플과 결별했는데도 안 그런 척 시치미를 뚝 떼고 투자자를 대할 자신이 없어요. 실패할 게 뻔한데 계속하는 게 무슨 의미가 있을까 싶네요."

이제는 '우울' 단계였다. 다음번 이사회에서 어떤 일이 벌어질지 생각만 해도 머리가 지끈거릴 지경이었다. 투자자들의 으름장은 이미 경험한 바 있었다. 그때 일부 투자자는 애플 서비스 출시에 그렇게 많은 돈을 들인 것을 탓하며, 나를 해고하라고 킴지를 몰아세우기도 했다. 그런 만큼 아마도 이번 애플과의 결별 사태가 최후의 결정타가 될 것이다.

우리는 극도의 좌절감과 실망감 속에서 망연자실한 상태로 누구 하나 입을 열지 못하고 가만히 앉아 있었다. 이제 마지막에 다다른 듯했다. 그러나 그 누구도 먼저 그 말을 꺼내려 하지 않았다. 무거운 침묵을 깬 사람은 킴지였다.

"자, 우리가 뭘 할 수 있는지 한번 생각해봤어요. 애플이 이 계약을 일방적으로 깰 수는 없습니다. 우리는 그동안 애플링크 출시를 지원하려고 수백만 달러를 조달해서 썼단 말이에요. 그러니까 소송을 걸겠다고 애플을 압박하면서 합의금을 요구해볼 수 있을 겁니다. 그 돈이 있으면 다음에 할 일을 찾아낼 때까지 버틸 수 있어요."

'다음 일'을 도모하는 것이야말로 우리가 할 수 있는 유일한 행동이었다. 나는 이렇게 말했다.

"이제 우리는 판매업체의 브랜드$^{PB, Private Brand}$로 승부하는 전략을 넘어 고유 브랜드를 개발해서 우리의 마케팅 방식으로 제품을 출시할 때가 왔다고 봅니다. 그동안 우리가 개별적으로 개발한 Q-링크, PC-링크, 애플링크, 프러머네이드를 하나로 묶어 단일 서비스로 만들어봅시다."

그러자 세리프가 이렇게 물었다.

"그게 가능할까요?"

"아직은 확신할 수 없지만 일단 자금을 조달할 방법부터 찾아야지요. 그리고 우선은 애플에게 가능한 한 많은 돈을 받아내는 데 초점을 맞춰야 해요. 우리와 결별하고 싶다면 그렇게 하라고 하지요, 뭐. 그러려면 애플은 우리에게 합의금을 줘야 할 것이고, 우리는 그 돈으로 고유 브랜드를 개발하는 일에 매진할 수 있을 겁니다."

나는 사무실로 돌아와 애플과 파트너십을 맺을 때 작성한 계약서를 꼼꼼하게 검토했다. 그리고 애플이 위반한 계약 사항을 다 기록했다. 그런 다음 킴지를 불러 어떻게 할지 의논했다. 우리 두 사람은 심호흡을 한 다음 전화기의 재다이얼 버튼을 눌러 계약 파기 의사를 전했던 그 임원과 통화를 시도했다.

우리는 그 임원에게 계약 위반 사항에 대해 소송까지 가고 싶은 생각은 없으며, 지루한 법정 공방을 벌이는 것은 어느 쪽에도 득이 되지 않는다는 취지를 전했다. 그리고 애플 측에 합의를 요구했다. 애플과의 파트너십을 지원하기 위해 벤처 투자자들로부터 조달한 자금 500만 달러를 합의금으로 주면 계약 파기에 동의하겠다고 말했다. 만약 이 제안을 받아들이지 않는다면 소송을 제기할 것이고, 그렇게 되면 애플의 불합리한 처사에 대해 동네방네 떠들고 다니겠다고 엄포를 놨다.

애플 측에서는 바로 결단을 내리지 못하는 것 같았다. 우선 500만 달러를 달라는 제안은 거부했다. 그러나 애플 측에 분명히 과실이 있으므로 조용히 일을 마무리하자면 맨입으로는 안 되리라는 점은 인지하고 있음이 분명했다. 몇 주 동안 수차례 캘리포니아를 오가며 줄다리기를 벌인 끝에 마침내 합의를 보게 됐다. 애플이 계약을 파기하는 조건으로 우리에게 300만 달러를 주기로 했다. 이로써 우리는 애플 브랜드의 사용을 중지하고 우리의 길을 가게 됐다.

CVC에서 퀀텀으로 변신한 이후 몇 년 만에 또다시 새롭게 출발해야 하는 상황이 됐다. 그러나 이번에는 애플의 돈으로 그렇게 하게 된 것이다. 우리는 함께 모여 새로운 비전을 실현하는 일에 매달렸다. 그런 우리의 모습은 마치 달 탐사 프로젝트에라도 매달리는 듯 진지했다. 그러나 이번에는 온전히 우리의 것인 고유 브랜드를 만드는 일이었고, 일이 제대로 될 때까지 혹은 자금이 다 떨어질 때까지 절대로 멈추지 않겠다는 각오였다.

당시 우리는 긍정적인 생각으로 가득 차 있었다. 두려움은 안도감으로 바뀌었다. 애플은 어렵고 까다로운 파트너였고, 함께하는 몇 개월 동안 산 넘어 또 산을 넘는 기분으로 계속되는 위기를 극복해왔다. 일단 결별로 인한 충격의 여파가 가라앉고 상황을 인정하는 분위기가 조성되면서 우리의 꿈을 다시 한 번 실현하고자 하는 의지와 희망이 충만했다.

우리가 직접 온라인 세상을 여는 '문'이 될 기회가 온 것이다. 우리가 만든 '포털'을 통해 모뎀을 사용하는 모든 사람을 온라인 세상으로 끌어들일 수 있다. 물론 하루아침에 달성할 수 있는 과제는 아니다. 하지만 만약 이 일이 성공한다면 세상은 어떻게 달라질까?

그런데 우리가 만든 포털 서비스에 어떤 명칭을 붙여야 할지 몰랐고, 브랜딩 회사에 의뢰할 돈도 없었다. 그래서 브랜드 명칭을 정하는 문제는 사내에서 해결하기로 하고, 몇 주간 논의에 논의를 거듭하며 마땅한 명칭을 찾으려고 했다. 가장 많은 표를 받은 명칭은 '온라인 아메리카'였다. 다들 괜찮다고 하는데 이상하게 내 귀에는 뭔가 좀 어색하게 들렸다. 그래서 이렇게 제안했다.

"순서를 바꿔보면 어떨까요? '아메리카 온라인'으로."

그랬더니 귀에 딱 들어오는 것이 '이거다!' 싶었다. 그래서 이 서비스의 명칭을 '아메리카 온라인(AOL, 나중에는 회사명이 됐음)'으로 확정하고 출시 준비에 만전을 기했다.

▎도약의 발판을 마련하다

AOL 서비스를 출시하는 일은 만만치 않았다. 사용자의 컴퓨터가 제각각이고 원하는 것도 각기 달랐기 때문에 이 사업이 사람들의 이목을 끌며 가까스로 궤도에 오르기까지 거의 1년이 걸렸다. 일단 윈도 버전의 서비스를 출시하고 나자 마침내 성장에 가속이 붙기 시작했다. 사용자가 갑자기 엄청난 속도로 늘어났고, 다들 우리의 서비스를 마음에 들어 하는 것 같았다. 언론도 흥미를 보였고, 우리는 골리앗과 싸우는 다윗으로 그려지고 있었다. 이미 시장을 장악한 대기업이 떡 하니 버티고 있는데 지금 시작한 아주 작은 회사가 듣도 보도 못한 이상한(?) 서비스를 하나 들고 거대 기업과 싸우는 모습으로 비쳐졌다. 우리는 소비자가 원하는 것이 무엇인지 기존 기업들보다 훨씬 정확하게 짚어낼 수 있었다. 포커스 그룹을 대상으로 한 조사 결과에만 의존하지 않고, 조금 과하게 표현해서 우리는 이 서비스에 목숨을 걸고 매달렸기 때문이다.

어느 날 오후 나는 타이슨즈 코너에 있는 AOL 본사에서 접근성과 이용 가능성을 더 높일 수 있는, 이른바 사용자 친화적인, 사용자가 좀 더 편하고 쉽게 이용할 수 있는 소프트웨어를 만들려면 어떻게 해야 하는지에 관해 직원들과 의견을 나누고 있었다. 당시는 온라인 세상에 대해 회의적인 시각이 여전했고, 인터넷으로 무엇을 할 수 있는지 모르는 사람이 수두룩했다. 온라인이나 인터넷은 비인간적 속성을 지닌 것으로 사회적 상호작용을 저해하는 요소라는 시각이 지배적이었다. 그러나 나는 개인적인 경험으로 봐도 그렇고, 우리 서비스에 만족해하는 사용자를 봐도 이러한 일반의 시각이 잘못됐다고 확신했다. AOL은 사회적 상호작용을 저해하는 것이 아니라 오히려 이러한 상호작용을 극대화했다. AOL 덕분에 사람들은 다양한 방식으로 더 많은 사람과 소통할 수 있었다. 그러나 아직 온라인 세상을 맛보지 못한 사람들이 AOL을 한 번이라도 사용하게 하려면, 이 사람들의 불만에 귀 기울일 필요가 있었다.

고민 끝에 한 가지 아이디어가 떠올랐다. 소프트웨어에 사람의 목소리를 추가하는 방식으로 인간적인 요소를 가미해보면 어떨까 싶었다. 그때 고객 서비스 팀에서 일하는 캐런 에드워즈Karen Edwards가 우연히 이 아이디어에 관해 알게 됐다.

에드워즈는 내게 이렇게 말했다.

"혹시 괜찮다면 남편 엘우드한테 도움을 청해볼 수도 있는데요. 남편은 내레이션 작업을 하는 사람이고, 라디오 광고 작업도 많이 했거든요."

나는 엘우드를 만난 적이 없기 때문에 그의 목소리가 어떤지 알 수 없었다. 그러나 적어도 엘우드의 목소리가 '음성' 프로토타입의 역할을 할 수 있을 것이라 생각했다. 그리고 적당한 목소리를 찾는 심사 과정에서 하나의 기준으로 삼을 수 있을 것이라고 생각했다. 그래서 포스트잇 메모지에 생각나는 대로 멘트를 적어 에드워즈에게 건넸다.

"혹시 남편이 음성 녹음에 관심이 있는지 한번 알아보고, 괜찮다고 하면 이번 주말까지 작업을 끝내줄 수 있을까요?"

그러자 에드워즈는 이렇게 답했다.

"주말까지 갈 것도 없어요. 오늘 밤이면 다 끝날 걸요?"

다음날 에드워즈는 정말로 녹음된 음성을 내게 가져왔다. 엘우드의 목소리는 그야말로 더할 나위 없이 완벽했다. 상대방을 완전히 무장 해제하는 상냥하고 포근한 목소리였다. 무거운 짐을 들고 가는 할머니에게 지나가던 사람이 다가와 "짐을 들어드릴까요?"라고 말할 때 느껴지는 가슴 따뜻한 목소리였다. 녹음된 음성을 두 번 듣고 난 후 다른 사람의 목소리는 더 들을 필요가 없다고 확신했다. 그리고 엔지니어들에게 소프트웨어의 새로운 버전에 이 음성 파일을 추가하도록 지시했다.

그리고 한 달 정도 지난 후 엘우드의 음성 메시지와 업그레이드된 소프트웨어가 담긴 CD를 미 전역에 우편으로 배포하기 시작했다.

"환영합니다! 편지가 도착했습니다."

스스로 시도한 변신이 멋들어지게 성공했다는 확신이 들 때 흥분하지 않을 사람이 어디 있겠는가! 실패의 충격은 이제 완전히 사라졌고, 우리는 희망 찬 미래를 꿈꾸기 시작했다. 수년 동안 우리의 꿈을 제대로 펼쳐보기도 전에 실패의 쓴 맛을 여러 번 맛본 후에 드디어 도약의 발판을 마련하는 데 성공한 것이다.

이 과정에서 나는 자연스럽게 회사의 리더로 부상했다. 지금까지 회사를 꾸려오는 데 킴지와 세리프가 중요한 역할을 했다는 것은 모두 알고 있었으나, 사내에서 나에 대한 의존도가 점점 높아진 것도 사실이었다. 1991년 1월에 이사회는 나를 CEO로 선출했다. 그때 내 나이는 32세였다.

나는 고객 기반을 넓히는 일에 초점을 맞췄다. 이제 이 시장도 경쟁체계에 돌입할 것이므로 성장을 더 가속화하도록 직원들을 독려했다. '시장점유율을 높이려면 남보다 더 싸고 더 간편한 서비스로 승부하는 수밖에 없다'는 마음가짐으로 매사에 임했다. 우리는 가속 페달을 더 힘껏 밟았고, 이에 따라 어쩔 수 없이 마케팅 비용은 기하급수적으로 증가했다.

1991년 말경, 고속성장 전략에 필요한 자금을 조달하려면 상장을 해야 한다는 목소리가 높아졌다. 이사회도 이에 동의했으나 걸림돌이 하나 있었다. 만약에 우리가 상장을 하게 된다면 인터넷 회사로서는 AOL이 최초의 상장사가 되는 것이다. 그런데 당시는 시장 규모가 어느 정도인지 확실하지 않았고, 경쟁에 따른 위험 부담이 너무 컸다. 그러자 임원들은 조용히 이사회를 소집하여 나를 CEO로 추대했던 결정을 번복했다. 내 나이가 너무 어려서 그때까지 나이 든 CEO에 익숙해 있던 기관투자자들이 나를 받아들이기 어려울 것이라는 판단이었다.

킴지는 나와 점심을 같이 하면서 이 소식을 전했다.

"그동안 자네가 얼마나 잘해왔는지 모르는 사람은 없어. 그런데 문제는 우리가 아니라 투자자들이란 말이지. 이 사람들은 자네가 너무 어리고 능력이 검증된 상태가 아니라고 생각한단 말이야. 지금까지 대다수 상장사의 CEO는 자네보다 나이가 많고, 뛰어난 실적을 올린 경력이 있는 사람들이야. 그래서 이번에는 내가 CEO로 나서는 것이 여러모로 낫지 않을까 싶네. 자네는 부사장으로 하고 말이야."

그러면서 킴지는 이렇게 덧붙였다.

"걱정할 것은 없네. 계속 이렇게 가자는 게 아니라 당분간 그러자는 거니까 말이야."

나는 이 말에 큰 충격을 받았다. 속이 부글부글 끓으면서 분노가 치밀어 올랐다. 완전히 당한 것 같은 기분이었다. 나는 운이 좋아 CEO가 된 것이 아니었다. 오랫동안 부단하게 노력한 끝에 이 자리까지 올라온 것이다. 게다가 내 능력이 모자라서가 아니라 내가 젊다는 이유로 투자자들이 꺼릴 것이라고 지레 겁을 먹은 탓에 그 자리에서 물러나야 한다는 사실이 납득되지 않았다.

이 얼마나 불합리한 처사란 말인가!

아무것도 납득할 수 없었던 나는 그냥 그만둬버릴까도 생각했다. 게다가 다른 사람들마저 이사회가 내린 이 결정을 듣고 분개하며 내 편을 들어줬다. 그러나 나는 이 회사를 떠날 수 없으며, 어느 누구도 떠나게 할 수 없다는 사실을 잘 알고 있었다. 나도 그렇고 다른 직원들 역시 그동안 이 회사에 모든 것을 바쳤다 해도 과언이 아니다. 결국 분을 삼키며 회사에 남아 있기로 마음을 정했다.

⏐ 인터넷 회사로 최초 상장하다

1992년 3월에 드디어 상장을 했다. 당시 직원은 200명도 안 됐고 회원 수는 18만 4,000명에 불과했다. 지난 7년 동안 총 1,000만 달러를 조달했는데 수익은 3,000만 달러 수준이었다. 첫 상장 때 1,000

만 달러를 더 조달했고 시가총액은 7,000만 달러였다. 기관투자자 대다수는 우리를 틈새시장에서 활약하는 아주 작은 회사로 치부하면서 별 관심을 보이지 않았다. 〈월스트리트저널〉은 AOL을 칭할 때 '인터넷 회사'라든가 '기술 회사'라는 표현마저 쓰지 않았다. 우리 회사의 IPO(기업공개, 상장) 상황을 전할 때 '컴퓨터에 기반을 둔 소비자 서비스 제공사'라고 표현했다.

시작은 이렇게 미미했을지 몰라도 IPO의 파급력은 대단했다. 이를 통해 우리는 성장에 필요한 자금을 확보했을 뿐 아니라, 대중의 인지도를 높이고 인수 작업에 필요한 자본(주식 가치 상승)도 마련할 수 있었다. 그리고 개인투자자에게도 고속 성장하는 기업에 투자할 수 있는 기회를 제공하게 되었다. 요즘 같아서는 쉽지 않은 일이지만 말이다.

상장 후 첫 번째 인수 기회가 찾아왔다. 이때도 나의 형 댄이 결정적인 역할을 했다. 당시 35세였던 레드게이트커뮤니케이션즈^{Redgate Communications}의 CEO 테드 레온시스^{Ted Leonsis}가 형의 회사에 인수 관련 업무를 의뢰하면서 형을 대표자로 선임했던 것이다. 두 사람이 만나 논의하는 과정에서 형은 우리를 추천했던 모양이다. 형은 레온시스에게 "당신과 같은 생각을 하는 사람이 있으니 한번 만나보는 것이 어떻겠느냐"고 말했다. 형이 내게 전화를 걸어 만날 약속을 정하려고 했을 때 나는 레온시스에 관해서는 이미 알고 있었다.

레온시스는 초기 디지털 혁명의 첨단에 섰던 사람이다. 적어도 그는 인터넷 세상에 대해 나와 같은 생각을 하고 있었다. 〈뉴욕타임스〉와의 인터뷰 당시 "1985년과 1986년에 나는 뭔가 중대한 변화가 일어나고 있다는 느낌에 사로잡혔다"고 말했다. 나 역시도 그와 같은 생각이었다.

레드게이트에 있을 때 레온시스는 그래픽 중심의 최첨단 쇼핑 서비스('상거래'라는 명칭조차 생기기 전이다. 그리고 당시만 해도 문자 중심의 온라인 쇼핑이 주를 이뤘던 시절이라는 점을 기억하라)를 비롯하여 최초의 멀티미디어 CD-ROM을 개발했다. 레온시스는 기술 관련 잡지를 대여섯 개나 창간했고, 책도 세 권이나 썼다. 특히 내 관심을 끈 부분은 디지털 미래를 제시하고, 이를 사람들에게 전파하는 능력이 아주 타고났다는 점이었다. 이는 AOL에서 내가 추구하려던 바로 그것이었다. 그래서 아침 식사를 같이 하기로 한 날 레온시스를 만나기 전부터 나는 가슴이 뛸 정도로 흥분됐다.

우리는 90분 동안이나 열띤 대화를 이어나갔다. 한참 후 종업원이 계산서를 가져왔고, 그때야말로 레온시스에게 제안을 할 시점이라고 생각했다. 그래서 나는 이렇게 운을 뗐다.

"우리 팀에 합류했으면 하는데요. 함께 큰일을 도모할 수 있으리라고 생각합니다."

이 제안에 레온시스는 이렇게 답했다.

"그렇겠지요. 그러나 자만심일지는 몰라도 나는 지금 레디게이트에서 하는 일을 좋아합니다. 그곳을 떠날 수는 없어요."

"뭔가 오해가 있는 것 같군요. 저는 지금 당신에게 우리 회사로 오라고 하는 게 아니라 우리가 레드게이트를 인수하고 싶다고 말하는 겁니다."

이 말에 레온시스는 애써 무관심한 표정을 지으며 아무런 내색도 하지 않으려 했다.

"다음에 다시 한 번 만나서 얘기합시다."

레온시스는 이렇게 말했다.

그러나 나는 그가 이미 내 제안을 받아들였음을 감지했다. 우리 두 사람은 같은 비전을 공유했기 때문에 레온시스가 내 제안을 거부하기는 어려울 것이라 생각했다. 말은 그렇게 했어도 그 눈빛에 어린 속내는 숨길 수 없었다. 레온시스는 내 제안을 듣는 순간 자신의 능력과 기술을 좀 더 큰물에서 활용하면 어떤 멋진 결과가 나올까를 상상하며 흥분을 감추지 못하는 기색이 역력했다. 적어도 내가 봤을 때는 그랬다. 레온시스가 내 제안을 받아들이는 것은 시간 문제였다.

레온시스는 결국 AOL에서 가장 영향력 있는 임원 가운데 한 명이 됐다. 플로리다에 소재한 레드게이트와의 인수 계약을 마무리 짓고 나서 몇 개월 후 워싱턴 D. C. 지역 AOL 서비스책임자 제의를 수락했다. 이후 레온시스에게 콘텐츠 개발 관련 업무를 맡겼다. 여기서 레온시스는 영화 전문 사이트인 무비폰^Moviefone 브랜드를 인수했고, 신문 매체들과 공동으로 디지털시티즈^Digital Cities라는 지역 브랜드를 만들었다. 또 업계 최초로 AOL 그린하우스^AOL Greenhouse라는 인터넷 기업 육성 프로그램도 시작했다.

이러한 전략의 핵심은 신규 브랜드를 개발하여 독립 경영진 및 외부 투자자로 하여금 이 브랜드를 출시하게 하려는 것이었다. 즉 뜻 있는 비전가들이 AOL 플랫폼을 활용하여 사업 기회를 찾게 하려는 것이 목적이었다. AOL 그린하우스는 개인 금융 소프트웨어 모틀리풀 The Motley Fool, 성적 소수자LGBT7)에 초점을 맞춘 디지털 미디어 회사 플래닛 아웃PlanetOut을 포함한 다수 브랜드 출시에 도움을 줬다. 참고로 플래닛 아웃의 설립자 메건 스미스Megan Smith는 훗날 구글의 초대 임원이 됐고, 이후 백악관 최고기술책임자로 일하게 된다.

상장하고 나서 7개월이 지났을 때 최대 독자를 보유한 〈월스트리트저널〉의 유명 칼럼니스트 월트 모스버그Walt Mossberg가 우리에게 우호적인 관점으로 다음과 같은 글을 게재했다. 우리의 최대 경쟁사와 비교하는 내용이었다.

프로디지Prodigy는 175만 명의 회원 수를 자랑하는 거대 기업이지만 주로 컴퓨터 초심자를 겨냥하고 있다. 이제 프로디지는 더 빠르고 더 정교한 서비스를 제공하는 쪽으로 방향 전환을 모색하고 있다. 그러나 현재 시점에서 볼 때 프로디지는 심각한 결함을 안고 있다고 생각한다. 내비게이션 시스템은 특이하고 조잡하며 텍스트는 투박한 데다 속도도 굼뜨고

---

7) 레즈비언(Lesbian), 게이(Gay), 양성애자(Bisexual), 성전환자(Transgender)의 앞 글자를 딴 말

콘텐츠도 기대에 미치지 못하는 수준이다. 한마디로 말만 앞섰지 실제로는 보잘 것이 없다. 게다가 주요 정보를 제공하는 화면 하단에는 정신 사나울 정도로 광고가 많이 뜬다(《월스트리트저널》 광고와 심지어 AOL 광고도 있었음).

이와는 반대로 이 분야에서는 AOL의 미래가 매우 밝다고 생각한다. AOL은 아직 회원 수가 20만 명에 불과하고 이런저런 부족한 점도 있으나 마이크로소프트 윈도와 애플 매킨토시가 대중화시킨 그래픽 사용자 인터페이스GUI를 기반으로 했다는 것이 큰 장점이다. 중첩 윈도를 사용하여 작업 중인 텍스트 화면을 여러 개 활성화시켜 자유롭게 조작할 수 있게 하고, 쉬운 명령어로 된 메뉴를 마우스로 선택할 수 있다. 또한 실감나는 다채로운 아이콘을 클릭하는 것만으로 광범위한 정보 데이터베이스에 빠르고 쉽게 도달할 수 있게 했다.

이 리뷰는 온라인 시장을 바라보는 일반 대중의 관점을 바꿔놓는 데 결정적인 역할을 했다. 이를 계기로 사람들은 온라인 시장과 AOL을 좀 더 진지한 시선으로 바라보기 시작했다. 여전히 작은 회사이긴 했으나 이제 사람들에게 알려지게 됐다. 이때를 기점으로 성장에 가속도가 붙었다.

1993년 봄, 킴지와 나는 본사 사무실에서 멀지 않은 곳으로 점심 식사를 하러 갔다. 종업원이 다가오자 메뉴판을 살피던 킴지가 최고급 샴페인 한 병을 주문했다.

그래서 내가 물었다.

"뭐 축하할 일이라도 있나요?"

그러자 킴지가 이렇게 대답했다.

"당연히 있지!"

그래서 나는 '뭐지?' 싶은 얼떨떨한 심정으로 이렇게 말했다.

"그래요? 뭘 축하해야 하는데요?"

"바로 자네!"

"네? 저요?"

"이제 나는 내려오고 자네가 올라갈 때가 됐거든."

때마침 종업원이 마개를 따고 우리 두 사람의 잔에 샴페인을 채웠다. 그러자 킴지가 잔을 들어 건배하며 말했다.

"내가 말했잖은가. 당분간 내가 자네의 CEO 자리를 맡아두는 거라고 말일세."

이사회에서 나를 다시 CEO로 선출했던 것이다. 결정을 번복하고 나서 3년이 지나는 동안 AOL의 직원은 4,000명으로 늘어났고 매달 200명을 신규 채용하고 있었다. AOL은 7년 만에 회원이 2,500만 명으로 늘어났으며 이 업계에서 가장 가치 있는 회사의 반열에 올라서게 됐다.

나이가 너무 어리거나 당시 상황을 잘 모르는 사람들은 AOL이 인터넷 시대를 여는 데 얼마나 중요한 역할을 했는지 잘 모를 것이다. 그러나 1990년대 말의 AOL은 정말 대단했다. 온라인 사용자는 곧 AOL 사용자라는 등식이 성립할 정도였다. 인터넷에 접속하고, 이메일을 보내고, 정보를 검색하고, 전자 매체의 뉴스를 읽고, 온라인 쇼핑을 하고, 온라인으로 음악을 듣거나 비디오를 감상하고, 온라인으로 사진을 보거나 저장하고, 온라인으로 친구들과 만나는 등의 그 첫 경험을 AOL을 통해서 한 경우가 대부분이었다.

당시 미국인에게 AOL은 지금의 구글과 페이스북, 트위터, 아마존, 소포티파이, 유튜브, 인스타그램 등이 하나로 결합된 복합 서비스 그 자체였다. 미국인에게 AOL은 곧 구글이었고 페이스북이었으며 유튜브였고 아마존이었다.

AOL이 최초의 인터넷 접속 서비스는 아니지만, '인터넷의 일상화'를 이뤄낸 최초의 회사인 것만은 분명하다. 또 AOL 덕분에 처음으로 친구들과 문자를 주고받을 수 있게 됐고, 온라인 쇼핑몰도 이용할 수 있게 됐다. 잡지, 신문 등과의 파트너십을 통해 언론과 대중 간의 뉴스 생성 및 소비방식에 획기적인 변화를 촉발한 것도 AOL이었다. 즉 언론이 뉴스를 만들어내고 대중이 이를 소비하는 식의 일방적인 방식에서 벗어나게 했다. 우리가 이러한 혁신적 변화를 주도했다는 사실에 무한한 자부심을 느낀다. 그러나 역시 우리가 가장 큰 자부심을 느끼는 부분은 인류 역사상 최초의 온라인 커뮤니티를 창조하고 육성한 것이 바로 AOL이었다는 사실이다.

우리가 구축한 온라인 커뮤니티의 관리자, 그것이 바로 AOL의

▶▶▶

CEO인 나의 역할이라고 생각했다. 나는 사람들이 이 새로운 디지털 매체를 좀 더 편하게 이용할 수 있는 방법이 없을까 고민했고, 인간적인 요소를 가미하여 사용자 친화적인 매체를 만들려고 노력했다. 뭔가 거창한 일을 하려는 것이 아니라, 매달 편지를 보내는 등의 작은 일부터 실천했다. 매달 회원들에게 편지를 보내 새로 추가된 서비스를 중심으로 업데이트 상황을 계속해서 알렸다. 또 위기가 닥쳤을 때는 선봉에 서서 문제를 해결해야 할 때도 있었는데, 결코 이를 피하지 않았다.

어느 날 이른 아침, 전화벨이 요란하게 울렸다. AOL의 기술운영부 책임자로 IBM에서 영입한 마이크 코너스^{Mike Connors}였다.

"문제가 생겼습니다. 서버가 완전히 다운됐어요. 그래서 접속이 불가능한 상태입니다. 고객센터에 사용자들의 불만 전화가 폭주하고 있어요. 복구하는 데 시간이 좀 걸릴 것 같습니다."

이때가 1996년 8월 7일이었고, 첫 상장 이후 4년 정도 지난 시점이었다. 늘어나는 회원 수를 소화하기 위해 AOL 시스템 관리자들이 소프트웨어 업그레이드를 완료하였다. 그리고 서비스 사용 시간에 따라 요금을 부과하던 체계에서 정액 요금제로 바꾸었다. 덕분에 사용자가 폭증했고, 이날 아침 그 사단이 나기 전까지 겨우 6개월 동안 신규 회원이 100만 명 이상 증가했다.

요즘 같으면 SNS를 통해 무엇이 잘못됐는지 알아볼 수도 있지만 당시 고객들로서는 답답함을 해소할 방도가 없었다. 구글도 아직 등장하기 전이었다. 당시 신문들이 '이메일'이라는 단어를 쓸 때면, '이메일-○○○' 하는 식으로 이메일이 무엇인지에 대해 설명해주던 시절이었다. 그만큼 당시 사람들에게는 생소한 단어였다. 월드와이드웹 www 또한 생소하기는 마찬가지였다. 대다수 사람이 인터넷에 관한 모든 경험은 AOL을 통하지 않으면 안 된다고 생각하던 시절이었다.

그 당시 AOL은 독점적 인터넷 서비스 제공자로서 전미 트래픽의 거의 절반을 처리하고 있었다. 예를 들어 스냅챗 같은 서비스가 다운됐을 때 사용자들이 짜증을 내는 선에서 그치는 정도가 아니었다. 1996년 당시에는 AOL 서비스가 다운된 것은 온 나라가 들썩일 정도로 큰 사건이었다.

시간이 지나면서 사용자들로부터 불만 전화가 쇄도했다. 온라인 접속 불능으로 이메일을 사용하지 못하게 된 고객으로부터 걸려온 전화를 받느라 정신이 하나도 없었다. 엔지니어들이 달려들어 문제를 해결하느라 진땀을 빼고 있었다. 그러나 12시간이 지났는데도 복구가 되지 않았다. 그러는 동안 AOL의 서버 다운 소식이 TV 방송을 탔고, 거의 모든 신문 1면이 이 기사로 도배되다시피 했다. 나는 여러 매체와의 인터뷰를 통해 서버가 다운되는 참사가 왜 일어났는지, 또 언제쯤 복구가 될지에 대해 설명하느라 애를 먹었다. 결국 23시간이 지난 후에야 시스템이 복구됐다.

생각할수록 식은땀이 절로 나는 아찔한 경험이었으나, 이를 통해 중요한 사실도 깨달았다. 계속 고개를 갸우뚱하는 사람들에게 인터넷의 편리함을 알게 하려고 몇 년 동안 우리는 엄청난 노력을 했다. 그런데 지금 인터넷에 접속하지 못하게 되자 전국이 들썩일 정도로 큰 소란이 일어나는 모습을 지켜보며 왠지 얼떨떨한 기분이었다. 우리는 사람들을 진정시키는 한편, 서버 복구에 온 힘을 다했다. 그러면서도 흥분과 전율이 느껴지는 것을 감출 수 없었다. 온라인 접속 불능으로 일어난 이러한 대소동만큼, 인터넷이 이제 우리 생활의 중심으로 들어왔다는 사실을 확실하게 보여줄 증거가 또 어디 있겠는가? 10여 년 남짓 고군분투한 끝에 마침내 '인터넷 제1의 물결'이 이렇게 주류를 형성하게 된 것이다.

3차 인터넷 혁명은 기회다

· · ·

　　1차 인터넷 혁명을 경험한 지가 언제
인데 또다시 그때 이야기를 하느냐고 싶을 것이다. 오래 전의 일에
서 지금 기업인들이 얻을 것이 뭐가 있겠느냐 싶을 것이다. 그러나 이
것은 완전히 잘못된 생각이다. 물론 초기 애플 II 컴퓨터로 느려 터진
300바우드baud 8) 모뎀을 통해 인터넷에 접속하던 그때 이후로 엄청난
기술적 진보를 이루었다. 그러나 첨단기술이 전부가 아니다. 경영자
는 기술 외에도 신경 써야 할 것이 매우 많다.

　우리가 그랬듯이 일단은 회의적 시각이 지배적인 분야에서 인터
넷 인프라를 구축하기 위해서는 마땅한 전략이 필요하다. 그때는 인
터넷 자체에 연결하는 것이 관건이었으나, 지금은 인터넷에 모든 것
을 연결하는 것이 관건이다. 그런데 이 작업의 속성은 2차 인터넷 혁
명이 아니라 1차 인터넷 혁명과 더 유사하다는 점을 인지할 필요가
있다.

---

8)　초당 신호 변조 속도로 '데이터 전송 속도'라고 이해하면 됨

2차 인터넷 혁명 때는 스마트폰 사용자의 급속한 증가와 함께 인터넷 사용자 역시 폭발적으로 증가했고, 이것은 소셜미디어와 앱 경제의 탄생으로 이어졌다. 스냅챗이나 트위터같이 이 분야에서 큰 성공을 거둔 회사들은, 사실 소수 엔지니어로 구성된 작은 기술팀으로 소박하게 시작하여 빠른 시간 내에 놀랄 만한 성과를 내며 성공 기업의 반열에 오른 경우가 많다. 이런 회사들에게는 이전 시대에 요구됐던 파트너십이나 끈기, 노력 같은 것은 딱히 필요하지 않았다.

그러나 이러한 사업모델의 전성기가 끝나면서 서서히 새로운 물결이 도래할 조짐이 보이고 있다. 이 새로운 물결은 제2의 물결보다는 제1의 물결과 더 유사하게 전개될 것이라는 사실이 점점 더 분명해지고 있다.

3차 인터넷 혁명은 '사물인터넷'이 아닌 '만물인터넷' 시대로 정의된다. 우리는 이제 새로운 기술적 혁신의 시대로 진입하고 있다. 교육, 의료, 금융, 문제 해결, 업무, 심지어 음식이나 식품과 관련된 것에 이르기까지 인터넷이 우리의 일상생활 안으로 깊숙이 침투하면서 생활의 일부가 되는 단계로 넘어가게 된다. 이러한 제3의 물결이 탄력을 받기 시작하면 모든 기업은 경제 환경이나 구조 재편의 흐름 혹은 판도 변화의 위험에 노출될 수밖에 없다.

지난 수십 년 동안 실리콘 밸리에서 어떤 일이 벌어졌는지를 생각해보라. 그때와 같은 열정과 비전으로 경제 전반에서 그때와 같은 정도의 혁신이 이루어진다면 어떤 일이 일어날지 상상해보라. 그것이 3차 인터넷 혁명이 몰고 올 제3의 물결이다. 그리고 그 새로운 시대는 저 앞에 있는 것이 아니라 이미 여기에 와 있다.

3차 인터넷 혁명의 기회 1 : 의료 부문

기술업계에서 새 판을 짜보고 싶다면 의료 부문에서 그 기회를 모색하라고 권하고 싶다. 일단 의료 부문은 경제의 6분의 1을 차지할 정도로 규모가 크다. 게다가 이 부문에서는 첨단기술을 받아들이는 속도가 매우 더디다. 그래서인지 병원에 갈 때면 종종 시간을 거슬러 과거로 돌아간 듯한 느낌이다. 아직도 대다수 병원이 종이로 된 진료 기록부와 팩시밀리를 사용한다. 그리고 환자에게 치료비가 얼마인지 제대로 알려주지도 않는다. 또 연구개발^{R&D}의 초점이 대부분 의료장비나 의약품 개발에 맞춰져 있고, 의료의 질을 향상하기 위해 통합 서비스 기술을 활용하는 데는 관심이 별로 없다.

이용 가능한 데이터의 부족 그리고 협업의 부재가 결함투성이의 허술한 의료체계를 만든 주범이다. 환자는 보험사의 요청 때문이 아니라 오진 가능성을 줄이기 위해 비용이 더 들더라도 다른 의사의 의견(2차 소견) 또한 들어야 한다. 실제로 2011년 9월에 엠디앤더슨 암센터^{MD Anderson Cancer Center}에서 진행한 연구 결과 이러한 2차 소견에서 진단 결과가 달라지는 비율이 25%나 되는 것으로 나타났다.

그런데도 지난 수십 년 동안 미국 의료계는 현상 유지가 최고의 가치라도 되는 양 변화의 요구를 외면해왔다. 미국이 다른 선진국에 비해 의료비 수준은 높으면서 의료의 질이 떨어지는 이유가 바로 여기에 있다. 미국의 의료계는 인터넷 이전 시대 수준에 머물러 있고, 이 때문에 환자들만 고생하고 있다.

다행히도 기업인들이 이렇게 정체된 의료 부문에서 '기회'를 포착하기 시작했다. 2014년에 디지털 의료 부문의 스타트업이 조달한 자금이 2010년에 조달한 자금의 4배에 달했다. 피트니스 트래커Fitness Tracker [9]를 시작으로 사용자의 생체 신호를 측정하고, 이 데이터를 수집·저장하여 만약 문제가 생겼을 때 이를 환자나 의사가 금방 알 수 있게 하는 하드웨어와 소프트웨어가 곧 등장할 것이다. 매일 양치질하듯 이러한 기기로 생체 신호를 측정하는 것이 일상화될 날도 머지않았다. 생체 신호 측정은 매우 기초적인 일이라고 생각될지 몰라도 이 기본적인 작업은 환자 개개인을 관리하고 치료하는 방식뿐 아니라, 의료 부문 전체의 운용방식에 중대한 영향을 줄 것이다.

주치의가 생체 신호 데이터를 활용할 수 있다는 것은 지금까지 없었던 매우 강력한 진단 도구를 확보하는 것이다. 환자가 병원에 가면 대개 의사는 "언제부터 아팠나요?" 혹은 "다른 증상은 없으신가요?"라고 묻는다. 그런데 이러한 질문에 대한 환자의 대답이 정확하

---

9) 운동량과 속도, 심장 박동 등을 측정하는 착용형 스마트 기기

지 않을 때가 많다. 또한 그것을 중요하게 생각하지 않을 수도 있다. 하지만 실제로는 답변의 정확성이 생과 사를 가르는 중대한 변수가 될 수도 있다. 이러한 기기로 환자의 생체 신호 데이터를 측정하여 활용할 수 있다면 환자가 호소하는 두통이 단순한 편두통인지, 아니면 치명적 동맥류의 증상인지를 정확하게 판단할 수 있다. 환자가 병원에 도착하기도 전에 그러한 판단을 내리는 일이 가능하다. 즉 의사가 스마트 기기를 통해 환자의 생체 데이터를 계속 추적할 수 있기 때문에 병원에 도착하기 전에 혈전이 뇌졸중으로 발전할지, 아니면 심장마비를 일으킬지 판단할 수 있게 되는 것이다.

전체 보건의료 비용 중 의료 과실에 의한 비용이 30% 이상을 차지한다. 이 기술은 의료 과실을 줄이는 데도 큰 도움이 된다. 커넥티드 기기$^{Connected Device}$[10]를 통해 의사는 집에 있는 고위험군 환자의 상태를 원격 추적할 수 있다. 즉 센서(감지기)로 환자의 생체 신호를 파악하여 약을 제때에 제대로 복용하고 있는지 확인할 수 있다. 이러한 혁신으로 매년 수천 명의 생명을 구할 수 있고, 의료비 지출도 엄청나게 줄일 수 있을 것이다.

물론 3차 인터넷 혁명기에는 의사가 환자의 건강 관련 데이터를 활용하는 데 그치는 것이 아니라, 건강관리용 앱도 등장할 것이다. 의사가 아니라 IBM 왓슨$^{IBM Watson}$ 같은 슈퍼컴퓨터가 환자를 진단하는 장면을 상상해보라. 이러한 변화가 의료 부문 전체에 영향을 미칠 것이

---

10)   무선 네트워크와 연결되어 새로운 서비스를 제공하는 휴대용 기기

다. 미국질병관리센터^{Centers for Disease Control and Prevention, 이하} CDC의 추산에 따르면 매년 20만 명이 만성질환으로 목숨을 잃는다. 하루, 아니 적어도 몇 시간만 더 빨리 병원으로 옮겼다면 생명을 구할 수 있었다고 생각해 보라.

결과를 수치화할 수도 있다. 컨설팅 회사인 맥킨지^{McKinsey}에 따르면 2025년이 되면 이러한 유형의 건강 상태 감시 및 추적 시스템의 경제적 가치가 연간 1조 달러에 이를 것이라고 한다. 이는 극히 일부 데이터를 분석한 결과에 불과하다. 앞으로 더 많은 데이터를 축적하여 분석할 수 있다면 눈에 보이지 않던 패턴이 서서히 드러날 것이다. 전염병의 추적 및 관리방법부터 질병 자체의 규정방법에 이르기까지 의료계 전반에 걸쳐 진정한 혁신을 기대할 수 있다.

▎3차 인터넷 혁명의 기회 2 : 교육 부문

개인화, 개별화, 데이터 기반화! 이는 비단 의료계에서만 부르짖는 구호가 아니다. 3차 인터넷 혁명의 화두가 바로 이것이다. 따라서 의료 부문만큼이나 중요하고 복잡하고 거대한 또 하나의 부문 역시 마찬가지로 이 구호를 부르짖는다. 바로 교육 부문이다.

3차 인터넷 혁명기에는 영리조직과 비영리조직을 불문하고 기술을 활용하여 학습방식의 혁신을 도모하게 될 것이다. 1차와 2차 인터넷 혁명기에는 교실 내에서 활용하는 기술이 교실 밖 기술과 본질적으로 차이가 없었다. 즉 교육 부문 고유의 기술 활용 사례라는 것이 딱히 없었다. 그저 '학생'이 '교실'에서 컴퓨터를 활용하여 파워포인트 덱deck을 만들고, 가상공간에서 전 세계 친구들과 대화하는 것뿐이었다. 그 본질은 보통의 상황에서 일반인이 컴퓨터를 활용하는 것과 별다를 게 없었다. 이러한 도구들은 유용한 것이지만, 특별히 교실용으로 고안되거나 설계된 것은 아니다. 그러나 3차 인터넷 혁명기에는 이러한 현실에 변화가 일기 시작할 것이다.

20여 년 전에는 상상할 수 없던 방식으로 교사가 학부모와 소통할 수 있는 도구가 이미 등장했다. 요즘은 대시보드dashboard 11)를 사용하는 학교가 많다. 교사는 학습 과제물부터 시험 성적, 반 학생들 앞에서 독후감을 발표하는 학생의 동영상에 이르기까지 각종 정보를 대시보드에 올린다. 이러한 유형의 '기술'은 학생들을 통제하려는 목적보다, 전에는 기대할 수 없었던, 자녀와 학교에 대한 학부모의 관심과 관여를 유도하는 효과가 있다. 이외에 교사와 학생이 활용할 수 있는 또 다른 도구도 있다. 다음 사례를 보자.

2015년에 나는 피어덱Pear Deck에 투자했다. 피어덱은 아이오와 주에 소재한 스타트업으로써 교사가 실시간으로 쌍방향 슬라이드 덱을 학

---

11) 웹에서 한 화면에 다양한 정보를 중앙 집중적으로 관리하고 찾을 수 있도록 하는 사용자 인터페이스 기능

생들과 공유할 수 있는 기술을 선보였다. 이를 통해 교사는 학생들로 부터 받는 피드백 정보를 바탕으로 자료의 내용을 수정하거나 조정할 수 있다. 또 학습 자료를 공유하고 검토할 수 있는 인터넷 플랫폼도 있다.

2015년에 〈뉴욕타임스〉는 티처스페이티처스^{Teachers Pay Teachers, 이하 TPT}라는 회사에 관해 보도한 바 있다. TPT는 교사들에게 학습 계획안을 팔고 사는 온라인 장터를 제공한다. 한 교사는 문법, 어휘, 작문 연습 등에 관한 연간 학습 계획안으로 10만 달러의 수입을 올렸다. 이 교사는 〈뉴욕타임스〉와의 인터뷰에서 이렇게 말했다.

"처음에는 그냥 취미로 시작한 것인데 이것이 이제 일이 됐네요."

TPT의 CEO 앨런 프리드^{Alan Freed}는 이 사이트 회원 가운데 백만장자가 된 교사가 12명이나 된다고 밝혔다.

"미국에서 학교에 다니는 자녀가 있다면 그 학부모는 TPT의 콘텐츠를 어떤 형태로든 모두 접하고 있을 겁니다."

최상의 학습 효과를 낼 수 있도록 개인의 학습 수준에 맞는 맞춤형 학습 소프트웨어를 개발하는 회사도 있다. 학생들이 학습 교재나 교과서 대신 태블릿을 가정교사 삼아 공부할 날이 머지않았다. 이를 통해 학생이 공부하는지 확인하거나, 학생에게 가장 적합한 학습방법을 찾아낼 수 있다. '교재나 교과서'가 스마트해지면 교사도 더 스마트해질 수 있다. 즉 교사는 스마트화한 '교과서'를 통해 얻은 데이터를 활용할 수 있고, 덕분에 교실에서 학생과 일대일로 소통할 시간이

▶▶▶

더 많아진다. 교사는 학생이 정상 궤도에서 심하게 이탈할 때만 잠깐 개입하여 조정하고, 학생이 관심 있어 하거나 잘하는 부분에 집중할 수 있도록 지도할 수 있다. 이 새로운 변화의 핵심은 바로 '표준화' 문화에서 '개인화' 문화로 전환하는 것이다. 사람마다 학습방식이 다르고, 학습 속도에 차이가 있는데, 모든 학생을 똑같은 방식으로 가르칠 이유가 있을까?

3차 인터넷 혁신기술은 학습 성과를 측정하는 방식에도 변화를 불러올 것이다. 매년 치르는 표준화된 시험이 정말로 학생들의 학업 성취도를 평가하는 가장 좋은 방법일까? 교사와 학부모가 광범위한 측정기준에 따라 산출된 상세한 내용의 학업 성취도 자료를 정기적으로 입수하고 이를 통해 같은 반이나 같은 학교 혹은 주 전체의 학생들과 비교했을 때 자녀의 성취도가 어느 정도인지 확인할 수 있다면, 이보다 더 좋은 평가방식이 또 있을까? 이런 방식으로 개별 학생에 관한 빅데이터를 확보할 수만 있다면 양적 평가를 질적 성취도 평가로 진화시킬 수 있다. 이러한 변화는 표준화된 시험으로는 기대하기 어려운 일이다.

시간이 지나면 교사의 역할에도 변화가 생길 것이다. 칸아카데미 Khan Academy 같은 교육 프로그램 덕분에 학생들은 태블릿으로 집에서 온라인 강의를 수강한다. 이전에는 집에서 하던 '숙제'를 학교 수업시간에 하게 된다. 따라서 교사는 학업 성취도가 다른 30여 명의 반 학생들에게 똑같은 내용으로 수업을 할 필요가 없다. 대신에 교실 안을 돌아다니며 '숙제'를 하는 학생들을 관찰하고 학생이 모르는 부분이 있다고 할 때 가서 도와주면 된다. 앞으로는 나이가 아니라 실제 학습 수준에 따라 혹은 교사와 매일 일대일 학습을 한 시간에 따라 학년이 결정되는 시대가 올 것이다. 이렇게 되면 인종이나 소득 수준 같은 근거 없는 이유를 들어 학생들의 학업 성취도의 차이를 설명하려는 접근법도 사라질 것이다. 그리고 학생 개개인의 필요를 충족시키거나 부족한 부분을 채워주는 데 학습의 초점이 맞춰지게 될 것이다.

이러한 접근법이 더 나은 결과를 낳을 것인지에 관해서는 아직 의견이 분분하다. 그러나 앞으로 이에 관한 데이터가 축적되면 긍정적인 쪽으로 결론이 날 것이라 확신한다. 최소한 아주 적은 비용으로 이러한 프로그램의 효과를 실시간으로 증명하는 실험을 수행할 수 있을 것이다. 한 교실에서 이 프로그램을 시범 적용해보고 그 결과를 다른 교실과 비교해보는 것이다.

이 새로운 모형이 효과가 있는가? 이에 관한 데이터가 축적될수록 새로운 모형의 효과에 대한 평가도 신속하게 이루어질 것이다. 따라서 학교는 수년간 많은 비용을 들여 평가 작업을 진행하지 않아도 이 새로운 모형이 학생들에게 도움이 되는지, 아니면 해가 되는지 금세 알 수 있다. 이런 방법으로 성공적인 학습 계획과 기법을 채택할 수 있다. 같은 맥락에서 시범 적용했을 때 별로 효과적인 못한 결과가 나온 모형은 학생들에게 해가 되기 전에 미리 폐기할 수 있다.

이런 식으로 3차 인터넷 혁신기술을 교육 부문에서 활용할 수 있

▶▶▶

다. 교육 부문의 혁신을 가로막는 장벽은 여전히 높다. 그런데 그 이유를 정부의 정책에서만 찾는 것은 바람직하지 않다. 공립과 사립을 불문하고 현재 교육제도나 환경은 19세기 이후로 하나도 변하지 않았다. 교육 혁신가들에게 물어보면 너무 소극적인 혹은 너무 몸을 사리는 현 교육계가 가장 큰 문제라고 입을 모은다. 사람들은 현상 유지에서 오는 위험보다 새로운 것을 시도하는 데서 오는 위험을 더 걱정한다. 이러한 태도의 당연한 귀결이겠지만, 그래서 현상 유지 쪽을 선택하는 경우가 훨씬 많다. 3차 인터넷 혁명이 이러한 문제를 완벽하게 해결할 수는 없겠지만, 적어도 해결에는 큰 도움은 줄 것이다. 요컨대 전에는 몰랐던 문제에 대해 해답을 줄 수 있고, 혼자 힘으로는 파악할 수 없던 패턴을 설명할 수 있고, 전에는 존재하는지조차 몰랐던 문제를 해결할 수 있다.

궁극적으로 교육 부문의 혁신에는 다면적 접근법이 필요하다. 물론 교육 혁신의 핵심은 바로 '학습 자료', 즉 학습 콘텐츠에 있다. 그러나 초창기 AOL에서 확인한 바와 같이 콘텐츠에만 초점을 맞추는 것은 바람직하지 않다. 1차 인터넷 혁명에서 우리는 콘텐츠와 커뮤니티가 똑같이 중요하다는 사실을 배웠다. AOL 사례를 기준으로 할 때 '콘텐츠'는 끝이 없을 것 같은 정보의 바다 속을 사용자들이 잘 항해하도록 수많은 선택 사항을 보기 좋게 묶어 배열하는 것, 그리고 주요 사용자층을 겨냥하여 신뢰도 높은 브랜드를 보유한 미디어 회사와 파트너십 계약을 성사시키는 것과 관련돼 있었다. '커뮤니티'는 사람들과 콘텐츠, 그리고 사람과 사람을 연결하는 방법을 찾아내는 일과 관계가 있었다.

1차 인터넷 혁명기에 AOL의 성공을 이끈 3요소는 콘텐츠^{content}, 맥락^{context}, 커뮤니티^{community}, 즉 '3C'였다. 이 3C가 3차 인터넷 혁명기에 교육 혁명을 주도할 핵심 동력이 될 것이다. 물론 올바른 방식으로 학생들에게 콘텐츠를 제공하는 교사도 필요하다. 그러나 이것으로 끝이 아니다. 높이 평가받는 브랜드(예를 들어 일류 대학), 즉 기업인들이 가치를 두는 인증서(학위 혹은 증서)를 제공할 만한 브랜드도 필요하다. 그리고 학생들이 네트워크를 형성하여 졸업 후에도 평생 관계를 유지하면서 서로 배울 수 있도록 콘텐츠를 기반으로 한 커뮤니티를 구축할 필요도 있다.

교육 혁신가들은 1차 인터넷 혁명 때는 기술, 그리고 2차 인터넷 혁명 때는 콘텐츠에 집중했다. 그러므로 3차 인터넷 혁명기에는 기술도 활용하고 콘텐츠에도 초점을 맞추는 한편, 맥락과 커뮤니티의 중요성까지 인식해야 한다. 타인과의 협력에 기초한 이러한 통합적 접근법을 통해 수십 년 동안 꿈꿔왔으나 아직도 결실을 보지 못한 교육 부문의 혁신을 이뤄낼 수 있을 것이다.

3차 인터넷 혁명의 기회 3 : 식품 산업의 미래

식품 산업은 5조 달러에 이르는 거대 산업이다. 식품 부문에서는 사람들이 직접 채소를 길러 먹거나 육류와 어류를 직접 공급하지 않는 한 대다수 고객이 '단골'이 될 수밖에 없다. 3차 인터넷 혁명과 함께 식품 산업이 지닌 이러한 특성에서 기회를 노리는 사람이 있을 것이다. 이들은 식품의 생산, 유통, 소비방식의 혁신에서 돌파구를 찾으려 할 것이다.

그렇다고 너무 성급하게 식용 마이크로 칩 같은 것이 나올 것이라고 기대하지 마라. 소이렌트 같은 '대체식품'이 보편화될 것이라고 생각하는 것 또한 성급한 기대다. 참고로 소이렌트는 물에 타서 먹는 분말 형태의 대체식품으로써 일부 실리콘 밸리 엘리트들 사이에 인기를 끌었던 제품이다.

3차 인터넷 혁명과 함께 식품 부문에서 일어날 혁신은 영양소가 농축된 알약이나 대체식품의 개발이 아니라 식료품을 생산하고, 안전하게 저장하고, 소비자에게 공급하는 방법의 혁신을 의미한다.

농업 부문에서는 생산성 향상과 비용 절감의 필요에 따라 오래전부터 첨단기술을 활용해왔다. 농장에서는 센서를 이용하여 온도와 수분 포화도를 측정하고, 기타 과일과 채소의 수확에 영향을 미치는 주요 변수들을 관찰했다. 그러나 3차 인터넷 혁명이 불러올 농업 부문의 혁신은 이와는 완전히 다른 모습으로 전개될 것이다.

영국 일간 신문 〈가디언Guardian〉의 기자 니콜 코비Nicole Kobie가 설명한 것처럼 수년 동안 지속적으로 격감한 꿀벌 개체 수 문제를 해결하는 일도 그러한 변화의 하나일 수 있다. 꿀벌 개체 수 감소 때문에 농작물의 수분(受粉) 능력이 급격히 떨어진 것이 큰 문제로 대두되었다. 꿀벌이 감소한 주요 원인 가운데 하나로 변종 진드기의 출현을 들 수 있다. 이러한 진드기는 열을 가하면 죽일 수 있다. 그러나 진드기를 죽이려고 벌집에 열을 가하면 벌집 재료인 밀랍이 다 녹아버린다. 따라서 진드기를 죽이려다 벌까지 죽이는 꼴이 된다.

코비의 설명에 따르면 몇몇 연구자가 '벌집 바닥면에 전기장치를 설치해 벌집 전체를 가열하는 것이 아니라 벌집의 일부에만 열을 가하는 방법을 개발'하여 이 문제를 해결하려 했다. 꿀벌들이 바닥에 새겨진 패턴에 따라 집을 지으면 이것이 직접 인터넷에 연결된다.

연구자 가운데 한 명인 윌 맥휴Will MacHugh는 코비에게 그 시스템을 이렇게 설명했다.

"이 전기장치는 벌집 내부의 온도를 측정하고 열을 가하는 두 가지 작용을 하게 됩니다."

센서가 진드기에 노출된 꿀벌 유충을 탐지해내면 그 주변에 열을 가해 유충이나 벌집 자체에는 해를 입히지 않고 주변에 있는 진드기만 태워 죽이는 것이다.

맥휴는 이렇게 말했다.

"사실 꿀벌이 아주 좋아하는 방식이지요. 진드기는 아주 작기 때문에 열을 가하면 마치 팝콘 튀기듯 팍팍 튀거든요."

농산물 수확과 축산물 도축이 끝난 다음에는 식품 안전성 검사 과정을 거치게 된다. 그런데 백여 년 전 시어도어 루스벨트가 만든 식품안전관리 시스템이 변화 없이 지금까지 유지되고 있다. 대다수 육류가공 시설에서 가공물이 미 농무부^{USDA} 소속 안전관리관의 검사를 받는 비율은 채 1%도 안 된다. 게다가 이마저도 거의 육안 검사로 진행된다. 또 식인성 병원균 검사를 할 때 살모넬라 같은 위험한 세균이 발견되더라도 공장 폐쇄 같은 강력한 조치를 취하는 경우는 매우 드물다. 그러므로 공중보건 차원에서라도 식품안전 분야에 첨단기술을 적극 활용할 필요가 있다.

이제 이 일은 3차 인터넷 혁명을 주도하는 기업인의 손에 달렸다. 예를 들어 육류를 가공할 때 열처리를 하지 않고 광선으로 살균하는 방법을 찾아내려는 기업이 있다. 이러한 방법은 무작위 추출 검사보다 식품의 안전성을 높이는 데 훨씬 효과적이다. 또 RFID^{Radio-Frequency IDentification 12)}, NFC^{Near Field Communication 13)}, 블루투스^{Bluetooth 14)} 기술의 탑재라는 이른바 스마트 패키징 쪽으로 혁신의 방향을 잡은 곳도 있다. 이러한 기술을 이용하면 육류의 상태를 실시간으로 추적할 수 있다. 따라서 가공 시설에서 가정의 냉장고에 도달하는 동안 계속해서 냉장 상태가

---

12) 전파 신호를 통해 비접촉식으로 사물에 부착된 얇은 평면 형태의 태그를 식별하여 정보를 처리하는 시스템

13) 근거리 무선 통신

14) 근거리에서 휴대전화, 휴대용 단말기, 주변장치 등을 무선으로 연결하기 위한 기술 규격

유지되는지 확인할 수 있다.

머지않아 이 기술은 한 단계 더 진보할 것이다. 냉장고가 식료품의 상태를 알려주고, 육류가 상하면 알아서 작동되지 않는 오븐을 상상해보라. 공상과학 소설에만 나오는 이야기가 아니다. 이것이 바로 3차 인터넷 혁명기에 펼쳐질 세계다.

이 모든 일이 인구통계학적 추세와 생활방식 그리고 기술적 동향이 하나로 맞물리는 지점에서 일어날 것이고, 식품 산업의 미래를 결정할 것이다. 현재 베이비부머[15]보다 밀레니얼[16]의 수가 더 많다. 밀레니얼은 대개 식품에 대한 관심도가 높고 경험을 중시하는 특성이 있다. 이들은 다른 세대보다 외식을 더 자주 하고 건강에 대한 관심도 매우 높다. 〈뉴욕타임스〉에 따르면 1998년부터 2015년 사이에 1인당 탄산음료 소비량이 25% 감소했는데, 탄산음료 대신 물을 마신 것으로 나타났다. 건강식품에 대한 수요 증가 현상은 스위트그린^{Sweetgreen} 같은 샐러드바가 기존 패스트푸드 시장을 서서히 잠식하고 있다는 사실에서도 확인할 수 있다. 맥도날드와 달리 스위트그린은 식품을 가공 처리하는 데 '기술'을 사용하는 것이 아니라 식품을 산지(농장)에서 가정의 식탁으로 안전하게 운송하는 과정, 즉 물류를 관리하는 데 사용한다. 이러한 혁신을 위한 노력은 이른바 '장인 농부'의 부활로 이어졌다. 장인 농부는 물류 혁신을 통해 중간 상인을 거칠 때보다 훨씬

---

15) Baby Boomer, 1945~1960년대 중반에 태어난 세대

16) Millennials, 1980~2000년경에 태어난 세대

▶▶▶

저렴한 가격으로 신선 식품을 소비자에게 판매할 수 있게 된다.

투자자들이 이러한 추세에 둔감할 리 없다. 그리고 식품업계의 혁신을 도모할 첨단기술 스타트업에 투자를 고려하는 투자자라면 건강한 먹거리에 가치를 두고, 그러한 방향으로 혁신을 도모하려는 곳에 관심을 보일 것이 틀림없다.

물 들어올 때 노를 저어라

하와이에서 살 때는 파도타기를 하러 해변으로 자주 나갔다. 어느 날 오후에 함께 파도타기를 즐기던 한 친구가 자신감 넘치는 모습으로 편하게 파도를 타는 모습을 지켜봤다. 그 친구는 나보다 파도타기를 훨씬 잘했다. 나는 친구에게 다가가 큰 파도가 다시 오기를 기다리면서 혹시 조언해줄 말이 없느냐고 물었다. 그러자 그 친구는 이렇게 말했다.

"한 가지만 알면 돼. 큰 파도가 몰려오잖아? 그러면 파도 속으로 들어가든가, 백사장에서 다음 파도를 기다리든가 둘 중 하나야."

'제3의 물결'이라는 파도가 높이 일고 있다. 당신이 만약 기업인이라면 바로 그 물결을 타고 싶은 쪽이든, 아니면 잠시 전열을 가다듬은 후 다음을 노려보고 싶은 쪽이든 이 도도한 변화의 흐름을 절대 외면해서는 안 된다.

제**4**장

스타트업, 스피드업

····

　　AOL이 나름 성공을 거뒀음에도 마음 한구석에서는 조만간 더 새로운 기술이 등장할 것만 같았다. 그리고 그 신기술을 무기 삼은 무시무시한 경쟁자가 우리에게 덤벼들 것 같아 불안한 심정이었다. 실제로도 갑자기 등장한 스타트업이 몇 곳 있었기 때문에 우리는 이들에게서 한시도 눈을 뗄 수 없었다. 하지만 사실은 이들보다는 거대 기업이 이 업계로 뛰어들어 우리의 경쟁자로 나설까 봐 그것이 더 큰 걱정이었다. 실제로 제너럴일렉트릭General Electric, 이하 GE, 마이크로소프트, AT&T 같이 엄청난 자본력을 앞세운 글로벌 기업이 시장 진출을 계획하고 있었다. 이러한 거대 기업이 막강함 힘으로 밀고 들어오면, 우리는 이에 맞설 힘이 없기 때문에 걱정이 이만저만이 아니었다.

　　1980년대 말에 세계 최대 온라인 회사 가운데 하나였던 프로디지도 무시할 수 없었다. 프로디지의 초기 제품은 이제 시대에 뒤떨어진 것이었다. 프로디지는 수백만 달러를 들여 소비자들이 원하는 것이 무엇인지 알아내기 위해 조사 작업에 착수했다. 그러나 신호 판단의 오류로 인해 잘못된 결론을 도출하는 바람에 결함 있는 제품을 만들어내고야 말았다. 전국의 쇼핑몰 고객을 대표하는 포커스 그룹을 통한 조사 결과를 바탕으로 '전형적' 소비자에 초점을 맞춘 전략을 구사했던 것도 패착이었다. 이들의 피드백을 토대로 제품을 설계했으나 이 포커스 그룹은 PC를 사용해본 적이 없는 사람들이었다. 결국 미사용자를 위한 서비스를 만들었던 것이다.

그러나 프로디지의 주된 고객 기반, 적어도 초기의 본래 고객은 PC를 사용하고 있는 사람, 더 나아가 윈도와 같은 그래픽 사용자 인터페이스에 익숙한 사람들이었다. 이들이 사용하는 애플리케이션 전부가 비슷한 메뉴 인터페이스를 사용하고 있었기 때문에 이들은 온라인 서비스 역시 마찬가지일 것이라 생각했던 것이다.

이런 큰 실수를 저지른 곳이지만 우리에게 프로디지는 여전히 위협적인 존재였다. 프로디지는 IBM과 CBS 그리고 시어스Sears를 등에 업고 수억 달러를 쏟아부으며 사용자 확보에 힘을 모았다. 정말로 위협적이었다.

그래서 우리는 현재의 우위를 계속 지켜나가기 위해 몇 가지 방책을 실행하기로 했다. 그 첫 번째가 IBM과의 파트너십을 통해 온라인 서비스 '프러머네이드'를 개발하여 출시하는 것이었다. 그 당시 IBM은 이미 5억 달러를 들여 경쟁 제품을 출시한 상태였다. 그런 만큼 굳이 우리와 파트너십을 맺어 프러머네이드를 출시할 이유가 없어

보였다. 적어도 세상 사람들의 눈에는 그렇게 비쳤다. 그러나 우리의 생각은 달랐다.

수년 전에 IBM이 야심차게 내놓은 최초의 가정용 컴퓨터 PC 주니어(PC jr)가 굴욕적인 대실패를 하고 말았다. 그러자 IBM의 경영진은 이 실패가 마진이 높은 사업용 PC 판매에 악영향을 미칠까 우려하여 PC 주니어의 시장 철수를 고려했다. 그리고 소비자는 소비자대로 PC 주니어 대신 애플이나 코모도어 쪽으로 눈을 돌리기 시작했다. IBM은 가정용 컴퓨터를 재출시하고 싶어 했고, 이번에는 정말 제대로 해서 꼭 성공하려 했다. 그래서 이 일을 전담할 특별팀을 꾸려 절차에 구애받지 않고 소신껏 임무를 수행할 수 있는 권한을 부여했다. 이 팀은 소비자 PC 시장에 먹힐 만한 가정용 컴퓨터의 설계, 제조, 판매 업무를 담당했다.

어느 날 이 팀이 우리를 찾아왔다. 프로디지에 도움이 될 만한 정보가 있는지 탐색하러 온 것이 아닐까 걱정되었다. 하지만 그래도 우리는 이들과 협력하기로 했고, 우리에게 유리한 쪽으로 이 기회를 이용해보자고 마음먹었다. 우리는 PC 제조업계 최초로 기본 사양으로 모든 PC에 모뎀을 장착하도록 권했다(그때까지 모뎀은 선택 사양으로 필요한 사람이 추가로 구입해야 하는 품목이었다). 이것이 프로디지에도 도움이 된다는 판단하에 결국 IBM은 이 제의를 받아들였다.

IBM으로 하여금 새로 출시할 가정용 PC에 기본적으로 모뎀을 장착하게 하는 데 성공하자 이번에는 우리가 개발한 온라인 서비스 소프트웨어까지 탑재하는 것을 다음 목표로 삼았다. IBM 측과 수차례 논의를 하고 내부적으로도 열띤 브레인스토밍 과정을 거친 끝에 IBM 이 솔깃해할 만한 설득 요소를 하나 찾아냈다. PC 사용자라면 누구 나 프로디지를 이용할 수 있으므로 새 PC에 프로디지를 탑재하는 것 은 PC 구매자가 딱히 구미를 당겨할 만한 사항이 아니라는 점을 부각 시켰다. 그래서 IBM 측에 독점적 서비스 개발에 필요한 자금을 지원 해달라고 요청했다. 이 서비스는 학습적인 요소도 있으므로 자녀에게 컴퓨터를 사주려는 학부모에게 먹힐 것이라며 IBM 관계자를 설득했 다. 마침내 IBM은 이 제안을 받아들였고 새로운 서비스인 '프러머네 이드'를 개발하는 데 수백만 달러를 지원하기로 했다. IBM의 이러한 결정에 프로디지가 언짢아했음은 두말할 필요도 없다.

그리고 저비용으로 프로디지의 고객을 직접 공략하는 아주 간단 한 방법이 있다는 것도 알게 됐다. 다른 온라인 서비스 회사와 마찬가 지로 프로디지 역시 자사의 플랫폼을 활용하여 수익을 올리는 또 다 른 방법을 찾고 있었다. 이러한 노력의 일환으로 프로디지 시스템을 통해 자사 회원에게 이메일을 발송하는 업체에게 수수료를 부과하기 시작했다. 다른 회사들이 수수료를 내고 자사 제품을 프로디지 고객 에게 직접 판매한다는데 우리도 그렇게 한번 해보자는 생각이 들었 다. 그래서 프로디지의 판매 담당이사를 만나 협상한 끝에 우리도 프 로디지의 시스템을 활용할 수 있게 됐다.

프로디지의 이메일 서비스를 통해 프로디지 회원에게 AOL 제품을 선보일 수 있게 된 것이다. 우리는 프로디지가 고안한 이 새로운 마케팅 서비스의 초창기 고객 가운데 하나였고, 오래지 않아 프로디지의 주요 수입원이 된다. 프로디지는 자사의 고객 기반을 구축하는 데 수억 달러를 쏟아부어야 하지만, 우리는 그 고객 기반을 활용하는 데 수백만 달러 정도만 들이면 된다. 이러한 협력 구조는 1년간 유지됐다. 프로디지의 경영진 가운데 누군가 이러한 구도로는 단기적으로 수익이 나겠지만 전략적 측면에서 봤을 때는 손해 보는 장사라는 사실을 깨닫게 될 때까지 말이다.

우리를 위협하는 또 다른 경쟁자는 바로 컴퓨서브^{CompuServe}였다. 컴퓨서브는 에이치앤드알블록^{H&R Block}[17])이 소유한 초기 온라인 서비스업체 가운데 하나로 오하이오 주 콜럼버스에 본사를 두고 있다. 초창기만 해도 컴퓨서브가 온라인 서비스 시장의 최강자가 되리라는 예측이 지배적이었다. 일단 몸집부터가 AOL과는 비교가 안 됐다. 어쨌거나 AOL이 시장에서 두각을 나타내기 시작하자 좀 거슬려 하는 것 같았다. 그러다 결국 우리가 정말 위협이 되는 상대라는 결론을 내리고 인수를 통해 문제를 해결하기로 방침을 정한 모양이었다.

컴퓨서브 쪽에서는 짐 킴지를 만나 인수 대금으로 처음에는 5,000만 달러를 제시했다. 그러다 인수 금액이 6,000만 달러까지 올라가자 우리 쪽에서도 매각에 관심을 보이는 사람들이 늘어났다. 킴지는 매각에 찬성하는 쪽이었다. 경쟁이 시작되고 거대 기업이 밀고 들

---

17) 미 최대 세무법인

어오면 결국 초창기에 누렸던 시장 우위도 위태로워질 수밖에 없다고 생각했기 때문이다. 이사진의 의견도 반으로 갈렸다. 좋은 값을 쳐준 다고 할 때 빨리 매각하자는 쪽과 현 상태를 그대로 유지하자는 쪽이 반반이었다. 매각을 반대하는 쪽에 선 나는 이사진을 설득하느라 애를 먹었다.

"지금 회사를 파는 것은 미친 짓입니다. 이제 겨우 1회 말이고, 시장도 이제 막 자리를 잡기 시작했는데 지금 회사를 팔자고요?"

처음 회사를 시작했을 때의 그 원대한 꿈을 다시 한 번 떠올려보라고 간청했다. 그리고 만약 매각을 결정한다면 사임까지 불사하겠다고 엄포를 놓았다. 결국 표결에서 단 한 표 차이로 우리 쪽 의견이 관철됐다.

프로디지나 컴퓨서브보다는 덜 알려졌으나 GE의 지니^{GEnie} 역시 우리의 경쟁자였다. 처음 지니가 등장했을 때 나는 굉장히 신경이 쓰였다. 아무리 경쟁자가 넘쳐나는 시장이라 해도 미국의 대표적 기업과 맞서는 일은 다들 꺼릴 것이다. AOL로서는 GE라는 브랜드를 등에 업은 지니의 등장은 위협적이었다.

그런데 나중에 알고 보니 지니는 GE 차원에서 우선적으로 추진된 프로젝트는커녕 이를 위해 꾸려진 전담 사업부의 주력 프로젝트도 아니었다. 그저 관심 있는 몇몇 사람이 추진한 프로젝트였던 만큼 전사적(全社的) 차원에서 큰 관심을 받은 것도, 많은 자금이 투입된 것도 아니었다. 당시 지니 마케팅팀의 팀장이었던 진 웩스^{Jean Wackes}가 1988년에 AOL에 합류한 것도 이러한 배경과 무관하지 않다. 입사 직후 우리와 한 배를 탄 진 웩스는 AOL에서 가장 중요한 임원 중 한 명이 됐다. 그리고 10년 후 버지니아 주 맥린에 있는 우리 집에서 나와 진은 조용히 결혼식을 올렸다.

┃'골리앗' 마이크로소프트

지니, 프로디지, 컴퓨서브를 예의 주시하는 중에도 마이크로소프트의 움직임에 눈을 뗄 수 없었다. 진짜 위협적인 존재는 바로 마이크로소프트였기 때문이다.

마이크로소프트와는 이미 껄끄러운 관계였다. AOL이 상장한 직후인 1992년에 마이크로소프트의 공동 창업자인 폴 앨런Paul Allen이 AOL 주식을 사들이기 시작했다. 그런데 그 매수 속도가 심상치 않았다. 우리도 처음에는 우호적 관점에서 이러한 행보를 지켜봤다. 그래서 앨런과 그 팀원들을 만나 양사가 협력할 수 있는 방안을 모색해보자고 제의하기까지 했다. 또 AOL 주식은 전체의 10%까지 매수할 수 있다고 못 박았다. 그러나 앨런은 주식 매수를 멈추지 않았다. 그제야 우리는 앨런이 적대적 인수를 계획하고 있는 것이 아닌지 걱정이 되기 시작했다(당시 앨런이 AOL의 이사회 임원이자 대주주의 지위를 유지하고 있었기 때문이다).

그래서 투자 은행가에게 조언을 구했더니 적대적 인수를 막기 위한 이른바 '독소 조항poison pill'을 만들라고 조언했다. 그래서 우리는 이 사회를 열어 AOL 주식을 15% 이상 매수할 수 없도록 하는 조항을 통과시키기로 했다. 우리가 이 안건을 표결 처리하려고 이사회를 열었으나 이미 때는 늦었다. 그전에 앨런은 AOL 주식을 정신없이 매수하여 지분 상한선인 15%를 이미 넘긴 상태였다. 우리가 계획한 '독소 조항'이 아무 의미가 없다는 뜻이었다. 그래서 이 상한선을 20%로 상향 조정하는 수밖에 없었다.

AOL 이사회는 앨런을 믿을 수 없다고 결론 내린 후 전시 체제를 갖추고 적대적 인수에 대비하기로 했다. 마이크로소프트는 온라인 서비스 시장에 진출하려는 계획을 세웠다. 그리고 서비스 회사를 직접 설립하는 방안, 기존의 온라인 서비스 회사에 투자하는 방안, 기존 회사를 인수하는 방안 중 어느 쪽이 좋을지 고민 중이었다.

나는 팀원들과 함께 앨런과 참모진을 만나기 위해 시애틀로 날아갔다. 우리는 이들에게 AOL의 소유 지분 한도가 20%라고 말했다. 그리고 AOL 인수를 절대 반대한다는 입장도 분명히 밝혔다. 앨런이 먼저 상호 간의 신뢰를 깼으므로 이사 자리를 계속 유지할 수 없을 것이고, 파트너 관계도 더는 지속할 생각이 없다고 말했다. 녹록지 않은 담판이었다. 앨런은 자신이 원하는 것은 뭐든 할 수 있고, 또 해야 한다고 생각하는 것 같았다(언젠가는 "여기 미국 아닌가요?"라고 하면서 우리의 주장은 지극히 반미국적이라고 말했었다).

앨런을 AOL 이사회에서 내보내고 나서 몇 개월이 지나자 발등에 떨어진 불을 서둘러 꺼야 하는 상황이 됐다. 앨런에게 그가 소유한 20%의 지분을 매각하라고 요구하는 한편, 원한다면 이 주식을 사들일 매수자를 소개해주겠다고도 했다. 나는 수개월 동안 타임워너를 비롯하여 적대적 인수 의사가 없는 '우호적' 투자자를 열심히 물색했다. 이때 중재자로 나선 사람이 당시 타임^{Time Inc.}의 뉴미디어 팀장이었던 월터 아이작슨이었다. 아이작슨은 AOL의 초창기 파트너로 가장 존경받는 임원이었다. 또 디지털 혁신의 개척자로서 온라인판 〈타임〉의 탄생에 주도적 역할을 했다. 그는 인터넷을 일시적인 유행 정도로 치부하던 시절에 인터넷 시장의 가능성과 잠재력을 간파했다. 따라서 타임워너가 AOL의 가능성을 믿고 여기에 투자하는 것이 좋은 결과를 얻을 것이라 판단했다. 그러나 이러한 생각에 동조하는 사람은 별로 없었다. 타임워너에는 인터넷에 대해 회의적인 시각이 팽배해 있었고, 이러한 반응을 한두 번 겪는 것이 아니라 딱히 놀랍지도 않았다.

마이크로소프트와의 갈등 관계가 계속되는 와중에 나는 빌 게이츠의 요청에 따라 다시 시애틀로 향했다. 당시에는 마이크로소프트가 시장에서 얼마나 막강한 위치를 점하고 있는지, 또 이번 사태에 대해 얼마나 공격적으로 나올지 감이 잡히지 않았다. 빌 게이츠가 이런 자리를 마련한 것도 이번이 처음은 아니었고, 이것이 그의 협상방식이었다. 마이크로소프트는 일인자 자리를 내놓지 않기 위해 그동안 경쟁자가 될 싹이 보이는 업체는 그냥 인수해버리는 쪽을 선택했다. 그리고 이 과정에서 자사의 시장 지배력을 이용하여 항상 협상을 유리하게 이끌어나갔다. 마이크로소프트가 전하는 메시지는 아주 간단했다. '망하고 싶지 않으면 우리 제안을 받아들이는 것이 좋을 것이다!' 그리고 이것은 절대로 빈말이 아니었다.

● ● ●

시애틀에 도착해 빌 게이츠를 만나러 가야 했다. 그런데 그가 무슨 말을 할지는 대충 감이 오는데, 나는 무슨 말을 어떻게 해야 할지 갈피를 잡을 수 없었다. 내가 긴장하는 것을 알아채고 빌 게이츠가 마음을 편히 가지라고 말하면 어쩌지? 좀 민망할 텐데. 이런저런 생각으로 머리가 복잡한 채로 로비에서 잠깐 기다리다가 직원의 안내를 받아 그의 사무실로 들어갔다.

"어서 오세요, 케이스!"

빌 게이츠가 앉으라는 듯 책상 앞에 있는 의자를 가리키며 말했다. 우리는 악수를 나눈 다음 곧바로 본론으로 들어갔다. 빌 게이츠는 일단 그동안 우리가 이룩해놓은 일이 정말 인상적이었으며, 소프트웨어의 설계가 기가 막히게 훌륭했으며, 고객을 그렇게 많이 끌어 모으다니 정말 대단하다며 좀 과하게 칭찬을 늘어놓았다. 그러면서 우리에게 소비자 온라인 서비스 시장을 창조할 만한 자격이 충분히 있으며, 이 부분에 자부심을 느껴야 한다고 말했다. 이렇게 상투적인 칭찬의 말이 끝난 후 본격적으로 우리를 압박하기 시작했다.

"온라인 시장은 굉장히 중요하다고 봅니다. 그리고 무엇보다 마이크로소프트가 이 시장의 주도권을 잡겠다는 의지가 매우 강하다는 점을 알아줬으면 합니다."

나는 이 말에 즉각적인 반응을 하지 않으려고 마음을 단단히 먹고 있었다.

빌 게이츠는 마이크로소프트가 MSN이라는 온라인 서비스를 개발 중이라고 말했다. MSN은 AOL과 유사한 서비스지만 마이크로소프트의 운영체계[05]인 윈도에 끼워 공급된다는 점이 다르다면 다른 점이라고 했다. 이 말은 시장에 나오는 모든 PC에 MSN이 기본으로 깔린다는 의미다.

"나는 지금 최대한 예의를 갖춰 말씀드리는 겁니다. 케이스."

이 말 속에는 무언의 위협이 담겨 있었다.

"그렇다고 대안이 전혀 없는 것은 아니에요. AOL 전부를, 그것이 여의치 않다면 일부라도 인수할 생각이 있습니다. 독불장군처럼 혼자 그러다 내쳐지는 것보다 우리와 뜻을 같이 하는 편이 훨씬 좋을 것 같은데요. 어떻게 생각하세요?"

나는 일단 그 제안을 한번 생각해보겠다고 답했다. 그러면서도 내가 무슨 카드를 쥐고 있는지 혹은 내가 어떤 선택을 할지 상대가 감을 잡지 못하도록 표정 관리를 하느라 무진 애를 썼다. 그러나 사무실을 나오자 긴장이 확 풀리면서 불안과 걱정이 엄습해왔다. 누가 봐도 이는 제안이라기보다는 위협에 가까웠다. 도대체 이 노릇을 어떻게 해야 할지 난감했다.

우리는 특별 이사회를 소집하여 이 문제를 논의했다. AOL은 상장회사인 만큼 개인이 의견을 밀고 나가는 것은 분명한 월권이자 수탁자로서의 책임을 회피하는 일이므로, 인수 제의가 들어온 이상 이 안건을 처리해야만 했다. 이 문제를 놓고 이사들 간에 열띤 공방이 오고 갔고, 마이크로소프트가 시장에 진출하면 모든 것이 끝이라는 위기감 때문에 매각 쪽으로 방향을 잡는 사람들이 많았다. 그러나 나는 지금 매각하는 것은 시기상조라는 점을 거듭 강조하며, 이사들의 마음을 돌리려 애를 썼다. 처음에는 폴 앨런이 우리 회사를 사들이려고 안달이더니 이제 빌 게이츠까지 나선 것을 보면 AOL이 그만큼 가치 있다는 반증이 아니겠느냐며 더욱 목소리를 높였다.

마이크로소프트의 공식 인수 제의를 놓고 갑론을박이 계속 이어진 끝에 이 문제에 대해 결론을 내기로 했다. 나는 빌 게이츠에게 전화를 걸어 우리의 입장을 밝혔다. 이사회를 소집하여 인수(AOL 측에서는 매각) 문제를 논의한 결과 독립회사 체제를 유지하는 것이 주주에게 더 많은 가치를 창출해줄 것이라고 믿기 때문에 인수 제의를 거절하기로 했다고 전했다.

이 말에 빌 게이츠는 놀라는 눈치였다. 그리고 약간 노기가 느껴지는 목소리로 이제 마이크로소프트는 비용이 얼마가 들든지 개의치 않고 아주 공격적으로 시장에 진출할 것이라고 엄포를 놨다.

이 일이 있고 나서 얼마 지나지 않아 앨런이 보유했던 주식을 케이블 TV업계의 거물인 텔레커뮤니케이션즈Tele-Communications Inc., 이하 TCI의 CEO 존 말론John Malone에게 매도하기로 했다. 그런데 계약 체결을 하루 앞둔 전날 밤에 빌 게이츠가 말론에게 MSN 지분 20%를 주겠다고 제의했다. 빌 게이츠는 말론의 주도로 케이블 TV업계가 결속하여 AOL을 지지하지 않을까 염려하여 TCI가 우리 편에 서는 것을 어떻게든 막으려 했던 것이다. 말론은 결국 게이츠의 제의를 받아들였고, 우리와의 계약은 없던 일이 돼버렸다(훗날 말론은 그때까지 자신이 해왔던 투자 결정 가운데 최악의 선택이었다고 술회했다. MSN에 대한 투자로 크게 재미를 보지 못한 데다 AOL 주주가 됐다면 억만장자가 됐을 기회를 홀랑 날려버렸기 때문이다). 폴 앨런은 결국 AOL 주식을 시장에 내다 팔았다. 그래도 마이크로소프트는 여전히 위협적인 존재였고, 그러한 사실을 우리가 깨닫기를 바랐다.

AOL 사내에는 긴장감이 감돌았다. 지금은 반짝 잘나가는 것 같아도 우리 같은 작은 회사 하나쯤 마이크로소프트가 시장 독점력을 이용하여 무너뜨리는 것은 일도 아니라는 사실이 점점 숨통을 조여왔다. AOL 사람들만 이러한 압박감에 시달리는 것은 아니었다. 시장 분위기도 마찬가지였다. 이러한 불안감을 반영하듯 AOL 주가는 하락하기 시작했다.

직원들의 걱정이나 불안이 전혀 근거 없는 것은 아닐지라도 일단은 이들을 안심시킬 필요가 있었다. 그래서 단합대회 같은 모양새로 전 직원을 소집하여 사기를 북돋워주기로 했다. 이 자리에서 테드 레온시스가 기조 연설자로 나섰다. 그는 거대한 공룡 포스터를 들고 단상에 올라 마이크로소프트라는 '공룡'이 얼마나 거대한 조직인지, 그 거대 조직을 어떻게 물리칠 것인지에 관해 목소리를 높였다. 이 모임은 전 직원이 이 공룡 포스터에 서명하는 것으로 마무리 됐다. 직원들은 전투력이 한껏 상승된 채 기분 좋게 자리를 떠났다.

가까스로 위기를 모면하다

1995년 8월에 마이크로소프트는 드디어 윈도 95와 함께 MSN을 출시했다. 게이츠가 약속했던 대로(우리가 걱정했던 부분이기도 한) MSN은 윈도의 기본 사양이었다. 따라서 컴퓨터를 켜면 윈도 시작 화면에 MSN 아이콘이 뜨게 돼 있었다. 그뿐만이 아니었다. 마이크로소프트는 우리의 가장 취약한 부분인 '가격' 측면을 치고 들어왔다. 우리는 기본 서비스에 대해서는 월정액을 기준으로 하고, 그외 프리미엄 서비스에 대해서는 시간당 요금을 부과하는 체계를 유지해왔다. 그런데 MSN은 월 19.95달러만 내면 인터넷을 무제한 사용할 수 있다고 제안했다.

우리가 이 사실을 알게 된 때가 금요일이었다. 그날 밤 나는 우리도 이에 보조를 맞춰야 한다고 생각했다. 그래서 주말 내내 작업을 해서 월요일 아침에 우리도 월정액 19.95달러로 인터넷을 무제한 사용하는 체계로 전환했다고 발표할 수 있었다. 이사들 중에는 여기에 반대하는 사람이 많았다. 그러나 나는 가격을 무기로 밀고 들어오는 마이크로소프트로부터 지금까지의 경쟁우위를 지켜내려면 그렇게 할 수밖에 없으며, MSN이 시장에서 자리를 잡기 전에 재빠르게 움직여야 한다고 생각했다.

월요일 아침이 되자 제일 먼저 AOL이 월 19.95달러로 인터넷을 무제한 사용할 수 있는 '무제한 정액 요금제'로 바꿨다는 사실을 발표했다. 전략은 성공적이었다. 마이크로소프트가 야심차게 출시한 MSN는 시장에서 맥을 못 춘 반면, AOL은 성장에 더욱 탄력을 받았다.

그러나 이러한 전략에 부작용이 전혀 없었던 것은 아니다. 월정액으로 무제한 사용이 가능해지자 인터넷 사용자가 폭발적으로 증가하면서 시스템에 문제가 생겼다. 서버 용량 증설 속도가 사용자 증가 속도를 따라가지 못했다. 시스템이 다운되면서 인터넷 접속이 자꾸 끊기자 사용자들은 다이얼업 모뎀을 사용하여 재접속하려 했으나 계속해서 통화 중 신호음만 들릴 뿐 도무지 연결되지 않았다.

그러자 월스트리트는 계속 이렇게 가다가는 비용은 증가하고 수익이 감소하는 구조가 고착화될 것이라는 분석을 내놓았다. 이에 따라 주가가 가파른 하락세를 보였다. 다급해진 우리는 기관투자자들을 안심시키기 위해 뉴욕으로 달려갔다. 그러나 월스트리트에서는 AOL이 너무 성급한 결정을 내렸고, 이 실수를 돌이키기 어려울 것이라는 의견이 지배적이었다. 이후 시스템 문제를 해결하고 서버 용량을 증설하는 데 수개월이 걸렸다. 그러나 투자자의 불안을 잠재울 방법이 한 가지 있었다. 요금제 전환에서 비롯된 손실을 메워줄 새로운 수익원을 찾음으로써 돌파구를 찾는 것이었다.

이러한 배경에서 온라인 광고와 상거래를 허용하게 되었다. 개인적으로는 정말 내키지 않는 일이었지만, 상황이 상황이다 보니 어쩔 수 없었다. 내가 '온라인 광고'에 눈을 돌리는 날이 오리라고는 생각도 못했으나, 무제한 정액 요금제를 계속 밀고 나가려면 다른 선택의 여지가 없었다.

우리의 첫 번째 온라인 광고였던 스프린트^Sprint에 관한 광고 회의를 할 때가 생각난다. 지금 기준으로 보자면 이것이 사람들의 눈에 띌까 싶을 정도로 아주 작은 광고 시안이었다. 그런데도 나는 이렇게 주문했다.

"더 작게 만들 방법이 없나? 사람들 눈에 잘 안 띄게 말이지."

회의실을 나서며 다들 무슨 말도 안 되는 주문이냐며 어이없어하는 분위기였다. 이런 반응을 보였다고 해서 딱히 나무랄 일도 아니었다. 온라인 서비스 회사가 온라인 광고 공간을 제공한다는 것은 광고주에게 자사 소비자에 접근할 수 있는 권리를 판다는 의미다. '소비자에게 자사 서비스를 제공한다'는 온라인 서비스 회사의 본업에서 이탈하는 기분이 들어 영 내키지 않았다. 그러나 이것이 시장의 주류라면 끝까지 내 생각만을 고집할 수도 없는 노릇이었다.

그런데 시간이 가면서 이 사업 모형이 수익을 내기 시작했고, 1996년 봄이 되자 투자자의 불안 심리도 거의 진정됐다. 반면에 대대적인 광고로 바람몰이를 했음에도 MSN은 시장에서 자리를 잡지 못했다. 이즈음 컴퓨서브와 AOL의 전세는 완전히 역전됐다. 불과 2, 3년 전에는 컴퓨서브가 AOL을 인수하려고 했는데, 지금은 우리가 컴퓨서브의 인수를 고려하는 상황이 됐다. 우리가 컴퓨서브의 인수를 노리고 있다는 낌새를 알아챈 루퍼트 머독^{Rupert Murdoch}은 타 회사의 매각을 고려하지 않아도 될 만큼 AOL의 몸집이 이미 너무 커졌다고 주장하며, 어떻게든 이러한 움직임을 저지하려고 했다.

뉴스코퍼레이션^{News Corp.}은 아직 미성숙 단계의 온라인 서비스 회사 케스마이^{Kesmai}를 보유하고 있었고, 머독은 케스마이가 AOL에 맞설 적수가 못 된다는 부분이 걱정스러웠던 것이다. 당시 케스마이의 CEO 크리스토퍼 홀든^{Christopher Holden} 역시 이렇게 불만을 토로했다.

"이 지구상의 가상공간 사용자 중 상업적 가치가 있는 고객 기반은 AOL의 고객뿐이다."

상대가 보면 얄밉겠지만 나로서는 세간의 이러한 평가가 내심 들기 좋았다.

제**5**장

3차 인터넷 혁명의
원동력 : 3P

···

　　　　　　AOL의 초창기 때 경험에서 확인할 수 있듯이 창업을 하고 성장의 기틀을 마련하는 일은 매우 복잡하고 복합적인 작업이다. 전기자동차업체 테슬라의 CEO 엘론 머스크는 사업을 시작하는 것을 '사신(死神)의 얼굴을 노려보는 일'이라 표현했다. 3차 인터넷 혁명기에 사업적으로 성공을 거둘 수 있는지의 여부는 머스크의 말이 긍정적으로 다가오는지, 아니면 부정적으로 다가오는지로 가늠할 수 있다.

　삶의 질을 높이고 가치를 창조한다는 측면에서 보면 3차 인터넷 혁신 사업에 비견될 만한 것이 없다. 실제로 3차 인터넷 혁명의 물결을 탄 스타트업 군단이 미국 기업 역사상 가장 감격적인 역사의 한 장을 써내려갈 것이다. 그리고 복잡한 도전 과제를 뚝심 있게 또 전략적으로 풀어나가는 방법을 아는 사람, 그러한 험난한 과정을 하나의 기회로 여기며 즐기는 야심차고 대담한 비전가들이 이러한 흐름을 주도할 것이다.

야심찬 비전을 추구하려는 의지와 실천 능력을 겸비한 사람만이 3차 인터넷 혁명의 슈퍼스타가 될 자격이 있다. 인터넷 세상을 기회의 바다로 삼은 곳이 AOL만은 아니다. 다만 우리가 다른 경쟁자보다 더 빨리 그리고 더 먼저 이 생각을 실행에 옮기려 했고, 이것이 가장 큰 성공 요인이었다. IBM이나 GE 같은 거대 기업이 성공하는 것은 어찌 보면 당연해 보였다. 그러나 결국 승기를 쥔 것은 공룡들이 아니라 우리였다. 당시의 공룡에게는 벤처 기업 정신과 열정, 도전 문화, 민첩성이 결여돼 있었던 것이다.

3차 인터넷 혁명기에 창업을 꿈꾸는 사람들을 만날 때마다 항상 느끼는 것이 있다. 이들은 3세대 혁신 기업의 성공 가능성에 전율하면서도 한편으로는 좀 걱정스러워 하며 늘 이런 질문을 한다.

"3세대 혁신 사업을 시작하려면 대체 뭘 어떻게 해야 하는가?"

이 질문에 대한 해답은 3P, 즉 파트너십[Partnership], 정책[Policy], 끈기[Perseverance]로 깔끔하게 정리할 수 있다.

1P : 파트너십

여기에 걸맞은 아프리카의 속담이 있다.

"빨리 가고 싶으면 혼자 가라. 멀리 가고 싶다면 같이 가라."

아주 단순해 보이는 이 말은 사업하는 사람들이 새겨들어야 할 가장 중요한 조언이다. 3차 인터넷 혁명기를 논하는 지금은 더욱 더 그러하다. 이 3세대 혁신 기업이 성공하는지의 여부는 다른 조직이나 기업과 파트너십을 구축할 능력이 있느냐에 달렸다.

2차 인터넷 혁명기에는 틈새시장을 노린, 이른바 틈새 앱을 최적화하고 이를 통해 시장에서 성장의 발판을 마련했다. 그런 다음 '입소문' 마케팅으로 승부를 본 기업이 큰 성공을 거두는 경우가 많았다. 이런 2세대 혁신 기업의 성공 원칙은 다음과 같이 아주 간단하다.

"제품과 사용자에 초점을 맞춰라. 제품만 좋으면 사용자는 점점 늘어날 것이고 그렇게 되면 수익은 자연히 따라오게 된다."

그러나 3차 인터넷 혁명기에는 훌륭한 '제품'만으로는 성공에 한계가 있다. 앱스토어에 제품을 던져놓고 사용자들이 알아서 사용(가입)해주기만 기다려서는 고객 기반을 구축하기 어렵다. 3차 혁신 산업은 거의 전 부문에 걸쳐 진입을 방해하는 문지기가 딱 버티고 서 있기 때문이다. 교육 부문에서는 교육 및 학습 관련 소프트웨어의 사용 승인을 담당하는 주요 의사결정자가 바로 그러한 '문지기'다. 의료 부문이 그렇고 운송, 금융, 교육, 식품 부문 등도 다 마찬가지다.

따라서 이러한 의사결정자에게 영향을 미칠 수 있는 개인이나 조직 그리고 궁극적으로는 이러한 의사결정자들과 파트너십을 구축할 능력이 있느냐에 따라 성공과 실패가 갈리는 경우가 대부분이다. 이처럼 3세대 혁신 기업은 절대로 혼자서는 갈 수 없다.

애플의 아이팟 탄생에 얽힌 이야기가 그 좋은 예다. 스티브 잡스는 1990년대에 시장에 처음 등장한 휴대용 MP3 플레이어의 잠재력을 간파했다. 그러나 그 대단한 제품을 내놓은 곳이 보잘 것 없는 회사라는 사실을 알고 적잖이 놀랐다. 애플의 부사장 그레그 조스위악^{Greg} ^{Joswiak}은 〈뉴스위크〉와의 인터뷰를 통해 이렇게 말했다.

"제품이 아주 조악한 상태더군요."

현실을 파악한 스티브 잡스는 새로운 팀을 구성했다. 전기 작가 월터 아이작슨에 따르면 스티브 잡스는 이렇게 설명했다고 한다.

"피카소가 말하길 '좋은 예술가는 남의 것을 모방하고 훌륭한 예술가는 남의 것을 훔친다'고 했지요. 좋은 아이디어를 '훔치는' 것은 부끄러운 일이 아니라고 생각합니다."

원시적 수준의 이 초창기 MP3와 온라인 음악 산업도 예외가 아니었다. 아이팟은 나와 스티브 잡스가 만나 1년 동안 음악 사업에 대해 논의한 끝에 출시된 작품이었다. 그 당시 우리 두 사람은 사람들 눈에 띄지 않는 곳에서 방해받지 않고 편하게 이야기하려고 샌프란시스코에 있는 조용한 초밥집 한구석에 자리를 잡고 앉았다. 그때 스티브 잡스는 아이팟에 대한 생각으로 꽉 차 있었다. 어찌나 열심이었던지 그 이야기를 할 때면 얼굴과 눈에서 광채가 나는 것 같았다. 나는 정말 괜찮은 아이디어라고 생각했다. 그래서 개발을 시도해보라고 권했고, 내가 할 수 있는 한 열심히 지원하겠다고 말했다. 이후 AOL에서 아이팟용 온라인 음악 스토어를 제공하겠다고 제의했으나, 스티브 잡스는 자체적으로 아이튠즈 스토어를 만들겠다고 했다.

얼마 후 잡스는 애플의 엔지니어 토니 파델^{Tony Fadell}에게 아이팟 프로젝트를 맡기면서 다음 세 가지를 주문했다.

"빠르고, 단순하고, 아름다운 MP3를 만들라!"

그리고 크리스마스 때까지 개발을 완료해달라고 했다. 이에 토니 파델은 필 쉴러^{Phil Schiller}와 조니 이브^{Jony Ive} 그리고 애플의 또 다른 인재들과 함께 작업에 들어갔고, 마감 기일에 맞춰 임무를 완수했다. 이렇게 개발된 아이팟은 아이튠즈와 함께 출시될 예정이었다.

그러나 아이폰의 디자인이 아무리 아름다워도, 소프트웨어가 아무리 잘 설계돼 있어도 애플 혼자서는 이 제품을 출시할 수 없다. 일단은 음악 사용에 대한 허가부터 받아야 했다. 그러자면 애플(아이팟)의 성공에 위협을 느끼며 이를 탐탁지 않은 시선으로 바라보고 있을 바로 그 음반 회사들과 협력관계를 구축해야 했다.

애플은 이 딜레마를 매우 교묘한 방식으로 영리하게 풀어나갔다. 일단은 음반 회사들과 만나 아이튠즈는 맥킨토시용이며, 맥킨토시의 시장 점유율은 2%도 안 되니 크게 신경 쓸 일이 아니라며 이들을 안심시켰다. 아이튠즈는 음반 회사들이 위험 부담을 느낄 필요가 전혀 없는 음악 전용 라이브러리 역할을 할 것이고, 음반업계로서는 새로운 사업 모형을 시험해보는 기회라며 이들을 설득했다. 일명 '해적판'으로 불리는 불법 복제물 때문에 골머리를 앓던 음반 회사로서는 이 새로운 음악 판매 모형이 혁신적 대안이 될 수 있다는 말에 귀가 솔깃해졌을 것이다.

결국 애플의 이러한 설득은 먹혀들었다. 이 과정에서 잡스가 자신의 야심을 숨김없이 다 드러냈다면, 사용자 10억 명이 목표라는 속내를 솔직하게 드러냈다면 아마도 음악 사용권을 획득하는 데 실패했을 것이다. 그러면 아이튠즈 역시 빌 폰 마이스터의 홈뮤직서비스와 같은 운명을 맞았을 것이다.

애플로서도 이는 매우 힘겨운 작업이었다. 그러나 다른 회사가 이 말을 들었다면 엄살 부리지 말라며 눈살을 찌푸렸을 것이다. 스티브 잡스가 음반 회사와 접촉했을 당시 '애플'은 대중에게 이미 많이 알려진 유명 '브랜드'였다. 그 유명 브랜드를 등에 업고, 더불어 획기적인 아이디어와 풍부한 자원 그리고 '무위험' 사업 모형을 내세운 통찰력 있는 전략까지, 훌륭한 무기는 모조리 들고 협상 테이블에 앉았으면서 엄살이라니!

만약 애플이 아니라 신생 기업이었다면 어땠을까? 신생업체가 이와 똑같은 아이디어를 들고 음반 회사와 접촉하려고 했다면, 과연 만나주기나 했을까? 설사 만나준다고 한들 협상이 타결될 가능성이 얼마나 될까? 보잘 것 없어 보이는 신생업체와 파트너십을 맺는 것이 음반 회사에 실익이 있다고 확신할 수 있을까?

이와 같은 신뢰 부재야말로 3세대 스타트업이 넘어야 할 가장 큰 장애물이다. 너무 복잡하게 생각할 것도 없다. 신생업체가 신뢰를 기대하는 것 자체가 어불성설이다. 그러나 전혀 극복할 수 없는 장애물도 아니다. 이 문제는 되도록 많은 파트너를 만드는 데서 해결의 돌파구를 찾아야 한다. 그것도 다양한 분야에서 파트너를 구해야 한다. 부족한 신뢰 부분을 채워줄 수 있고, 성장의 동력을 제공해줄 수 있고, 협력의 필요성이나 협력이 불가피하다는 분위기를 조성할 수 있는 그러한 파트너가 필요하다.

AOL도 초창기 때 체감했던 문제로, 이를 극복하기가 어려웠다. 일단은 신뢰부터 얻어야 했다. AOL이라는 회사만이 아니라 우리가 창조하려는 새로운 산업 자체에 대한 신뢰감을 조성하여 가능성이 있는 쪽으로 긍정적인 분위기를 만들어야 했다. 우리가 파트너십을 맺고 싶어 접촉한 이른바 잠재적 파트너에게 먼저 앞으로 인터넷이 일상생활의 핵심이 될 것이라는 점, 그리고 수많은 대기업이 있어도 도박을 걸어볼 만한 가치가 있는 곳은 이 작은 회사인 AOL뿐이라는 점을 확신시켜야 했다. 그러나 혼자서는 할 수 없는 일이었다.

우리의 첫 번째 파트너는 코모도어였다. 이 첫 번째 파트너십 계약이 성사된 덕분에 탠디^{Tandy}와 두 번째 파트너십을 맺을 수 있었다. 또 이 두 번의 파트너십 덕분에 애플과도 파트너십을 구축할 수 있었다. 게다가 애플과의 파트너십 덕분에 IBM과도 손을 잡을 수 있었다. 결국에 이들 파트너 덕분에 신생업체로서 부족했던 신뢰를 구축할 수 있었고, 이 신뢰를 바탕으로 자본을 조달할 수 있었다. 궁극적으로 시장에서 성장의 발판을 마련할 수 있게 된 것이다.

"우리는 혼자서 갑니다. 파트너 같은 거 필요 없어요. 우리 힘으로 제품을 출시할 겁니다. 우리는 내세울 만한 브랜드도 없고 돈도 없습니다. 하지만 괜찮습니다. 우리에게는 남부럽지 않은 '의지'라는 게 있으니까요."

만약 우리가 이런 자세로 임했다면 필요한 자금을 조달하지 못했을 것이다. 가장 강력한 경쟁자였던 프로디지가 아마도 이런 자세였을 것이다. 그래도 프로디지의 이러한 자세를 나무랄 수 없는 것이, 당시 프로디지에게는 10억 달러의 자본이 있었다. 혼자서는 그런 자금력이 있는 상대와 대적할 수 없다. 우리로서는 파트너들과 힘을 합쳐 이 혁신적인 미래 사업이 필연적으로 등장할 수밖에 없다는 주장에 설득력을 부여하는 것이 최선이었다.

외부 기업과 맺는 사외 파트너십은 사내 파트너가 누구인지에 따라 그 성패가 갈릴 수도 있다. 아주 뛰어난 개발자가 환자를 더 많이 유치할 획기적인 방법을 알아냈다고 해도 그 사람의 능력이나 명성 하나만으로는 업계의 주목을 받기 어렵다. 아무리 대단한 결과물이라도 그것을 발표할 기회조차 얻기 어려울 것이다. 그러나 이 개발자가 저 유명한 클리블랜드 클리닉^{Cleveland Clinic}의 CEO 출신 신임 이사를 대동하고 나타난다면 이야기는 달라진다. 이제는 타 업체와 파트너십 협상을 개시할 수 있으며, 더 나아가 협상을 유리하게 이끌 강력한 카드를 손에 쥐고 있는 것이다.

파트너는 그렇게 중요한 것이다. 일단 한번 파트너십 계약을 성사시키면 그다음 계약을 성사시키기가 쉬워진다. 파트너십 계약이 하나둘 성사될 때마다 신뢰도는 높아지고, 신뢰도가 높아질수록 다음번 파트너십을 구축하기는 더 쉬워진다. 이른바 선순환 고리가 생성되는 셈이다. 이를 통해 신뢰 부재에서 오는 불안감을 잠재우고 투자자를 끌어올 수 있다. 이번에도 투자자들이 늘어나면 회사 자체에 대한 신뢰도도 높아지고, 이러한 신뢰를 바탕으로 투자자를 더 끌어들일 수 있게 된다. 매우 바람직한 선순환 고리이다.

2005년에 나는 의료 부문의 혁신이라는 야심찬 목표를 위해 여러분도 익히 짐작하겠지만 레볼루션헬스Revolution Health를 설립했다. 투자자와 이사회 임원으로 '드림팀'을 구성해놓고, 의료 혁신의 원대한 꿈과 비전을 담은 사업 설명서를 들고는 사업 파트너를 열심히 찾아 다녔다. 일단 소매 건강검진 서비스 제공 회사에 투자했다. 이 회사로 원격 의료 컨시어지 서비스[18]에 초점을 맞추었다. 그리고 개인 건강관리 소프트웨어 및 소기업의 자체 건강관리 시스템의 수립에 도움을 주는 소프트웨어 개발 회사도 인수했다.

이러한 시도 중에는 성공적 결과를 낳은 것도 있다. 우리가 인수한 회사 하나는 4억 3,500만 달러를 받고 타워스왓슨Towers Watson에 매각했고, 또 하나인 에브리데이헬스Everyday Health는 현재 상장회사가 됐다. 그러나 이 몇몇 회사를 제외하고 대다수는 실패였다. 시기를 잘 맞추지 못한 것이 주요 패인 가운데 하나였다. 의료업계의 판을 갈아엎겠다는 야심찬 의도로 활용했던 첨단기술 대다수가 당시에는 먹히기 어려운 기술이었다. 그러나 패인을 잘못된 시기 선택의 탓으로만 돌리

---

18) 프리미엄 진료 및 건강관리 서비스를 의미함

기는 어렵다. 성급하게 너무 많은 것을 하려 했고, 가장 중요할 수 있는 파트너십 구축에 실패한 것이 패착이었다. 유명 의료기관의 이름으로 '편의 진료소[19]'를 운영하기 위해 메이오클리닉^{Mayo Clinic}과 파트너십 계약을 체결하려고 했다. 거의 성사 직전까지 갔었고 월마트^{Walmart}와도 파트너가 될 뻔했다. 그러나 이러한 노력은 결국 마지막 문턱을 넘지 못하고 좌절되고 말았다. 메이오클리닉도 월마트도 시대를 너무 앞서간 듯한 이 새로운 사업 모형에 확신을 갖지 못했기 때문에 위험 부담이 너무 크다고 결론 내렸다.

3세대 혁신 기업이 성공하기 위한 선결 요건은 바로 파트너십 구축이다. 그런데 이때 '캐치-22[20]'와 같은 상황이 전개될 수 있다. 즉 신생 벤처 기업이 사업 운영 자금을 조달하려면 파트너십이 필요하고, 그 파트너십을 구축하려면 개념 증명^{proof of concept[21]}이 필요하다. '산 넘어 산'인 이러한 상황을 극복하려면 끈기와 인내가 반드시 필요하다. 기술업계에 종사하지 않는 사람들에게 이것은 딱히 어려운 주문이 아닐 것이다. 그러나 기술업계 종사자들이라면 이것을 지키기가 얼마나 어려운지 잘 알 것이다. 기술업계에는 돈이 곧 가치이고, 자신만만한 사람이 인정받는 문화가 존재한다.

2차 인터넷 혁명기에는 이러한 허세와 무모함이 장점으로 작용했

---

19) 예약 없이 간단한 의료 서비스를 제공함

20) 동명의 유명 소설에서 나온 말로 모순된 규칙에 얽매인 부조리한 상황을 의미하는 표현

21) 신기술이 적용된 신제품에 대한 사전 검증

다. 그때는 파트너십을 구축할 필요가 별로 없었기 때문이다. 그러나 3차 인터넷 혁명기에는 이러한 태도가 기업의 장래에 치명상을 입힐 수 있다. 시장의 판을 갈아엎을 만한 3차 혁신은 막연한 구호가 아니라 하나의 전략이어야 한다. 그리고 훌륭한 제품만으로는 성공이 담보되지 않는다. 파트너십을 구축하는 능력이 바로 성공과 실패를 가르는 시금석이다.

온라인 공개강좌 무크[MOOC, massive open online courses]의 등장을 지켜보면서 이러한 사실을 확인했다. 애초의 아이디어는 누구나 교사가 될 수 있고, 또 누구나 학생이 될 수 있는 학습 플랫폼을 제공하는 것이었다. 그러나 오래지 않아 이 업계 사람들은 소비자가 아니라 기업에 학습 플랫폼을 판매하는 것으로 사업 모형을 전환해야 한다는 사실을 깨달았다. 그리고 신뢰 확보라는 차원에서 하버드나 MIT, 기타 일류 대학과 파트너 관계를 맺어 신뢰할 만한 브랜드를 확보해야만 학습의 질 부분에서 고객을 안심시킬 수 있다는 사실도 알게 됐다.

문제는 무크 서비스를 제공하는 회사들이 핵심 기술을 기반으로 비교적 빠르게 시장에 진출하기는 했으나, 이 과정에서 상당한 잡음이 있었다는 점이다. 이들 업체는 어리석게도 대학과의 파트너 관계가 딱히 필요하지 않으며, 앞으로는 이 사업에서 빠지게 될 것이라는 사실을 공공연하게 떠들고 다녔다. 그러나 얼마 가지 않아서 방향 전환이 필요하다는 사실을 깨달았고, 결국 무용하다고 치부하던 그 대학들은 중요한 파트너가 됐다. 주요 무크 회사 가운데 하나인 코세라[Coursera]는 전 예일대학 총장을 자사의 CEO로 영입했다. 전 대학 총장을 통해 얻게 된 신용과 관계망이 코세라의 미래를 좌우할 매우 중요한 요소라고 생각한 것이다.

2P : 정책

3차 혁신 산업에는 규제 요소가 상당히 많고, 또 그러한 규제에는 합당한 이유가 있다. FDA의 승인을 받지 않은 의약품을 파는 사업을 해서는 안 되고, 아이들에게 불량식품을 판매하는 회사가 있어서도 안 된다. 또 안전성이 증명되지 않는 한 무선조종 비행장치인 드론 drone이 자유롭게 상공을 나는 것도, 자율주행 자동차가 고속도로를 질주하는 것도 바람직하지 않다. 풍력발전소를 세우는 것도 좋고 태양광 발전소를 세우는 것도 좋다. 다만 가상 세계에서 가능한 일과 현실 세계에서 가능한 일은 정확히 구분해야 한다.

'이것은 좋다' '저것은 나쁘다'라고 독불장군처럼 아무리 떠들어 봐야 소용이 없다. 즉 좋은 것인지 나쁜 것인지에 대한 내 생각은 중요치 않다. 그렇게 생각한다고 실제로 변화가 이루어지는 것은 아니다. 물론 불필요한 규정이라고 따지는 사람이 있고, 또 그렇게 따지는 것도 필요하다. 그러나 그렇게 해서 얻어낸 변화는 설사 그것이 의미 있는 변화라고 할지라도 전체 규제 시스템의 규모에 비하면 아주 사소한 것에 불과하다.

항상 그렇듯 정부는 3차 혁신 산업에서도 중요한 역할을 할 것이다. 따라서 3차 혁신 산업 환경에서 성공하려면 정부 정책에 대한 이해가 필수적이다. 대출 플랫폼 같은 온라인 금융 사업에는 증권거래위원회^{SEC}의 승인이 필요하다. 유전자 검사 사업을 하려면 식품의약국^{FDA}의 허가를 받아야 한다. 연방항공국^{FAA}의 허가가 없으면 택배용 혹은 운송용 드론을 띄울 수 없다. 이런 것을 다 열거하자면 한도 끝도 없다.

3세대 혁신 기업인이라면 정부와 척을 져서도 안 된다. 물론 창업 기업인 가운데 정책이라는 정책은 다 꿰고 있는 '정책 벌레'는 흔치 않다. 아니, 거의 찾을 수 없다. 더구나 규제든 정책이든 파고들어 연구할 만큼 시간적 여유가 있는 창업자는 더더구나 찾기 어렵다. 그러니 이 부분에 관한 한 처음부터 전문가를 고용하여 이들에게 의지해야 한다. 규제에 대한 대응 및 관리방식을 비롯하여 믿을 만한 시장 진출 전략을 제시하지 않고는 벤처 창업 자금을 조달하기 어려울 것이다. 아무리 훌륭한 아이디어가 있더라도 정책에 대한 확실한 전략이 없으면 투자자를 유치하기 어렵다. 반대로 투자자 입장에서 정책에 대한 전략이 없는 기업에 투자하는 것은 위험천만한 도박이다. 성공 가능성이 전혀 없다고 할 수는 없지만, 매우 낮기 때문에 투자가 어려워지는 것이다.

1차와 2차 혁신기를 거치면서 위험 요소에도 변화가 있었다. 1차 혁신 때는 '기술'상의 위험이 핵심이었다. 이때는 "이 기술을 확립할 수 있을까?"가 문제였다. 2차 혁신기 때는 '시장' 위험, 즉 "사람들이 찾아줄까?"가 가장 큰 문제였다. 3차 혁신에는 '정책' 위험이 중요해질 것이다. 요컨대 "연줄 걸리듯 갖가지 규정에 발목 잡히지 않고 제품을 무사히 출시할 수 있을까?"가 문제가 될 것이다.

3P : 끈기

'끈기' 또한 성공적인 기업의 특성 가운데 하나다. 그러나 3세대 혁신 기업인에게는 이와는 조금 다른 형태의 끈기가 요구된다. 3차 혁신 아이디어를 실행하기까지 하드웨어와 소프트웨어상의 장애물뿐 아니라 물류와 유통 그리고 파트너십과 정책 부문상의 장애물을 적어도 수십 개는 넘어야 한다. 파트너십 구축에 실패할 수도, 규제당국이 발목을 잡을 수도 있다. 그러면 기업은 표류할 수밖에 없다.

2014년에 FDA가 유전자 검사 회사인 23앤드미[23andMe]의 제품 판매를 금지했다. 사람들은 23앤드미는 이제 끝났다고 생각했다. 그러나 그 후 채 1년이 되지 않아 이 회사는 FDA로부터 특별 면제를 받아 제품 판매를 재개할 수 있었다. 이 회사가 끈기 있게 버티지 못했다면 이러한 부활의 기쁨을 만끽할 수 없었을 것이다.

AOL의 성공은 '하루아침에 이루어진 것'이 아니다. 이젠 끝이구나 싶은 지경까지 간 적이 한두 번이 아니고, 절체절명의 고비를 숱하게 넘으면서 성공을 거머쥔 것이다. 3차 인터넷 혁명기를 풍미할 기업들도 마찬가지다. 생각지도 못한 난관이 여기저기서 불쑥 튀어나올 것이다. 그러나 차세대 기업인이라면 이러한 예기치 못한 난관에 대처할 수 있어야 한다. 고도의 적응력도 필요하다. 야심차게 내놓은 첫 번째 제품이 시장에서 살아남지 못할 수도 있다. 혹은 규제가 발목을 잡을 수도 있다. 함께하고 싶은 파트너가 이것저것 수정을 요구할 수도 있다. 이때 상황과 요구에 맞춰 계속 수정하고 조정하고 또 필요에 따라 방향도 바꿀 수 있는 융통성이 필요하다.

3차 혁신 산업 환경에서는 절박감과 긴박감을 바탕으로 최상의 아이디어를 추구하는 자만이 승리를 거머쥘 수 있다. 두 가지 아이디어가 경쟁하는 상황이라면 어느 한쪽에 치우침 없이 이 두 가지 사이에서 완벽한 균형 상태를 유지하는 것이 중요하다. 그러나 또 한편으로 시장 구조를 재편할 만큼의 큰 성공을 거두려면 버릴 것은 과감히 버리는 자세도 필요하다. 그러자면 기존의 통념에 얽매이지 말고 참신한 관점과 새로운 패러다임에 주목하는 능력이 요구된다.

온라인 결제 서비스 회사인 페이팔^{PayPal}의 창업자들은 자신들이 신용카드업계 종사자였다면 이러한 새로운 사업을 시도해볼 엄두도 내지 못했을 거라고 했다. 이러한 관점에서 보면 현직자들, 즉 기존 질서에 편입된 사람들처럼 생각하는 것은 바람직하지 않아 보인다. 그러나 또 한편으로 기존 업계의 작동 역학에 대한 이해 그리고 잠재적 파트너십과 정책 사안에 대한 통찰력의 중요성이 더욱 커질 것이다. 꼭 성공까지는 아니더라도 최소한 주요 장애물을 피하는 데 이러한 요소가 결정적인 역할을 할 것이다. 3세대 혁신 기업인은 기존 기업인의 '방어적 관점'과 파괴적 혁신을 꿈꾸는 차세대 기업인의 '공격적 관점' 사이에서 균형을 유지하는 방법을 찾아야 한다.

제**6**장

파괴적 혁신의
시대가 다가온다

· ● ●

        3차 인터넷 혁명의 물결이 밀려오면 그동안 안정적으로 수익을 내던 기존의 수많은 기업이 위기에 처하게 될 것이다. 2015년에 〈로이터〉는 "대기업의 최고 경영자 대부분이 소설 속 주인공 걸리버가 된 것 같다고 토로한다. 정신을 차리고 주변을 보니 새까맣게 모여든 소인국 사람들로부터 맹공을 당하는 기분이라는 것이다. 물론 이때의 소인은 첨단 신기술을 무기로 기존 경쟁자를 압도하는 작은 스타트업을 의미한다"라고 전했다. 이들 기업들은 지난 두 차례 인터넷 혁명의 기술적 변화에 별 영향을 받지 않았다. 그래서 이번이라고 뭐 다를 것이 있겠느냐며 3차 인터넷 혁명의 도도하게 넘실대는 물결을 태평하게 바라볼지도 모른다. 그러나 그런 느긋한 마음으로 임했다가는 큰코다칠 것이다.

    3차 인터넷 혁명이든 뭐든 자신들은 계속 승승장구하리라 믿으며 거대한 변화의 흐름을 팔짱끼고 그냥 바라보기만 할 기업이 한둘이 아닐 것이다. 그러나 이 변화에 대비하지 못하고 느긋하게 있다가 막상 3차 인터넷 혁명이 본격적으로 시작되면, 이러한 환경에 적응하지 못하고 도태하는 기업이 줄줄이 나올 것이다.

2015년 세계디지털산업변화연구소[Global Center for Digital Business Transformation]가 실시한 조사에서 주요 기업인들이 2020년이 되면 현재 각 산업 부문에서 수위를 차지한 기업 중 절반가량이 사라질 것이라고 예측한 이유가 바로 여기에 있다. 그러나 3차 인터넷 혁명은 기존 기업이 두려워하며 반드시 막아야 하는 악재만은 아니다. 정말 뛰어난 기업인이라면 이 새로운 변화를 하나의 기회로 삼아야 한다.

비영리조직인 엑스프라이즈[X-PRIZE]의 창설자 피터 디아만디스[Peter Diamandis]는 이렇게 말했다.

"기존 대기업의 경영자보다 신생 벤처 기업인이 훨씬 똑똑한 것은 아니다. 다만 이들은 엉뚱한 생각을 더 많이 하고, 그래서 좋은 아이디어를 많이 내놓는 것이다. 그리고 성공할 때까지 남보다 슈팅을 더 많이 날려보는 것이다."

물론 대기업 경영자 중에도 뒤에서 따라가기보다 앞장서서 그 기회를 이용하기 위해 언제가 골문이 열리기를 기대하며 계속해서 슈팅을 날릴 전략을 짜는 사람이 반드시 있을 것이다.

스타트업만이 답이고, 기존 기업은 버려야 할 과거의 유물은 아니다. 세계적인 일류 기업 대다수가 뛰어난 인재와 풍부한 자원을 바탕으로 혁신적인 신제품을 계속해서 만들어내고 있다. 일례로 2014년에 존슨앤드존슨[Johnson & Johnson]은 구글보다 연구개발 비용을 더 많이 지출

했다. 소프트웨어와 인터넷 산업 부문에서 연구개발 지원의 증가세가 가장 두드러진 것은 사실이다. 그러나 2014년 현재 전체 연구개발 중 기술 기업이 차지하는 비율은 10% 미만이었다. 세계를 놀라게 한 훌륭한 아이디어는 기술업계가 아닌 다른 곳에서 나오고 있다.

구글과 우버^{Uber} 경영진의 상상력에서 비롯된 자율주행 자동차를 생각해보라. 두 기업은 현재 우리의 출퇴근 풍경을 확 바꿔놓을 자율주행 자동차 개발 경쟁을 벌이고 있다. 그러나 자율주행 자동차에 대한 아이디어가 처음 나온 곳은 기술 부문이 아니라 농업 부문이었다. 구글이 자율주행 자동차 시장에 뛰어들기 전부터 자율주행 트랙터를 이용하는 농부가 많았다. 일리노이 주에 있는 농기계 제작 회사 존디어^{John Deere}는 20여 년 전, 그러니까 구글이 등장하기도 전에 트랙터용 GPS 항법 장치를 개발하고 있었다.

당시만 해도 존디어 경영진은 자신들이 얼마나 혁신적인 일을 하는지 인식하지 못했을 것이고, 처음부터 상용 자율주행 자동차 산업을 주도하리라는 생각도 없었을 것이다. 그러나 존디어가 그때 이 신사업의 가능성을 인지하고 자회사를 꾸려 자율주행 기술의 상용화를 추진거나, 그 기술 사용권을 판매했다면 어떻게 됐을까? 아마도 200년의 역사를 자랑하는 존디어가 3차 교통운송업계를 호령하는 최강자 반열에 올랐을 것이다.

일부 산업에서는 기존의 강자가 3차 인터넷 혁명기에도 여전히 그 권좌를 굳건히 지키는 경우도 있을 것이다. 그러나 3차 인터넷 혁명의 물결을 진지하게 바라보고 앞서 준비하는 기업만이 그러한 성과를 기대할 수 있다. 그렇다면 구체적으로 무엇을 어떻게 해야 하는가?

3차 인터넷 혁명기 성공 요건 1 : 변화를 맞는 자세

"세상이 변하고 있다"는 사실을 인정하는 것에서부터 모든 것은 시작된다. 기업의 리더 혹은 CEO가 이러한 세계관을 받아들이고 공공연하게 언급하는 것이 매우 중요하다. 지금까지 안전지대에 안주해 있던 사람들로서는 불안하고 걱정스러운 사실일 것이다. 그러나 또 한편으로는 CEO의 이러한 인식과 공언은 공포감을 조성하는 행위라기보다 미래를 낙관하는 자세라고 이해하는 것이 더 바람직하다. 이를 통해 직원들은 지금 현재 시장에서 무슨 일이 벌어지고 있는지, 또 앞으로 어떤 일이 전개될지에 주목하게 된다. CEO는 구석구석을 들여다보며 변화의 조짐에 주의를 기울이는 사람들의 사기를 북돋워주고, 이들이 혁신을 이뤄낼 수 있도록 물심양면으로 지원해야 한다.

기존 기업인들은 미래가 현실로 다가오는 속도를 과소평가하기 때문에, 즉 미래를 너무 멀게 생각하기 때문에 실패하는 경우가 많다. 그러나 신생 벤처 기업인들은 매일매일 미래를 생각한다. 벤처 투자자들은 적어도 1억 달러의 수익을 내고 상장까지 도달할 잠재력이 있는 회사를 찾고 있다. 벤처업계에서는 아이디어만 좋으면 돈은 저절로 따라온다. 아이디어가 좋은 기업인은 결국 좋은 투자자와 연결된다. 서두르지 않고 느긋하게 때를 기다리는 자세는 성급한 행동으로 인한 실패를 피하는 데 도움이 된다. 그러나 변화가 급속히 이루어지는 세상이라면 이야기가 달라진다. 아무것도 안 하고 기다리기만 했다가는 돌이킬 수 없는 실패를 경험할 수도 있다. 때로는 마냥 기다리기만 하는 것이 낮은 가능성을 믿고 뛰어드는 것보다 더 위험할 수 있는 것이다.

또 기존 기업은 조직의 크기 때문에 실패할 수도 있다. 대기업의 의사결정 과정은 아이디어의 생성을 조장하기보다 억제하는 구조인 경우가 대부분이다. 의사결정 과정에서 "안 돼!"라고 하는 사람은 많아도 "좋아, 추진하지!"라고 말하는 사람은 거의 없다. 이러한 문화가 "안 돼"만을 외치는 환경을 조성한다.

"거울에 비친 사물은 보이는 것보다 훨씬 더 가까이에 있다." 자동차 사이드 미러를 보면 이런 문구가 쓰여 있다. 거울 속에서는 멀리 있는 것처럼 보여도 실제로는 이보다 더 가까이에 있으니 주의하라는 것이다. 기술도 마찬가지다. 한참 먼 미래의 것으로 보여도 사실은 우리 앞에 성큼 다가와 있다고 봐야 한다. 대기업이 저지르는 가장 큰 실수 가운데 하나가 지금 보기에 햇병아리 단계의 기술로 상용화하려면 한참 멀었다고 생각하고 그 가능성과 파급력을 간과하는 것이다. 이러한 근시안적 사고방식 때문에 다른 산업 부문에서 그 업계의 판도를 바꿔놓을 신기술이 등장하면 자신들이 종사하는 산업 부문에도 그 여파가 미치리라는 생각은 하지 못한다. 예를 들어 택시업계의 판도를 바꿔놓은 우버가 이번에는 택배업에 진출한다면 어떻게 될까? 페덱스^{FedEx}나 유피에스^{UPS}가 과연 무사할까?

그다음으로 기존 기업의 인력관리 담당자들은 혁신적인 사고를 가진 인재를 채용한 후 이들을 잘 보호하고, 지원하고, 사기를 북돋워 주어 다른 기업에게 빼앗기는 일이 없도록 온 힘을 다해야 한다. 기술업계에서는 가장 뛰어난 인재가 벤처 기업으로 몰리는 경향이 있다. 물론 기존 대기업에도 뛰어난 인재가 많다. 세계에서 가장 뛰어난 두뇌의 소유자라든가, 가장 창의적인 사람들이 스타트업에만 몰려 있는 것은 아니다. 독일 가전제품 회사인 지멘스^{Siemens}는 9만 명의 연구 인력을 채용한다. 미국 생명공학 기업인 몬산토^{Monsanto}는 뛰어난 농업 기술 전문가들을 채용한다. GE연구소에는 박사학위 소지자들이 넘쳐난다. 이렇듯 대기업에는 원석(原石)이 많다. 문제는 이러한 원석을 어떻게 '가공'하여 혁신을 이뤄낼 '보석'으로 만드는가이다. 아이디어가 충만한 창의적 인재들을 뽑아놓는 것만으로는 부족하다. 물적·심적 지원을 통해 그 아이디어를 실현할 수 있는 분위기를 조성해야 한다. 또한 스타트업의 경쟁자와 당당히 실력을 겨룰 수 있는 공평한 경쟁 환경을 제공하는 것이 필수다.

〈포천〉 선정 500대 기업의 CEO가 해야 할 시급한 과제는 규모의 이점을 활용하는 한편, 위험을 감수하는 도전 정신과 민첩성을 중시하는 조직 문화를 조성하는 것이다. 페이스북에서는 엔지니어들에게 "빨리 움직여서 일단 저질러라!"고 주문한다. 이렇게 주문하는 이유는 마크 저커버그가 특별히 괴팍하고 무모한 사람이라서가 아니라, 혁신가에게는 위험을 감수하며 이런저런 시도를 해볼 공간이 필요하다는 것을 잘 알기 때문이다. 그런데 대다수 대기업에서는 아이디어의 공유가 원활하지 않다.

3차 인터넷 혁명기 성공 요건 2 : 자기 파괴를 수용하라

자기 파괴 의지가 수반되지 않으면 변화를 기대하기 어렵다. 스티브 잡스가 이런 말을 한 적이 있다.

"스스로 자신을 파괴하지 않으면 다른 누군가가 자신을 파괴할 것이다."

그러나 말은 쉬워도 오랜 역사 때문에 고착화가 심화된 기존 기업에게는 쉽지 않은 과제다. 이 부분은 하버드대학 교수 클레이튼 크리스텐슨Clayton Christensen의 저서 《혁신기업의 딜레마The Innovator's Dilemma》를 통해 세간의 주목을 받게 되었다. 이 책에서 저자는 현재의 소비자 선호도에 초점을 맞추는 한편, 미래의 선호도에도 관심을 기울이지 않으면 성공을 보장할 수 없다고 주장한다.

아마존의 창업자이자 CEO인 제프 베조스Jeff Bezos는 CBS와의 인터뷰를 통해 다음과 같이 말했다.

"언젠가는 아마존도 붕괴할 것이다. 그러나 그것은 불가피한 일이기 때문에 나는 걱정하지 않는다."

자기 파괴를 통해 성공을 구가한 기업은 분명히 존재한다. 애플의 엄청난 성공 신화는 잘나가던 제품을 스스로 포기한 눈물겨운 의지와 결단의 산물이었다. 아이폰의 등장은 아이팟의 판매 감소를 일으켰다. 아이패드는 맥북을 밟고 올라섰다. 아마존도 이런 식으로 발 빠르게 변화했다. 그동안 종이책을 팔아 '아마존 왕국'을 건설했으나 미래 시장은 전자책이 지배하리라는 사실을 인식했다. 그래서 아마존은 그 미래를 스스로 건설했고, 결국 지금은 현재와 미래를 모두 손 안에 움켜쥘 수 있게 됐다.

물론 이러한 접근법이 언제나 환영받는 것은 아니다. 근시안적인 사람들의 눈에는 미래를 내다보며 변화를 꿈꾸는 사람들이 못마땅해 보일 수 있다. 아직 멀고 먼 미래를 대비하자고 많은 돈을 들이는 것은 너무 위험하다며 이런 혁신적 사고에 제동을 거는 경우가 많다. 펩시코PepsiCo의 CEO 인드라 누이Indra Nooyi가 그 좋은 예다. 인드라 누이는 소비자의 식품 선호도 변화를 감지하고 이에 대비하여 사업 다각화 전략을 추진했다. 소비자의 기호가 변함에 따라 장기적 관점에서 볼 때 설탕이 많이 들어간 가당 음료와 고칼로리 과자로는 승부하기 어렵다고 본 것이다. 그러나 인드라 누이의 이러한 행보가 현 주가에 악영향을 미친다는 이유로 일부 주주가 이에 반기를 들었다. 앞으로는 어찌됐든 당장 주가가 떨어지는 것이 더 신경 쓰였던 것이다.

이런 논란에도 인드라 누이는 살아남았으나 듀퐁^{DuPont}의 CEO 엘런 쿨만^{Ellen Kullman}은 그렇지 못했다. 블룸버그의 월간지인 〈블룸버그마켓^{Bloomberg Markets}〉이 쿨만을 가장 영향력 있는 기업인 가운데 한 명으로 선정하고 나서 단 하루 만에 벌어진 일이었다. 연구개발 부문에 연간 20억 달러를 투자한다는 것에 주주들의 원성을 샀고, 이 문제로 길고 긴 공방전을 벌인 끝에 결국 쿨만은 자리에서 물러나고 말았다.

코닥^{Kodak}에도 이와 비슷한 문제가 있었다. 사람들은 코닥이 디지털 세상이 오는 것을 감지하지 못했다고 알고 있다. 그러나 사실 그렇지 않다. 최초의 디지털 카메라도 1975년에 코닥의 엔지니어 스티븐 새슨^{Steven Sasson}이 발명한 것이다. 코닥은 AOL과의 파트너십을 포함하여 처음에는 발전적인 시도를 많이 했다. 장기적으로는 디지털이 자사의 핵심 사업(필름)을 위협하게 되리라는 사실을 인지하고 있었다. 하지만 코닥 경영진은 아직 먼 미래보다는 당장 코앞의 이익을 챙기는 데 더 급급했다. 〈뉴욕타임스〉의 제임스 에스트린^{James Estrin} 기자가 코닥 경영진에게 디지털 카메라가 언제쯤이면 필름의 적수가 될 것 같으냐고 물었을 때 새슨은 한 20년은 걸릴 것이라고 대답했다. 새슨은 기자에게 이렇게 말했다.

"사람들에게 앞으로 18년 혹은 20년 후의 일을 말한다고 생각해 보세요. 그때쯤이면 아직 회사에 머물러 있을 사람이 거의 없을지도 모르지요. 그러니 내 이야기에 흥미를 느끼겠어요?"

이후 코닥은 결국 2012년에 파산 신청을 하고 말았다.

3차 인터넷 혁명기 성공 요건 3 : 공격적으로 나가라

대기업은 우리가 생각하는 것보다 더 막강하다. 일단은 규모에서 열 수 아니 백 수는 먹고 들어간다. 파트너도 많고 정책에 대한 이해 수준도 높으며, 세계 시장을 아우르는 능력도 갖춰져 있다. 이 모든 것이 2차 인터넷 혁명 때보다 3차 인터넷 혁명기에 훨씬 더 필요한 귀중한 자산이다. 이러한 자산은 글로벌 기업에게 새로운 변화의 물결 앞에서 공세를 취할 기회를 제공한다. 이러한 관점에서 웨인 그레츠키 Wayne Gretzky의 전술이 우리에게 시사하는 바는 크다. 그레츠키가 전설적 하키 선수가 될 수 있었던 이유는 '퍽이 어디에 있는지'가 아니라 '퍽이 어디로 가는지'에 주목했기 때문이다.

3차 인터넷 혁명기 성공 요건 4 : 미래를 만드는 곳에 투자하라

창업 기업인과 손을 잡고 이들을 통해 간접적으로 미래를 만들어 나가는 것도 좋은 대안이 될 수 있다. 언제 어디서 등장할지 모를 새로운 아이디어나 신기술을 조기에 포착하기 위해 사내에 벤처 투자기금을 마련해두는 기업도 있다. 이러한 대비책은 될성부른 벤처 기업과의 파트너십으로 이어져 고수익을 올릴 기회를 제공한다. 또 어떤 기업은 이른바 사내 '특수기동대'격인 특별팀을 신설하여 스타트업과의 파트너십 업무를 전담한다. 팀원들은 자사 경영진과 신생 벤처 기업인 사이를 연결하는 다리다. 이렇게 하면 벤처 기업인으로서는 참신하고 혁신적인 아이디어를 실현할 길이 열리는 셈이고, 기존 대기업으로서는 투자를 통해 간접적으로나마 미래를 만드는 일에 참여할 기회가 생기는 것이다.

기존 대기업에게 3차 인터넷 혁명은 엄청난 기회이자 생존이 달린 실존적 위협일 수밖에 없다. 이 거대한 변화의 흐름 속에서 성공을 거머쥘 경영진의 가장 중요한 자질은 바로 신속함과 민첩성이다. 사내 여기저기에 처진 장벽을 허물고 부서 간 협력을 도모해야 하며, 각 부문 간의 경계를 넘어서는 광범위한 파트너십 구축에도 힘을 쏟아야 한다. 그리고 한때 경쟁자로서 잘나가던 대기업들이 3세대 벤처 기업 정신의 파괴력에 눌려 무너지는 모습을 반면교사로 삼아야 한다.

제 7 장

기회의 다양성, 내지의 부상(浮上)

···

여기는 팔토알토(실리콘 밸리가 있는 곳)!
2040년 5월 말 어느 멋진 오후를 머릿속에 그려보자. 스탠퍼드대학의 졸업식이 끝나고 있다.

졸업생 중에 제시카라는 여학생이 있다. 공공정책을 전공했으며, 같은 과 학생 대다수가 선택한 컴퓨터 과학도 전공했다. 과 수석이었던 제시카는 자신이 원하는 직장에 얼마든지 갈 수 있는 상황이었고, 실제로 세계 최고의 3차 혁신 기업 여러 곳에서 입사 제의를 받아놓은 상태다.

졸업식을 마친 제시카는 학사모와 가운을 벗어 자신의 자율주행 전기자동차 안에 던져 넣고 차에 올라 목적지를 말한다. 자동차가 교정을 달리기 시작하자 제시카는 고전 TV 프로그램인 〈실리콘 밸리〉를 본다. 실리콘 밸리에 대해서는 부모님에게 귀가 따갑도록 들었다. 자동차 전면의 방풍 유리가 스크린이 되어 프로그램이 상영되는 동안 자동차는 어느새 고속도로로 진입하고 있다. 그런데 제시카는 샌프란시스코(실리콘 밸리가 있는 곳)가 아니고 루이지애나 주의 뉴올리언스로 향하고 있다. 이에 대해 제시카의 동료 중 의외라는 반응을 보이는 사람은 전혀 없다.

지금으로부터 25년 후, 즉 가상 인물인 제시카가 대학을 졸업할 즈음에는 미국의 벤처 산업 환경은 지금과 많이 달라져 있을 것이다.

1차 인터넷 혁명 이후로 미국의 벤처 자본은 특정 지역으로 집중되며 지역적 편중도가 심했다. 2014년에는 전체 벤처 투자금의 4분의 3이 캘리포니아, 뉴욕, 매사추세츠 세 지역에 집중적으로 흘러갔다. 시간이 지나면서 좋은 아이디어를 상품화하기 위해 가장 가능성 있는 혁신적 벤처 기업인과 내로라하는 투자자가 몇몇 지역으로 몰려드는 현상이 하나의 흐름으로 굳어지면서, 아이디어를 실현하려는 벤처 기업인과 투자 수익을 노리는 투자자들이 특정 지역으로 몰렸다. 또 그 지역으로 가면 기업인이나 투자자나 모두 성공한다는 식의 호순환(好循環) 구조가 생성됐다.

이러한 시스템 자체가 잘못된 것은 아니다. 오히려 이러한 시스템이 혁신 클러스터innovation cluster를 형성하는 효과가 있다. 지리적 인접성과 산업의 유사성 및 보완성을 토대로 특정 지역에 혁신 기업 집단(단지)을 형성하여 협력적 네트워크를 구성하면 기술 혁신을 이루어내는 데 큰 도움이 된다. 그렇기 때문에 우리도 이러한 식의 전개가 중단되기를 바라지 않는다. 또 기술 부문이 몇몇 지역에 몰려 있다 보니 경제적 부(富) 역시 이들 지역에 편중되는 현상이 나타났다. 실리콘 밸리

▶▶▶

에 속하는 산타클라라 밸리^{Santa Clara Valley}가 세계에서 가장 부유한 지역군에 속하게 된 것도 다 이러한 이유에서다. 매사추세츠 주에 거대한 의학 및 생명공학 단지가 조성되어 많은 일자리와 막대한 세수입을 창출한 것도 같은 이유에서다.

그러나 이와 같은 투자와 부의 편중 현상 때문에 첨단기술 산업의 성장 혜택을 미국 전역에서 고루 누리지 못한다는 것은 문제다. 오하이오 주의 소비자가 뉴욕 소비자만큼 스마트폰을 사용한다고 해도 소프트웨어 사용량으로 보면 뉴욕 소비자에 비할 것이 못 된다. 1차와 2차 인터넷 혁명기에는 내슈빌(테네시 주)에 있는 엔지니어가 디지털 회사를 차리고 싶으면 연안 지역으로 가는 것이 최선이었다.

이것이 미국 내에서 일종의 두뇌 유출 현상을 야기했다. 중부 지역에 있는 벤처 기업인들은 갈고 닦은 기술력과 창의력을 바탕으로 훌륭한 아이디어를 만들어냈다. 그러나 아이디어를 실현하는 곳은 그곳이 아니었다. 일단은 벤처 산업 단지가 형성된 지역으로 가서 그 아이디어를 바탕으로 창업하고, 그 지역에서 경제 활동을 벌이며 일자리를 만든 것이다.

스타트업 왕국

그러나 3차 인터넷 혁명은 이러한 구도에 변화를 불러올 것이다.

사실 변화는 이미 시작되고 있다. 예를 들어 노스캐롤라이나 주 더럼의 '아메리칸 토바코 캠퍼스^{American Tobacco Campus}' 기술 허브에 입주해 있는 7개 업체가 2013년부터 2015년까지 총 15억 달러의 부를 창출했다. 앞서서 가상 인물 제시카가 직장을 찾아 뉴올리언스로 떠난다고 가정했으나, 멀지 않은 미래에는 이러한 상황이 가설만은 아니게 될 것이다. 우리는 이것을 '나머지(지역)의 부상'이라 부른다. 저명한 언론인 파리드 자카리아^{Fareed Zakaria}가 중국과 인도 등 신경제 국가의 부상을 '나머지 국가의 부상'이라 표현한 데서 따온 말이다. 세계의 나머지 국가에 속했던 중국과 인도가 부상했듯, 미국 내에서 나머지 지역들이 일제히 부상하는 현상을 표현한 것이다.

· · ·

앞으로 20년 후면 방치돼 있던 도시들이 벤처 산업의 중심지로 거듭날 것이다. 덴버(콜로라도 주), 캔자스시티(캔자스 주), 오스틴(텍사스 주), 피츠버그(펜실베이니아 주) 같은 도시에서 수십 개의 벤처 기업이 창업하는 모습을 보게 될 것이다. 인디애나폴리스(인디애나 주)와 미니애폴리스(미네소타 주), 솔트레이크시티(유타 주)에도 벤처 기업이 들어설 것이다. 버펄로(뉴욕 주)처럼 버려진 건물이 즐비하던 도시가 신기술 부흥의 중심지로 화려하게 부활했다는 소식도 듣게 될 것이다.

▶▶▶

〈USA투데이^{USA Today}〉의 한 기자는 이렇게 쓰고 있다.

"약 15년 전에 최첨단 제조업 및 의학 연구 부문이 서서히 활기를 띠면서 올해부터 기술 및 기타 업체들이 이곳에 둥지를 틀기 시작했다. 지금은 가는 곳마다 건설용 기중기가 늘어서 있는 모습을 볼 수 있다. 현재 100만 제곱피트나 되는 거대한 솔라시티^{SolarCity} 제조 시설 건립 공사가 한창이고(10억 달러의 가치가 있음), 뉴욕주립대학 버펄로 캠퍼스 의학연구 시설들이 확장되고 있다. 또한 IBM에도 새로운 일자리가 500개나 창출됐다."

나는 버펄로에서 창업한 신생 벤처 기업 두 곳에 투자했다. 한 곳은 교통흐름 관리를 통한 에너지 절감 기술을 선보인 에너지인텔리전스^{Energy Intelligence}이고, 또 한 곳은 나노의학을 이용하여 암 치료제를 개발하는 피오피바이오테크놀로지스^{POP Biotechnologies}다.

미래의 경제 환경에서는 이러한 지역적 산업 다각화가 필수다. 카우프만 재단^{Kauffman Foundation}에 따르면 "새로운 일자리 대부분이 신생 사업체가 창출한 것이고, 지난 30년 동안 창업 후 1년이 채 되지 않은 업체가 연평균 150만 개의 일자리를 만들었다"고 한다. 다시 말해 스타트업이 바로 우리 경제의 '동력'이다. 스타트업이 형성하는 커뮤니티, 스타트업이 모집하는 인재, 스타트업이 만들어내는 제품, 스타트업이 창출하는 일자리, 그리고 스타트업이 향상시킨 우리의 생활수준 등 이 모든 것이 산업 환경을 변화시키는 중요한 요소가 된다.

'나머지의 부상'은 개인적으로도 큰 의미가 있는 현상이다. 나의 조상은 100여 년 전에 하와이제도에 정착했다. 외할아버지는 힐로에서 잡화점을 운영했고, 친할아버지는 카우아이 섬에 있는 사탕수수 농장에서 회계원으로 일했다. 부모님 두 분 다 미국 본토에서 대학을 다녔으나(아버지는 법학사 학위 취득) 졸업 후에는 곧바로 하와이로 돌아왔다. 이번에는 내 차례였다. 나 역시 본토에 있는 학교에 다니느라 고향인 하와이를 떠났다. 나는 하와이를 떠나면서 이곳으로 다시 오는 일은 없을 것이라 예감했다. 하와이에 대해 딱히 나쁜 감정을 가진 것은 전혀 아니었다. 하와이는 내 고향이고, 지금도 그것은 변함이 없다. 그러나 나는 좀 더 큰물에 가서 큰 그림을 그리고 싶었고, 그런 야심을 품기에는 호놀룰루가 너무 작다고 생각했을 뿐이다. 하지만 앞으로 차세대 기업인들은 호놀룰루든 휴스턴이든 어느 지역에서 사업을 하든 아무 상관없는 그런 시대가 펼쳐지리라는 생각을 하자 가슴이 뛰었다.

'나머지의 부상'은 투자 전략의 관점에서도 중요한 의미가 있다. 세계가 깜짝 놀랄 만한 획기적인 아이디어 중에는 벤처 자본가들이 거의 주목하지 않는 도시에서 탄생하기도 한다. 나는 지난 몇 년 동안 사무실을 박차고 나와 버스를 타고 '나머지' 지역에서 무슨 일이 일어나는지 보려고 전국을 돌아다녔다. 여러 주를 넘나들며 20여 개 도시를 방문하면서 전혀 생각지도 못한 곳에서 의외의 가능성을 목격하기도 했다. 생전 들어본 적도 없는 회사들이 '아, 나는 왜 저런 생각을 못했지?'라며 무릎을 탁 치게 만드는 기발하고 참신한 아이디어를 내놓기도 했다.

내슈빌에 갔을 때는 전자악기 제조 회사 아티폰Artiphon이란 곳을 알게 됐다. 아티폰은 클라우드 펀딩 사이트인 킥스타터Kickstarter를 통해 해당 업종 사상 가장 많은 자금을 조달했다. 그리고 2015년에는 〈타임〉에서 선정한 '25대 발명품'에 이름을 올렸다.

디트로이트에서는 시놀라Shinola를 알게 됐다. 시놀라의 창업자 톰 카르초티스Tom Kartsotis는 디트로이트가 옛 명성을 다시 찾을 것이라 굳게 믿으며, 한때 자동차 산업의 혁신을 주도했던 자동차 회사의 연구소 건물에서 사업을 시작했다. 그리고 자동차 생산 공장에서 일했던 근로자 수백 명을 재훈련시켜 아름다운 시계와 자전거, 핸드백, 노트북을 만드는 기능공으로 만들었다. 그리고 '미국산 제품이 나오는 곳'이라는 시놀라의 구호에 깃든 정신은 뉴욕, 런던, 워싱턴 D. C.를 포함한 전 세계 도시에 여운을 남기고 있다.

우리는 시놀라에 거액을 투자했다. 아마도 내가 운영하는 투자 회사 역사상 최고액일 것이다. 사실 우리는 '나머지' 도시의 부상을 위해 10억 달러 이상을 투자했다. 그러나 이는 시작에 불과했다.

3차 인터넷 혁명과 나머지의 부상

'나머지 도시'가 차세대 혁신의 중심지가 될 것이라고 확신하는 데는 크게 세 가지 이유가 있다. 가장 중요한 이유는 역시 3차 인터넷 혁명이다. 나머지의 부상과 3차 인터넷 혁명은 별개다. 그러면서도 이 두 가지 현상은 자기 강화적 방식으로 서로 충돌하는 동시에, 하나로 수렴한다.

3세대 혁신 기업인을 겨냥한 산업 대부분이 이미 지역적 차원의 산업 클러스터를 형성한 상태다. 따라서 3세대 혁신 기업인 역시 산업 생태계가 이미 조성된 곳에서 뿌리를 내리려고 한다. 2차 인터넷 혁명기에는 산업의 초점이 기술이었다. 따라서 당시 벤처 기업인들은 기술업체와 기술 부문 투자자가 몰려 있는 곳으로 모여들었다.

3차 인터넷 혁명기에는 이와는 좀 다르다. 제품이 기술을 '기반'으로 하지만 기술이 '중심'이 되는 것은 아니다. 다시 말해 기술 기반 제품이기는 해도 기술 중심의 제품은 아니라는 의미다. 제품이 앱은 사용하더라도 제품이 곧 앱은 아닌 것이다. 굳이 기술 산업 단지로 찾아 들어간다고 해도 실익이 그리 많지 않을 것이다. 그보다는 혁신하고 싶은 산업 부문의 전문가들이 모여 있는 곳에 합류하는 것이 더 큰 이득이 될 것이다.

예를 들어 농업 부문의 혁신을 원하는 회사라면 농산물 공급체계가 이미 갖춰져 있고 농업 문화에 대한 이해 수준도 높은 중서부 지역에 자리를 잡는 것이 바람직하다. 의료 부문에서 혁신을 도모하고 싶은 회사라면 팔로알토나 뉴욕보다는 상대적으로 의료 부문이 발달한 내슈빌이나 볼티모어에서 시작하는 것이 좋을 것이다. 로봇 공학기술의 한계에 도전하고 싶다면 유명한 '철강의 도시'이자 제조업의 심장부이며, 명실상부 세계 최고의 로봇 공학 과정을 자랑하는 카네기멜론대학이 있는 피츠버그가 안성맞춤일 것이다. 물론 실리콘 밸리를 찾는 사람들은 여전히 많겠지만 과거보다는 그 수가 줄어들 것이다. 어쨌거나 벤처 기업인들은 관련 전문가들이 집중돼 있는 지역으로 몰려들 것이다.

앞으로는 베이 에어리어^{Bay Area 22)}에서 사업을 시작한 벤처 기업인이나 엔지니어 중에 해당 업종의 전문가들이 밀집해 있는 곳으로 사업 본거지의 이전을 고려하는 사람이 많아질 것으로 기대한다. 물론 해당 전문가 밀집 지역으로 이주해온 외지의 벤처 기업인만이 3차 스타트업의 폭발적 융성을 주도하는 것은 아니다. 업계의 베테랑과 현지 혁신가들도 자신들이 파악한 문제를 해결하기 위해 현재 거주하고 있는 지역, 즉 '나머지 지역'으로 분류되던 해당 지역에서 창업을 시도할 것이다.

2차 인터넷 혁명 때는 젊은 나이에 벤처 사업에 뛰어들어 수십억 달러 가치가 있는 회사로 키워낸 20대 컴퓨터 프로그래머들의 성공 스토리가 줄을 이었다. 3차 인터넷 혁명 때도 이와 비슷한 성공 스토

---

22) 샌프란시스코를 중심으로 한 광역 대도시권으로서 실리콘 밸리가 위치한 곳

리를 들을 수 있을 것이다. 그러나 이번에는 20대 프로그래머가 아니라 30대 농부, 공장 근로자, 요리사, 예술가 등이 그 주인공이 될 가능성이 더 크다. 자신이 일하는 분야에서 발생한 문제를 누구보다 먼저 인식하고, 다른 사람(전문가)의 능력을 활용하여 창업한 이들이 3차 혁신 산업 환경에서 성공 스토리의 주인공이 되는 것이다.

파트픽^{Partpic}의 창업자이자 애틀랜타에서 있었던 '나머지의 부상과 관련 업체의 사업 설명 경연 대회'의 우승자 주얼 벅스^{Jewel Burks}가 그 좋은 예다. 이 경연 대회에 참가한 현지 벤처 기업인들은 상금 10만 달러를 놓고 저마다의 사업 계획을 발표하였다.

벅스는 애틀랜타에서 산업 부품을 생산하는 회사에서 일하고 있었다. 그런데 원하는 부품이 아니라 다른 것이 왔다며 불만을 토로하는 고객의 전화를 자주 받았다. 벅스는 고객이 특정한 용도로 사용할 나사못이나 대갈못을 사고 싶어 하지만 대다수가 그 부품의 실제 이름이나 부품 번호 같은 것도 잘 모른다는 사실을 알게 됐다. 그래서 어림짐작으로 대충 주문을 하는 경우가 많다 보니 자신이 원하는 부품이 아니라 엉뚱한 것을 받고 분개하는 일이 많았던 것이다.

그때 벅스에게 한 가지 아이디어가 떠올랐고 친구인 제이슨 크레인^{Jason Crain}에게 전화를 걸었다. 그는 당시 노래 찾기 앱 개발 회사 샤잠^{Shazam}에서 근무하고 있었다. 벅스와 크레인은 설명 글이 아니라 사진을 보고 부품을 찾아내는 방식을 생각해냈다. 일단 고객이 교체하고 싶은 부품의 사진을 찍어 올리면 소프트웨어가 알아서 그 부품을 찾아내 고객에게 보내주는 시스템이었다.

이처럼 실제 경험을 바탕으로 한 실질적인 해결책은 고부가가치를 창출하는 벤처 기업의 창업으로 이어질 수 있다. 그러나 전통적 기준의 기존 스타트업 환경에서는 이러한 아이디어가 나오기도 어렵고, 이를 바탕으로 창업을 추진하는 일도 극히 드물다. 무엇보다 기존의 스타트업 기업인들은 벅스처럼 현장에서 일하는 사람들이 아니므로 그러한 불만 전화를 받을 일은 거의 없다. 또 그러한 문제가 자주 발생한다는 사실도 알 리가 없기 때문에, 문제의 해결책에서 창업의 기회가 생긴다는 사실도 알 리 없다.

물론 3차 인터넷 혁명이 '나머지의 부상'에서 중요한 역할을 하는 것은 사실이지만, 이것이 '나머지의 부상'을 이끄는 유일한 요소는 아니다. 이외에 문화적 요소도 무시할 수 없다. 캘리포니아는 살기 좋고 일하기도 좋은 멋진 곳임에는 틀림없다. 그러나 캘리포니아로 가는 사람 전부가 그곳에서 영원히 살고 싶어 하는 것은 아니다. 중서부 지역 사람이라면 고향에서 일할 기회를 반기지 않을 리 없다. 자신이 태어나고 자란 곳이라면 생활방식이나 문화도 자신에게 딱 맞을 것이고, 일을 통해 지역 사회의 미래에 공헌한다는 의미도 있을 테니 말이다.

그리고 재정적인 부분도 또 하나의 요소가 된다. 내가 가봤던 '나머지' 도시는 대부분 물가가 매우 쌌다. 반면에 샌프란시스코는 세계에서 물가가 가장 비싼 도시 가운데 하나다. 뉴욕도 역시 물가가 엄청나게 비싸다. 신시내티(오하이오 주)처럼 물가가 조금 싼 도시에서 창업

한다면 간접비 부담이 확실히 줄어들 것이다. 신시내티 정도라면 초기 자본 10만 달러로 벤처 기업을 차리는 데 큰 무리는 없을 것이다. 하지만 샌프란시스코라면 이야기는 달라진다. 10만 달러로는 시간제 엔지니어 한 명을 고용하고 여럿이 함께 쓰는 사무실의 한 귀퉁이를 얻고 나면 남는 것이 없을 것이다.

빅이지(Big Easy)[23]에서 기회를 찾다

극작가 테네시 윌리엄스Tennessee Williams의 말 중에 자주 인용되는 말이 있다.

"미국에는 뉴욕, 샌프란시스코, 뉴올리언스 이 세 도시밖에 없다. 그 외 지역은 그냥 다 클리블랜드(오하이오 주) 같은 시골이다."

두 번째 문장에는 동의할 수 없으나 어떤 면에서 보자면 첫 번째 문장은 아주 정확한 표현이다.

뉴올리언스는 오래 전부터 주요 경제의 중심지였다. 철도와 항공 시스템이 자리 잡기 전에는 미시시피 강이 주요 운송로 역할을 하며 사람들과 화물을 실어 날랐다. 1840년에는 '런던, 리버풀, 뉴욕에 이어 세계에서 네 번째에 해당하는 상업항'이 됐다. 그러나 최근에는 이러한 옛 명성을 뒤로 한 채 쇠퇴의 길을 걸었고, 태풍 카트리나가 강

------

23) 뉴올리언스의 별칭

타하면서 뉴올리언스는 아주 쑥대밭이 돼버렸다.

2005년 8월에 시속 약 200킬로미터의 강풍을 동반한 카트리나가 뉴올리언스와 주변 지역을 휩쓸고 지나갔다. 우리는 공포에 휩싸인 채 제방이 무너지고 거리가 물바다가 되는 모습을 지켜봐야 했다. 이 때 도시의 80%가 물에 잠겼고, 2,000명에 육박하는 사람들이 목숨을 잃었다. 뉴올리언스는 그야말로 뼈만 앙상하게 남은 상태가 되고 말았다.

사실 카트리나가 결정타가 되기는 했으나, 그 이전부터 뉴올리언스는 이미 쇠퇴의 조짐을 보이고 있었다. 이러한 조짐은 위태위태한 공립학교에서 확인할 수 있었다. 상급 학교에 진학하는 학생은 전체의 30%밖에 안 됐으며, 졸업률과 학업 성취도도 매우 낮았다.

젠 메드베리Jen Medbery가 신설 차터스쿨charter school 24)의 교직원으로 수학 과목을 가르치기 위해 뉴올리언스로 온 것은 2008년이었다. 카트리나가 이 지역을 강타하고 난 후 채 3년이 지나지 않은 때였다. 메드베리는 자신이 여기서 뭘 해야 하는지 잘 알고 있었다. 컬럼비아대학에서 컴퓨터 과학과를 졸업한 후 2년간 아칸소 주의 한 시골 마을에 있는 TFATeach for America 25)에서 활동했다.

메드베리는 아이들을 가르치면서 자신을 포함한 동료 교사들이 출결 사항, 점수, 디텐션26) 처리 사항 등 모든 자료를 손으로 일일이

---

24) 공교육 개혁의 일환으로 등장했으며 공립학교와 사립학교의 중간 성격을 띰

25) 교육 격차 해소를 위한 공교육 지원 프로그램을 제공하는 비영리단체

26) 잘못을 저지르거나 규율을 어긴 학생을 방과 후에 남게 하는 벌

기록하는 일에 너무 많은 시간을 빼앗긴다는 것을 알게 됐다. 하지만 교사들끼리 이런 자료를 공유하여 더 나은 결정을 내리는 데 충분히 활용할 수도 없었다. 사실 이렇게 하려면 시간과 노력도 많이 들어가고 교실에서 학생들을 가르칠 때 사용해야 할 귀중한 자원도 많이 소요된다.

이러한 문제점을 포착한 메드베리는 2009년에 학교나 교사가 수집한 자료를 좀 더 편리하고 유익하게 활용하게 한다는 취지에서 킥보드^{Kickboard}라는 회사를 설립했다. 이 플랫폼을 통해 교사는 전체적인 관점에서 학생들을 관찰하고, 각 학생의 학업 성취도를 좀 더 큰 틀에서 비교 분석할 수 있다. 어떤 학생이 이 수업이나 저 수업이나 다 똑같이 못한다면 그 부분에 대해 지적해야 한다. 그런데 이 학생이 다른 수업은 잘해낸다면, 다시 말해 쪽지 시험에는 약하지만 쓰기 과제는 잘 수행한다면 교사는 그 이유가 무엇인지에 관해 비교 분석을 통해 알아낼 수 있을 것이다.

이 플랫폼은 교사에게만 유용한 것이 아니다. 학교도 각 교사의 교수방법과 효과 등을 지켜볼 수 있고, 이러한 방대한 분석 자료를 바탕으로 맞춤형 교육 과정을 개발하거나 다음과 같은 기타 행정적인 사항을 결정할 수 있다. '여러 교사가 훈육과 관련하여 같은 문제를 제기하는 경우 새로 도입할 훈육정책으로는 어떤 것이 가장 적합할까?' '학생들의 읽기 능력이 학습 기준에 못 미친다면 읽기 담당 교사에게 어떤 학습 자원을 제공해야 할까?'

학부모도 자녀의 학업 수행 상황을 실시간으로 확인할 수 있다. 예를 들어 빌리가 한 주에 두 번이나 디텐션을 받았거나 마리아가 숙제를 해오지 않았다면 그 사실을 부모도 알게 되고, 이에 관해 교사와 상의할 수 있다. 철저히 자료를 바탕으로 분석함으로써 학생이 쪽지시험을 통과하지 못했다면 그 이유가 무엇인지 확인하여 교사와 학부모가 학생에게 도움이 되는 방향으로 지도할 수 있는 방안을 논의할 수 있다.

뉴올리언스는 킥보드의 실효성을 가늠해볼 수 있는 매우 완벽한 시험 무대였다. 카트리나라는 큰 재난을 겪은 이후 뉴올리언스의 거의 모든 공립학교가 차터스쿨로 전환됐기 때문이다. 차터스쿨의 독립성 그리고 무너진 교육체계의 재건을 목적으로 한 스타트업의 특성이 접목되면서 학교 차원에서 새로운 교육정책을 신속하게 채택할 수 있었다. 그 결과 뉴올리언스 관내의 차터스쿨이 하나둘씩 킥보드를 활용하기 시작했다.

메드베리는 뉴올리언스 지역 일간지 〈타임스피카윤Times-Picayune〉에서 이렇게 말했다.

"미국에서 이런 혁신을 허용하는 도시는 뉴올리언스밖에 없다."

뉴올리언스는 이제 교육공학 관련 벤처 기업이 파트너십을 맺고 싶어 하는, 그래서 다른 곳에서는 거의 불가능한 방식으로 혁신을 도모하고 싶어 하는 그런 도시가 됐다. 이러한 협력관계가 유지된다면 성공은 필연적이다. 팀 윌리엄슨Tim Williamson의 아이디어 빌리지Idea Village 처럼 메드베리 같은 기업인 지원 운동을 벌이는 조직이 이미 생겨났다. 이러한 환경은 더 많은 교육 혁신가를 자연스럽게 뉴올리언스로 끌어들여 TFA나 스타트업에 합류시키는 역할을 할 것이다. 따라서 앞으로 뉴올리언스에서 교육공학 관련 벤처 기업이 더 많이 탄생할 것이다. 그러면 교육 공학에 관심이 있는 투자자도 뒤따라 이 새로운 분야에 투자할 것이고, 자립적 교육 생태계를 조성하는 일에 한몫하게 될 것이다. 이미 뉴올리언스에는 200명당 한 개꼴로 스타트업이 있다. 이는 전국 평균보다 56%나 높은 수치다. 한때 불가능해 보였던 일이 현실이 됐다. 물론 뉴올리언스를 두고 하는 말이다. 수많은 사람이 포기하고 싶어 했던 도시가 다시 부활의 기지개를 켜고 있다.

장벽 낮추기

'나머지의 부상'은 그 자체로 매우 중요한 사건이다. 이러한 현상이 3차 인터넷 혁명과 맞물리면서 수많은 도시의 정체성이 재정립되고 있다. 즉 3차 인터넷 혁명이 주도하는 변화의 경제적 가치를 전 지역이 폭넓게 공유할 수 있다는 의미이다.

이러한 변화는 비단 경제 부문에서만 중요한 의미를 갖는 것은 아니다. 나머지의 부상은 변방에 속해 있던 지역에서 필요로 하는 인력과 아이디어 양 측면에서의 다양성을 촉발할 것이다. 실리콘 밸리는

'다양성의 부재'라는 고질적인 문제를 안고 있다. 〈뉴욕타임스〉에 따르면 2015년에 페이스북은 미국 내 전체 근로자 가운데 남미계는 단 4%라고 발표했다. 구글도 이와 비슷한 결과를 내놓았으며 이러한 상황은 수년간 거의 변함이 없었다.

'나머지의 부상'은 곧 '기회의 다양성'이라는 차원에서 이해할 수도 있다. 나머지 지역의 부상이 본격화하면 같은 아이디어를 가진 비슷한 부류의 사람들에게로만 몰리던 투자 자금 흐름의 순환고리를 끊을 수 있다. 샌프란시스코 지역의 문제만이 아니라 변방 지역의 문제에 초점을 맞춘 사업도 성장의 기회를 잡을 수 있다. 그리고 개인의 배경이나 출신 지역과 관계없이 누구든 벤처 기업인으로 성장할 수 있다.

나머지의 부상은 비단 3차 인터넷 혁명의 열매를 고루 나눠가진다는 의미를 넘어 스스로 가치 있는 열매를 생성해낸다는 면에서 큰 의미가 있다. 우리는 이제 더 많은 문제를 해결하고자 더 많은 사람이 더 많은 벤처 기업을 창업하여 더 많은 기회(이제 실리콘 밸리에서는 거머쥐기 어려운 기회)를 잡는 모습을 목격할 수 있을 것이다. 그리고 이러한 신생 기업의 경영자들은 다양성을 지닌 CEO 군(群)을 형성하게 될 것이다. 배경, 출신 지역, 인종 등 여러 가지 차원에서 다양성을 지닌 기업인들이 새로운 기업을 이끌어나가는 장면, 즉 미국 기업 역사상 지금까지 볼 수 없었던 장면을 보게 될 것이다.

극복해야 할 문제

지금까지 기존의 3대 경제 중심지 이외의 지역에서 창업하는 것의 잠재적 이점을 충분히 설명했다. 그러나 이러한 이점 외에도 극복해야 하는 문제가 있다. 이는 그냥 짐 싸들고 변방 도시로 훌쩍 날아가는 것만으로 간단히 해결되는 그런 만만한 문제들이 아니다.

일단 '실리콘 밸리'라는 이름값을 무시할 수 없다. 실리콘 밸리 이외 지역에 둥지를 틀면 사람들은 실리콘 밸리에 입성할 만큼 대단한 회사가 아니거나, 별로 대단한 일을 하는 것은 아니라는 선입견을 가지기 쉽다. 이러한 생각과 싸우는 것이 급선무다.

최근에 나는 런던에서 열린 벤처 기업인과 투자자 모임에 참석했다. 이 자리에서 사람들에게 실리콘 밸리에 있는 회사와 런던에 있는 회사 간에 가치의 차이가 있는지 물어봤다. 그러자 런던 소재 기업의 가치는 샌프란시스코(실리콘 밸리) 소재 기업의 절반밖에 안 된다는 대답이 돌아왔다. 런던은 세계적인 도시이자 금융 중심지고 스타트업 환경도 잘 조성돼 있다. 그런데도 대다수 벤처 투자자는 런던을 외면하고 있다. 지역에 따라 기업에 대한 가치평가가 이렇게 달라지는 환경에서 만약 샌프란시스코가 아닌 아이오와 주 디모인에서 창업한다고 생각해보라.

디모인에 있는 기업이라는 이유로 낮게 평가된다면 이는 자존심이 상할뿐더러 고향에 대한 자긍심에도 큰 상처가 된다. 더불어 이처럼 낮은 평가를 받는다는 것은 투자를 받기가 그만큼 어렵다는 의미다. 투자를 충분히 받지 못한다면 싼 물가 덕분에 절감됐던 간접비의 효과도 상쇄될 것이다. 그러나 장기적으로 보면 나머지 지역 스타트업의 가치는 정상 수준에 이를 것이다. 저평가 때문에 초기의 자본 조달 규모는 미미할 수 있지만, 뛰어난 실적을 내며 성장세를 이어간다면 자본 시장에서도 주목하게 될 것이다. 아마존이 라스베이거스에 소재한 인터넷 멀티 쇼핑몰 자포스Zappos를 인수할 때, 그리고 소프트웨어 개발 회사 세일즈포스Salesforce가 인디애나폴리스에 소재한 이그젝트타겟ExactTarget 27)을 인수할 때 제값을 다 치렀다는 사실을 기억하라. 두 경우 모두 지역적 '핸디캡' 때문에 인수 가격이 낮아지지는 않았다.

또 변방 지역에서 창업하면 인재를 모으는 데도 어려움이 있다. 브루클린(뉴욕 주)에 거주하는 엔지니어를 무슨 수로 보이시(아이다호 주)로 데려오겠는가? 대체 뭐라고 설득해야 이 사람의 마음을 움직일 수 있을까? 결코 쉽지 않은 일이다.

그러나 나는 이러한 문제의 이면도 목격했다. 1950년대에 윌리엄 쇼클리William Shockley가 반도체 회사를 차리기 전까지 실리콘 밸리는 그냥 사과밭이었다. 마찬가지로 워싱턴 D. C. 또한 빌 폰 마이스터 같은 기업인이 창업을 결심하기 전까지는 정부 조달업자들이 판을 치던 지역이었다. CVC(AOL의 전신)가 실리콘 밸리에서 3,000마일(약 4,800킬로미터)이나 떨어진 워싱턴 D. C. 근교에 자리를 잡은 것도 이러한 차원에서

---

27)   주문형 이메일 마케팅 및 일대일 디지털 통신 소프트웨어 솔루션 제공 회사

이해하면 될 것이다.

순조로운 시작을 기대하기는 어려운 상황이었다. 뉴욕, 샌프란시스코, 시카고, 보스턴 심지어 캐나다 토론토에서도 자금을 조달했으나 워싱턴에서는 만만치 않았다. 또 워싱턴 D. C.의 안정적인 직장을 버리고 미래를 보장할 수 없는 창업 기업으로 오라고 설득할 명분도 부족했다. 그러나 우리가 채용한 사람들 대부분이 자발적으로 합류를 결정한 사람들이었다. 한마디로 그렇게 어려운 상황에서 우리와 함께 하기로 한 사람들은 혁신에 대한 의지와 사명감 혹은 도전의식이 투철하다. 이들은 스타트업 사이를 이리저리 옮겨 다니는 베이 에어리어 출신들보다 우리의 사명에 대한 믿음이 더 확고한 사람들이다. 이것이 더 강한 조직 문화와 강한 팀을 만드는 데 큰 도움이 됐다.

그리고 정계 인물을 끌어들이는 데도 캘리포니아를 본거지로 삼을 때보다 훨씬 유리했다. 로널드 레이건 행정부에서 국무장관을 지냈던 알 헤이그^Al Haig가 1980년대 중반에 합류하면서 회사의 신용도를 높이는 데 큰 도움이 됐다. 프랭크 레인즈^Frank Raines 역시 백악관 예산관리국^Office of Management and Budge 국장직에서 물러난 직후인 1990년대 말에 이사회에 합류했다. 이때 콜린 파월^Colin Powell도 이사회 임원이 됐다. 고맙게도 파월은 우리가 만든 베타 버전 상품을 열심히 사용해본 후 결함이 발견되면 즉시 피드백해줬다. 이들 외에도 관직에서 물러난 정부의 고위 인사를 많이 채용했다. 우리의 활동 본거지가 워싱턴인 만큼 정가 인물과 접촉할 시간도 더 많아서, 미국에서 가장 힘 있는 권력자들과 친밀한 관계를 유지할 수 있었다. 어찌 보면 우리는 이 부분에서 '홈 어드밴티지'를 한껏 누렸다고 할 수 있다.

30년 전의 워싱턴 D. C. 상황은 지금으로 따지면 '나머지 도시의 부상'을 연상케 하는 모습이었다. 그 당시 나는 워싱턴 D. C.가 스타트업의 중심지로 떠오르는 것을 지켜보면서 다른 지역에서도 이 같은 현상이 재현될 수 있다는 확신이 들었다.

최근에 스미소니언 미국역사박물관에서 '발명의 장소'라는 주제로 전시회가 열렸을 때 실리콘 밸리도 당연히 그 안에 들어 있었다. 그렇다면 코네티컷 주의 주도(州都)인 하트퍼트도 그 목록에 들어 있었을까? 미네소타 주에 있는 세계적인 의학 단지 메디컬 앨리는? 콜로라도 주의 포트콜린스는? 모두 목록에 있었다.

역사를 돌이켜보면 혁신은 생각지도 못한, 전혀 그럴 것 같지 않은 곳에서 이루어지는 경우가 많다. 그리고 이러한 의외의 역사는 또다시 재현될 것이다. 가상현실 관련 기술업체인 매직립^{Magic Leap}이 아무도 모르게 구글과 알리바바를 포함한 거물 투자자로부터 10억 달러가 넘는 자본을 조달한 것이 그 좋은 예다. 이 회사가 어디에 있는지 아는가? 플로리다 주 포트로더데일에 있다. 최첨단기술 회사는 팔로알토(스탠퍼드대학 박사 학위 출신자들이 넘쳐남)나 보스턴(MIT 졸업생들이 우글댐)에서 자리를 잡는 것을 당연시하던 2차 인터넷 혁명기라면 불가능했을지도 모른다. 이제 나머지 도시의 부상이 시작되고 있으며, 앞으로 10년 동안 이러한 흐름은 계속될 것이다.

제**8**장

두 마리 토끼를 잡는
임팩트 투자

• ••

　　　　　　　지난 수십 년 동안 경제계는 "기업의 사회적 책임은 이익을 증대시키는 데 있다"는 밀턴 프리드먼^{Milton Friedman}의 말을 금과옥조처럼 신봉해왔다. 투자자들은 특히 더 그랬다. 영업이익에서 전용한 돈은 무조건 미실현이익으로 간주하는 투자자들로서는 이익과 사회적 영향 두 가지를 모두 추구해야 한다고 주장하는 CEO가 영 마뜩잖을 것이다. 그러나 이런 자세야말로 3차 인터넷 혁명의 주류(主流)가 될 '임팩트 투자^{impact investing 28)}'로 가는 변화의 출발점이다.

　　100년 전만 해도 투자자들은 '이익'에 주로 초점을 맞췄다. 그러나 시간이 지나면서, 또 대공황 같은 재앙적 사건들을 겪으면서 투자자들도 '위험' 요소를 고려해야 한다는 사실을 깨달았다. 지금은 여기에 '임팩트(사회적 영향)' 요소까지 추가되는 상황이다.

　　임팩트 투자는 전통적인 사업과 자선 사업 그리고 금전적 이익과

---

28)　세계가 직면한 전 지구적인 사회문제를 해결하는 데 도움이 되는 투자

사회적 이익 사이를 연결하는 다리라고 할 수 있다. 신생 기업에 투자할 때는 금전적 이익을 기대하는 반면, 비영리조직에 투자할 때는 금전적 이익이 아니라 사회적으로 뭔가 도움이 되는 결과가 나오기를 기대하는 것이다. 이 두 가지를 다 충족시키는 행위가 바로 임팩트 투자다. 이러한 임팩트 투자는 이익과 사회적 목적이라는 두 가지 요소를 모두 추구함으로써 금전적 이익과 동시에 사회적 이익을 기대할 수 있다.

떠오르는 임팩트 투자

3차 인터넷 혁명과 임팩트 투자는 분명히 별개의 현상이다. 그러나 나머지 지역의 부상과 3차 인터넷 혁명 간의 관계와 마찬가지로 이 두 가지도 상호 강화적인 관계성을 지닌다. 즉 3차 인터넷 혁명과 임팩트 투자가 상호 보완적, 상호 강화적, 상호 지지적 관계를 형성하며 동반 작용하는 것이다. 실제로 3차 인터넷 혁명의 등장과 함께 임팩트 투자는 하나의 '생각'에서 실질적인 '추세'로 자리 잡고 있다.

3차 혁신 산업이 우리의 일상생활에 미치는 영향이 지대하다는 사실을 인식한 스타트업이라면 '사회적 이익'을 자사의 주요 사명으로 이미 인식하고 있을 것이다. 그러면 투자를 통해 더 좋은 세상을 만들고 싶어 하는 투자자의 관심을 끌 수 있다. 그리고 '임팩트 투자'

가 쇄도하면 다른 기업으로 하여금 이와 비슷한 사업 모형을 채택하게 하는 효과가 있을 것이다.

3차 인터넷 혁명과 매우 흡사하게 임팩트 투자는 주로 밀레니얼이 주도하고 있다. 다른 연령대와 비교할 때 밀레니얼에 속하는 투자자들은 자신들이 선택한 투자 결정으로 사회 전체에 긍정적인 변화를 일으키는 일에 큰 관심을 갖고 있다. 또 전체 노동인구 가운데 가장 빠르게 성장하고 있는 연령대이기도 한 밀레니얼 근로자들은 기업의 사회적 기여도나 사회적 영향을 기준으로 직장을 선택한다. 그리고 투자는 그러한 가치를 실현하는 하나의 수단으로 인식한다. 또한 밀레니얼 소비자는 구매행위를 통해서도 사회에 긍정적인 영향을 미치고 싶어 한다. 그러므로 뛰어난 인재를 끌어들이고, 고객 충성도를 유지하고, 투자를 유치하려면 경영을 '잘'하는 것 외에도 사회에 도움이 되는 '좋은' 일을 하는 것이 반드시 필요하다.

정책 입안자들 역시 임팩트 투자를 장려하고 있다. 2013년에 G8 주요 8개국은 임팩트 투자 시장의 발전을 촉진한다는 취지에서 '사회적 임팩트 투자 태스크포스Social Impact Investment Taskforce'를 구성했다. 미국에서는 수십여 개 주에서 '착한 기업Benefit corporations 혹은 B corporation 29)'과 관련된 법안을 통과시켰다.

착한 기업은 사회적 목적이나 영향에 대한 부분을 정관에 명시하

---

29) 이윤을 추구하는 일반 기업과 공익적 목적을 갖는 사회적 기업의 중간에 위치하는 기업

여 경영진으로 하여금 이익의 극대화에만 초점을 맞추는 것이 아니라, 일자리 창출이나 환경과 같은 사회적 기준에도 초점을 맞추게 한다. 2015년 킥스타터Kickstarter, 워비파커Warby Parker, 파타고니아Patagonia, 엣시Etsy 등을 포함하여 착한 기업의 수는 1,500개가 넘는다.

가장 중요한 사실은 임팩트 투자가 활성화된 것은 그 효과가 입증되었기에 가능했다는 것이다. 기업은 오로지 이익을 추구하는 데만 초점을 맞춰야 한다는 밀턴 프리드먼의 주장을 여전히 신봉하는 투자자들이 많다. 임팩트 투자를 비판하는 사람들은 사회적 목적과 기업의 이익을 동시에 추구하면 인센티브체계에 혼란을 야기할 수 있고, 금전적 성과도 기껏해야 최선이 아닌 차선에 머물 수밖에 없다는 점을 우려한다. 이러한 시각을 가진 사람들에게 임팩트 투자는 수상 가옥[30] 같은 존재다. 수상 가옥은 좋은 집도 아니고, 그렇다고 좋은 배도 아니다. 한마디로 죽도 밥도 아니라는 의미다.

그러나 현실은 이와는 좀 다르다. 2015년에 와튼스쿨(펜실베이니아대학교 경영대학원)에서 53개 사모펀드를 평가한 결과 임팩트 투자로 사회적 이익을 도모하면서도 목표 수익을 달성할 수 있다는 결론에 도달했다고 발표했다. 상당히 고무적인 내용을 담고 있는 이 보고서에 따르면 임팩트 투자는 수상 가옥보다는 브런치 쪽에 더 가깝다는 점을 시사한다. 즉 그냥 아침보다 더 좋고, 그냥 점심보다 더 좋은 그런 것 말이다.

---

30) 지붕을 씌워 집처럼 사용하는 작은 배

나와 아내 진은 "많이 받았으면 그만큼 많이 베풀어야 한다"는 말을 신봉하고 있다. 이 말을 실천하자는 차원에서 진은 1996년에 AOL을 그만두고 1997년에 케이스 재단^{Case Foundation}을 설립하여 운영하기 시작했다.

우리는 일단 공익을 위해 중요한 일이라고 판단되는 곳에 드러내지 말고 조용히 투자하자는 원칙을 세웠다. 그래서 웹사이트도 만들지 않고 조용히 움직이기로 했다. 인터넷을 기반으로 생성된 재단이 인터넷을 사용하지 않는다는 것이 아이러니하기는 했지만, 그런 부분은 신경 쓰지 않았다. 우리 재단은 스페셜올림픽^{Special Olympics} [31]과 해비타트^{Habitat for Humanity} [32]를 비롯하여 수많은 조직에 자금을 지원했고, 이 돈이 가치 있게 쓰였다는 사실에 큰 자부심을 느낀다. 또 우리는 디지털 양극화^{digital divide} 해소를 위해 파워업^{PowerUP} 같은 프로그램을 직접 진행하기도 했다.

그러나 시간이 지나면서 이 조직들과 지금까지와는 다른 방식으로 교류하기 시작했다. 이들은 우리가 지원하는 자금을 고맙게 사용하고 있다. 하지만 그보다 우리 때문에 이러한 조직이 사람들에게 알려지고, 그래서 자신들의 신뢰도가 높아진 부분이 더 고맙다고 말했

---

[31] 지적 장애인들이 참가하는 국제 경기 대회

[32] 빈곤층의 열악한 주거 환경 개선을 돕는 비영리 국제 조직

다. 사람과 사람을 서로 연결시키는 네트워크야말로 우리가 제공할 수 있는 최상의 지원이었다.

시간이 지나면서 우리가 기업을 운영해서 벌어들인 돈보다는 그 때의 경험과 기술이 어쩌면 훨씬 더 가치 있고 훨씬 더 유용한 '자원' 이 될 것이라는 생각이 들었다. 그래서 과거에 우리가 창업 기업을 성공적으로 키워내는 데 결정적 역할을 했던 그 기술, 즉 같은 목적을 위해 연합하여 기업, 비영리조직, 정부를 망라한 포괄적 파트너십을 구축하는 기술을 활용하기 시작했다. 그리고 이러한 움직임은 새로운 유형의 사회공헌 방식, 즉 임팩트 투자의 활성화로 이어졌다.

임팩트 투자야말로 여기에 딱 맞춤한 방식이었다. 화수분을 품고 있지 않는 한 금전적 지원이 마냥 가능하지만은 않다는 사실을 깨달은 진은 도움의 손길을 필요하다는 사실을 드러내기 시작했다. 사회적인 문제를 해결하는 유일한 방법은 기업과 정부, 자선 단체, 비영리조직 등이 유기적으로 협력하는 것이라고 주장했다. 이후로 우리는 줄곧 임팩트 투자의 활성화를 위해 노력했다.

우리가 하는 임팩트 투자는 사실상 재정적 투자 범주에 속할 때가 종종 있었다. 뇌질환의 진단과 치료에서부터 팔레스타인 지역에서의 창업 지원에 이르기까지 다양한 일을 하는 임팩트 펀드에 투자하는 경우가 여기에 해당한다. 그러나 대부분은 파트너십을 구축하는 일에 초점을 맞췄다.

▶▶▶

미 정부가 '스타트업 아메리카 파트너십Startup America partnership'이라고 하는 지역 창업 지원 계획을 추진하면서 우리에게 손을 내밀었다. 그러나 정부는 우리의 '돈'이 아니라 '도움'이 필요했다. 그래서 카우프만 재단Kauffman Foundation과 파트너십을 맺고 10여 개 기업과 연대하여 수십여 곳의 스타트업 지구에서 창업 지원 활동에 나섰다.

임팩트 투자에 관심이 있는 사람이 자신의 은퇴 자금을 임팩트 펀드에 투자할 수 있게 하려면 규정 변경이 필요할 수도 있다. 이에 도움을 주기 위해 우리는 임팩트투자국가자문위원회National Advisory Board on Impact Investing에 합류하여 규정 변경을 촉구했다. 그리고 2015년에 마침내 핵심 조항이 변경됐다.

케이스 재단은 임팩트 투자를 지원하는 동시에 스스로 임팩트 투자자가 됐다. 2014년에 진이 '사우스 바이 사우스웨스트South by Southwest, 이하 SXSW 33)'에서 연설을 했던 것이 기억난다. 진은 케이스 재단 대표로 연사로 나섰고, 나는 투자 회사인 레볼루션을 대표하여 그 자리에 참석했다. 이때 진은 사회적 공헌도가 큰 기업들을 소개하는 슬라이드를 준비하여 연단에 올랐다. 그 기업들에 대한 이야기를 듣던 중 한 기업이 특히 내 관심을 끌었다. 그곳은 바로 레볼루션푸드Revolution Foods였다.

---

33) 텍사스 주 오스틴에서 매년 봄에 개최되는, 음악, 영화, 게임 의료 등 문화 콘텐츠와 IT 관련 산업을 아우르는 창조 산업 박람회

레볼루션푸드

래볼루션푸드(나의 투자 회사 레볼루션과는 아무 관련이 없다)는 2006년에 크리스틴 그루스 리치먼드^{Kristin Groos Richmond}와 커스텐 사엔즈 토베이^{Kirsten Saenz Tobey}가 설립한 기업이다.

이 두 사람은 공립학교에서 일하면서 학교 급식에 크게 실망했다. 그들은 기업인으로서, 특히 정부 원조가 불충분한 지역의 학교 급식 체계를 바꾸는 데에 사업적 기회가 있다고 봤다. 즉 200억 달러 규모에 달하는 급식 시장에서 학생들의 건강에 긍정적인 영향을 주는 사업을 추진하는 것이다.

두 사람은 기존의 역기능적 식품공급체계가 어떤 결과를 낳고 있는지 눈으로 직접 확인했다. 기존 업체들은 자신들의 배를 불리기 위해 수십억 달러를 들여 아이들에게 기름지고, 짜고, 단 음식을 먹이고 있었다. 학교는 이러한 잘못된 체계의 희생자가 됐고, 덕분에 미국은 세계에서 아동 비만율이 가장 높다는 불명예를 안게 됐다. 이렇게 미국인들은 스스로 건강을 위해 올바른 선택을 할 수 있는 나이가 되기도 전에 이미 만성질환의 늪에 발을 들여놓게 되는 것이다.

디트로이트공립학교영양국^{Detroit Public Schools' Office of Nutrition}의 베티 위긴스^{Betti Wiggins} 국장은 〈뉴욕타임스〉와의 인터뷰에서 이렇게 말했다.

"비만 문제가 심각하다. 우리는 지금 체육과 보건 수업은 다 없애

▶▶▶

고, 아이들에게 그저 먹을 것만 날라다 주고 있다."

레볼루션푸드의 창업자들은 이런 문제를 해결하기 위해 학교 급식 회사를 차렸다. 그들은 아이들이 좋아하고 건강에도 좋은 음식을 저렴한 가격에 제공할 수 있다고 생각했다. 그리고 여기서 더 나아가 일반 가정에서도 건강에 좋은 음식을 먹을 수 있도록 하겠다고 다짐했다. 그들은 결국 이러한 비전을 구체화하기 시작했다.

우리는 SXSW 일정을 끝내고 나서 레볼루션푸드에 혹시 자본 조달 계획이 있는지 알아보기로 했다. 레볼루션푸드의 초기 투자자는 우리의 오랜 친구이자 임팩트 투자의 선도자인 낸시 펀드[Nancy Pfund]였다. 나는 재단 차원에서 임팩트 투자를 사회적 공헌방식의 새 지평으로 삼고 싶었다. 또 한편으로는 투자 회사를 운영하는 투자자의 한 사람으로서 식품의 미래에 초점을 맞추는 전략을 추진하기로 했다.

그날 오후에 나는 낸시 펀드에게 이런 의지를 담은 메일을 보냈고, 펀드는 곧바로 나를 이 회사와 연결시켜줬다. 몇 개월 후 내 투자 회사인 레볼루션에서는 3,000만 달러에 육박하는 벤처 기업 성장기금을 마련하여 이곳에 투자했다. 그리고 2015년에는 1,500만 달러를 추가로 투자했다.

거대한 흐름

임팩트 투자는 여전히 걸음마 단계에 있다. 2013년 당시 세계의 부는 150조 달러가 넘는데 임팩트 투자 규모는 고작 500억 달러 수준이었다. 그러나 이제 변화가 일어나고 있다. 2020년이 되면 임팩트 투자 규모가 지금보다 20배로 증가하여 1조 달러 이상은 될 것으로 전망하고 있다.

주요 기관투자자도 임팩트 투자에 주목하게 될 것이다. 최근에는 세계 최대 자산관리 회사, 세계 10대 투자은행, 주요 사모펀드 투자자 등 금융계 큰손들이 임팩트 투자 전담팀을 구성하여 투자 자금의 조달과 운용 및 관리 업무를 맡기는 추세다. 임팩트 투자는 이제 지류(支流)에서 주류(主流)로 거듭나고 있다.

우리는 지금까지 3차 인터넷 혁명, 나머지 지역의 부상, 임팩트 투자 등 세 가지 주류가 하나로 합쳐져 대혁신의 대세(大勢)를 이루는 모습을 지켜보았다. 그리고 그 흐름이 만들어내는 큰 기회에 한껏 기대감을 품고 있다. 이 세 가지 흐름이 계속해서 시장의 지지를 받으며 성과를 내는 한 산업 환경에는 엄청난 변화가 일어날 것이다.

3세대 혁신 기업인이 임팩트 투자자의 자금으로 나머지 지역에서 창업에 성공한다고 생각해보라. 이는 경제적 변화가 일어날 '가능성이 있다'는 정도가 아니라 변화가 '필연적'이라고 할 수 있다.

▶▶▶

제**9**장

값비싼 교훈, 신뢰

＊＊＊

1999년의 막바지를 향해갈 무렵의 AOL은 그야말로 남부러울 것 없는 위치에 있었다. 1994년에 100만 명에 불과했던 회원 수는 기하급수적으로 증가하여 2,200만 명을 넘어섰다. 그리고 이러한 증가세에 못지않게 주가도 가파른 상승세를 탔다. 1992년 상장 당시 AOL의 시가총액은 약 7,000만 달러였는데, 1997년 10월에는 시가총액이 80억 달러로 증가했다. 9개월 후에는 3배나 또 증가했다. 그리고 18개월 후인 2000년 1월에 타임워너와 합병을 선언할 당시에는 시가총액이 무려 1,630억 달러에 이르렀다. AOL은 1990년대 최고의 성장주가 되면서 1990년대를 그야말로 화려하게 마무리했다.

AOL은 인터넷 시장의 최강자가 되면서 승리의 전리품을 확실히 챙겼다. 주가 상승으로 자본을 충분히 확보할 수 있게 된 것도 그 중 하나다. 넉넉해진 자본을 바탕으로 다수 기업을 인수하기 시작했다. 이렇게 인수한 기업 가운데 가장 짭짤한 수익을 안긴 곳은 42억 달러에 인수한 넷스케이프^{Netscape}였다. 넷스케이프는 실리콘 밸리에 소재한 기업으로 웹브라우저 소프트웨어를 기반으로 일약 업계의 선도자로 떠오른 우량기업이었다. 넷스케이프의 창업자 마크 안드레센^{Marc Andreessen}은 당시 가장 성공한 청년 사업가 중 한 명이었다. AOL이 넷스케이프를 인수한 후 안드레센은 최고기술책임자가 되어 AOL 본사로 들어왔다. 안드레센은 AOL에서 1년쯤 있다가 캘리포니아로 돌아가 소프트웨어 회사를 창업했다. 이후 넷스케이프 시절의 동료였던 벤 호로위츠^{Ben Horowitz}와 벤처 캐피털 회사를 차렸다.

넷스케이프 인수를 비롯한 공격적 인수전(引受戰) 덕분에 시장 지위는 더욱 공고해졌다. 그러나 이것으로 만족할 수는 없었다. 그동안 키워놓은 기업 가치를 유지하는 한편, 사업 다각화도 모색해야 했다. 그래서 오랜 고심 끝에 다음 행보와 관련한 몇 가지 대안을 생각해냈다. 일단은 몸집을 불리는 데 초점을 맞추기로 했다. 대형 인수합병을 통해 몸집을 불리는 한편, 전략적 사업 확장을 통해 주가 상승세를 이어나가기로 했다. 그래서 수개월에 걸쳐 여러 대안을 놓고 분석 작업에 착수했다.

일단 디즈니^{Disney} 같은 회사를 인수하면 콘텐츠 부문을 증강할 수 있었다. AT&T를 인수하여 통신 서비스 부문을 보강하는 것도 한 방법이었다. 세계적인 게임 회사인 이베이나 일렉트릭아츠^{Electronic Arts} 같은 기업을 인수하여 인터넷 부문을 2배로 키우는 것도 생각해볼 수 있었다. 우리는 이 모든 대안을 동시에 추진하면서 이 기업들을 포함하여 다른 기업과도 합병 논의를 진행했다.

이러한 움직임을 보인 것에는 재정적인 부분을 고려한 측면도 있었다. 단 3년 만에 주가가 20배로 뛴 부분이 마냥 긍정적이기만 한 것은 아니었다. 인터넷 시장이 포화 상태에 도달한 것이 아닌지 슬슬 걱정되었다. 그래서 타 업종에 눈을 돌림으로써 돌파구를 찾으려 했다. 현재의 기업 가치를 유지하는 한편, 사업 포트폴리오를 확장하는 데 도움이 될 만한 기업을 찾는 것이 급선무였다. 이러한 선택은 채산성 악화에 대비한다는 차원 외에도 전략적 차원의 성장 극대화에도 그 목적이 있다. 그래서 콘텐츠 부문에 눈을 돌리는 것이 바람직하다고 판단했다.

광대역 기술이 확립되면 미디어 브랜드, 특히 영상 브랜드의 가치가 급등할 것이라고 예상했다. 그래서 디즈니에 주목하게 됐다. 그러나 이쪽에 관심이 쏠리면서도 또 한편으로는 시간이 지나면서 이 분야 시장의 진입장벽이 낮아지면 콘텐츠가 상품화될 것이고, 그렇게 되면 미디어 브랜드의 가치도 하락할 것이라는 부분이 신경 쓰였다. 이러한 측면에서 보면 통신 기반을 확충하는 쪽이 더 괜찮을 것으로 생각됐다.

AOL이 가장 우선하는 가치는 언제나 대인 간의 상호 연결성을 확보하는 것이었다. 즉 '연결성'에 가장 큰 가치를 두고 있었다. AOL은 인스턴트 메신저AIM의 성공으로 온라인 메신저업계의 최강자가 됐다. 이렇게 이룩한 시장 지위를 통신 서비스 기반을 확충하는 데 활용할 수 있겠다는 생각이 들었다(스카이프Skype가 나오기 몇 년 전이고 왓츠앱 WhatsApp이 출시되기 10여 년 전이라는 사실을 생각하라). AOL이 세계로 뻗어나가려면 AT&T 같은 유서 깊은 '브랜드'가 위력을 발휘할 것이고, 덕분에 우리의 대외 신뢰도도 높아질 것이다. 그러나 이곳의 통신 부문은 아무래도 좀 위태로워 보였다. AOL의 신기술을 포함하여 계속 등장하는 첨단기술이 AT&T의 주요 수익 창출원인 장거리 전화 사업 부문을 야금야금 잠식할 것이라고 봤다.

그래서 너무 안전하게만 가는 것 아니냐는 빈축을 살지 몰라도 다른 인터넷 기업을 인수하는 쪽이 나을 것이라고 생각했다. 문화적으로 괴리감 없이 잘 융합될 수 있고, 인터넷의 잠재력에 대한 신념을 공유하는 그런 파트너와 함께하자는 생각이었다. 이러한 부분이 충족돼야만 합병 후 조직을 관리하기 쉬워진다. 그래서 우선 이베이, 일렉트릭아츠 두 곳과 M&A 협상을 시작했다.

AOL 본사에서 타임워너와 합병 협상을 벌이는 동안 근처 회의실에서는 이베이의 메그 휘트먼Meg Whitman이 대기하고 있었다. 휘트먼은 그저 그런 스타트업이었던 이베이를 단 몇 년 만에 세계적인 기업의 반열에 올려놓은 아주 뛰어난 경영자였다. 사실 타임워너와의 협상이 어그러졌다면 휘트먼과 인수 계약을 체결할 생각이었다. 그러나 같은 업종의 기업을 인수하여 인터넷 부문을 더 키우는 것은 사업 다각화라는 목적에 부합되지 않았다. 다른 인터넷 기업들도 고평가된 상태라 인터넷 기업만 잔뜩 인수했다가 만에 하나 기술 부문의 시장 가치

▶▶▶

가 하락하는 날에는 동반 추락할 가능성이 매우 컸다.

타임워너와 함께

아무리 생각해봐도 최상의 합병 파트너는 결국 타임워너라는 결론에 도달했다. 여러 가지 면에서 타임워너는 우리가 원하는 것을 다 갖추고 있었다. 타임워너는 10여 년 전에 두 거물 기업인 타임^{Time Inc.}과 워너커뮤니케이션즈^{Warner Communications}의 합병으로 탄생한 거대 기업이다. 타임은 1920년대에 청년 사업가 헨리 루스^{Henry Luce} 등이 공동 창업한 기업이다. 루스는 〈타임〉, 〈라이프^{Life}〉, 〈스포츠일러스트레이티드 ^{Sports Illustrated}〉, 〈포천〉 등과 같은 잡지를 발행하여 20세기 중반기를 주름잡으며 세계적으로 영향력 있는 출판인이 됐다. 워너커뮤니케이션즈는 카리스마 넘치는 기업인 스티브 로스^{Steve Ross}가 창업했다. 로스는 주차 건물 소유주에서 영화 제작사 워너브라더스^{Warner Brothers}와 음반 회사 워너뮤직^{Warner Music} 그리고 로리마텔레픽처스^{Lorimar-Telepictures}를 포함한 다양한 콘텐츠업체를 거느린 세계 최대 미디어 복합 기업의 소유주가 된 인물이다. 이후 타임앤드워너^{Time and Warner, 나중에 '타임워너'로 이름이 변경됨}는 테드 터너의 주도로 터너브로드캐스팅^{Turner Broadcasting}까지 인수했다.

우리가 합병을 신중하게 고려할 당시 타임워너는 매출이 300억 달러에 육박하고 이익이 80억 달러에 이르는 공룡 중의 공룡이었다.

이곳에는 타임, HBO^Home Box Office, CNN, TBS, 워너브라더스, 워너뮤직을 비롯한 많은 브랜드가 포진돼 있었다. 또 미국 최대 케이블 회사 가운데 하나인 타임워너케이블^Time Warner Cable도 소유하고 있었다. 광대역 통신 기반이 필요했던 우리로서는 이보다 좋은 조건이 없었다.

광대역 통신 시대가 도래하고 있었고, 이러한 흐름이 주류가 되면 전화망을 기반으로 한 유선통신 사업은 사양길로 접어들 수밖에 없었다(스마트폰 시대인 지금의 시각에서 보면 불과 15년 전만 해도 인터넷과 전화기를 동시에 사용하는 것이 불가능했다는 사실이 믿기지 않을 것이다). 광대역 통신은 전화선 대신 케이블망을 사용한다. 그런데 이 두 가지 체계에는 상호 접근성에 문제가 있었다. 전화 회사는 전화망을 공유해야 하지만 케이블 회사는 자사의 광대역 회선을 공유할 필요가 없었다. 이러한 규정 덕분에 케이블 회사들은 이 부문에서의 시장 경쟁을 효과적으로 차단할 수 있었다.

1990년대 말에 주목받게 된 '접근 개방^open access' 투쟁은 한참 후에 있을 망중립성^net neutrality 투쟁의 원칙을 확립하기 위한 노력의 서막이었다. 이 두 가지 모두 소비자가 사용하는 인터넷 콘텐츠의 내용을 '케이블 통신망' 소유자가 통제할 수 있느냐는 문제와 관련돼 있다. '접근 개방' 논쟁이 한창일 때는 케이블 회사들이 AOL 같은 기업의 케이블 접근을 대놓고 거부했다. 그러나 망중립성 논쟁 때는 이들의 대처 방식이 상당히 교묘해졌다. 대놓고 시장의 문고리를 걸어 잠그려 하지는 않았으나 다른 방식으로 잠재 경쟁자의 손발을 묶어놓으려고 했

▶▶▶

다. 케이블 회사에 통신회선 사용료를 내지 않으면 사이트의 작동 품질을 떨어뜨리는 방식으로 인터넷 사업자의 통신망 사용에 제동을 걸었다. 2015년에 결국 미연방통신위원회Federal Communications Commission, FCC의 톰 휠러Tom Wheeler 위원장은 망중립성 법안을 승인했다. 휠러는 초창기에 이 문제를 주제로 나와 열띤 논쟁을 벌인 것이 이번 결정에 큰 도움이 됐다고 밝혔다.

우리는 전화망에 자유롭게 접근할 수 있듯이 광대역 통신망에도 자유로이 접근할 수 있도록 정부가 나서서 조율해야 한다고 주장했다. 나는 FCC 위원이든 의회 의원이든 심지어 대통령 후보든 간에 이들을 만날 기회가 있을 때마다 항상 이 부분에 대한 정부의 개입을 촉구했다. 실제로 당시 주지사였던 조지 부시George W. Bush 대선 후보가 유세차 버지니아에 왔을 때 부시를 만나 통신 접근 개방에 관한 내 입장을 전달했다. 부시는 내 말에 귀를 기울였고 참모진에게 이 문제를 검토하라고 지시했다. 그러나 한 달 후 부시는 이 문제는 정부가 개입하기보다 시장 원리에 맡기는 것이 좋겠다고 주장하며 나와 반대 노선을 취했다.

돌이켜 생각하면 부시가 옳았던 것인지도 모르겠다. 그러나 부시가 어느 쪽이든 자신의 의견을 계속 견지할 의지가 없다는 사실은 상당한 불안 요소였다. 요컨대 부시의 말을 믿고 뭔가를 도모할 수 없는 상황이라는 의미다. 타임워너와의 합병이 단순히 '합리적인' 선택이라는 수준을 넘어 반드시 '필요한' 일이었다고 보는 이유도 바로 여기에 있다. 케이블 회사와 파트너십을 맺지 못한다면 인수라도 해야 할 판이었다. 타임워너는 거대한 광대역 통신망을 구축하고 있는 데다 가치가 높은 수많은 브랜드와 사업체까지 거느리고 있었다. 우리에게 는 타임워너가 필요하다고 결론 내렸고, 타임워너도 우리가 필요할 것이라고 생각했다.

HBO, 터너브로드캐스팅시스템Turner Broadcasting System, 이하 TBS, 워너브라 더스 등의 콘텐츠 회사들로서는 제품의 디지털 배송이 가능하다면 큰 이득이 될 것이다. 인터넷이 주도한 환경 변화 때문에 이미 큰 압박감 에 시달리던 인쇄 매체들로서는 공격적 디지털화 전략을 수립하지 않 으면 급속한 쇠퇴는 물론이고, 존폐 위기에 내몰리게 될지도 몰랐다. 디지털 배송이 가능해지면 비디오 엔터테인먼트 회사들도 중간 유통 업자를 통해 자사의 콘텐츠를 디지털 방식으로 소비자에게 전송할 수 있게 된다(물론 시간이 지나면 중간 과정 없이 직접 전달할 수 있게 됨).

그리고 타임워너는 AOL과의 합병을 통해 다양한 상승 효과를 누 리며 업계 일인자로 올라설 기회가 생긴다. 타임워너는 인터넷 회선 에 대한 통제권을 바탕으로 플랫폼 사용자나 콘텐츠 제공 회사를 통 제하는 지위를 누릴 수 있을 것이다. 합병만 성사된다면 AOL이나 타 임워너 둘 다 완벽한 사업 플랫폼을 보유하게 되는 것이다.

그런데 여기에는 한 가지 큰 걸림돌이 있었다. "과연 타임워너가 합병에 응하려고 할까?"였다. 사내 임직원들의 대다수가 부정적이었다. 타임워너가 합병을 고려할 리 없다는 것이었다. 우리 측 은행가들도 아예 꿈도 꾸지 말라고 충고했다. 그러나 나는 과감하게 시도해보기로 결심했다.

'구애'를 개시하다

가격 문제는 둘째 치고 일단 타임워너의 CEO 제리 레빈과 만나 협상의 물꼬부터 트고 싶었다. 두 기업이 합쳐지는 상황이니 조직 구조에서부터 전략적 우선순위에 이르기까지 조율해야 할 사안이 한두 가지가 아니었다. 합병에서 가장 중요한 문제는 "어느 쪽이 합병 회사를 운영할 것인가?"였다. 이 문제를 다루려면 먼저 상호 양해 가능한 기준선부터 정해야 한다.

나는 AOL과 처음부터 함께해왔다. 솔직히 말하자면, 성장하는 과정을 지켜보면서 처음에 기대했던 것 이상으로 크게 키워놓았기 때문에 AOL에 대한 지배권을 포기하는 일이 영 내키지 않았다. AOL은 내게 자식과도 같은 존재였다. 그래도 합병을 통해 AOL의 미래가 훨씬 더 밝아질 수 있으리라 확신했다.

그런데 제리 레빈은 기업의 지배권이 확보되지 않으면 절대 합병 제의에 응할 사람이 아니라는 사실을 잘 알고 있었다. 타임워너 경영진으로서는 자사와 비교하면 한참 애송이에 불과한 AOL의 시장 가치가 자사보다 훨씬 높다는 사실을 받아들이기 어려울 것이다. 따라서 합병이 완료된 후 그 회사를 내게 맡겨달라는 말이 먹힐 리 만무했다.

내가 양보하는 수밖에 없었다. 그래서 나는 레빈에게 전화를 걸기 전에 CEO 자리를 내놓겠다고 마음먹었다. 레빈이 전화를 받자 나는 합병을 제의했다. 수화기 건너편에서 한동안 침묵이 흐르는가 싶더니 레빈이 마침내 이렇게 답했다.

"저녁이나 같이 합시다."

2001년 4월에 있었던 인터뷰에서 영국 언론인인 데이비드 프로스트 David Frost 는 나와 레빈에게 '구애' 과정에 대해 물었다. 우리의 첫 번째 '데이트'였던 이 저녁식사 자리는 그런대로 만족스러웠다. 레빈도 인터넷의 잠재력을 인식하고 있었다.

"인터넷 시대가 온다, 인터넷 시대가!"

그는 다가오는 인터넷 시대에 수동적으로 대비하기보다 적극적으로 이 시대를 맞으려 온갖 노력을 다했으나 결과는 실패였다. 1990년대 중반에 패스파인더 Pathfinder 같은 사내 디지털 플랫폼을 구축하는 데 1억 달러 이상을 투자했다. 패스파인더는 타임워너 콘텐츠의 원스톱 쇼핑을 가능하게 하는 웹 포털이었다. 그러나 이 야심찬 계획은 도무지 진척이 없었다. 사내에서 불거진 세력 다툼의 탓이 가장 컸다.

레빈으로서는 이번 합병이 타임워너를 인터넷 시대에 대비하게 할 좋은 기회였다. 그러나 협상은 순탄치 않았다. 이후 수개월 동안 조직 구성과 교환 비율, 간단히 말해 인수 가격에 대한 논의가 지루하게

▶▶▶

이어졌다. 양측을 보면 결혼 준비를 하는 커플이 아니라 곧 헤어지는 모양새였다. 수도 없이 만났으나 협상에 별 진전이 없었다.

그러다 1999년 11월에 테드 터너, 버진그룹^Virgin Group의 창업자 리처드 브랜슨^Richard Branson과 함께 타임 본사에서 열린 모임에 참석했다. 일정을 마치고 나서 터너와 나는 안뜰로 걸어 나갔다. 당시 타임워너 이사회의 부회장이자 최대 주주였던 터너는 합병 논의가 이루어지고 있다는 것도, 그 협상이 교착 상태에 빠져 있다는 것도 잘 알고 있었다. 터너는 포기하지 말고 끝까지 해보라며 내게 용기를 줬다. 그리고 내 어깨에 팔을 두르며 터너는 이렇게 말했다.

"케이스, 이 일을 꼭 성사시켜야 해요. AOL은 우리가 필요하고, 우리도 AOL이 필요해요. 자, 협상 타결을 위한 방법을 찾아봅시다. 절대 포기하면 안 돼요!"

당연히 나는 이 조언에 따랐다.

우리는 협상 사실이 새나가지 않도록 적정 규모의 소집단으로 협상을 진행했다. 양사의 합병 논의 사실이 누설되면 당연히 주가에 그 영향이 미칠 것이고, 그렇게 되면 해보기도 전에 합병이 무산될 수도 있었다. 이런 식으로 은밀하게 협상을 진행한 결과 적정 가격에 양사 모두 만족할 만한 조건으로 협상이 타결됐다. 그러나 은밀한 협상의 이면에는 어쩔 수 없는 그림자도 있었다. 즉 핵심 임원을 비롯하여 타임워너의 고위 간부 대다수가 합병 선언이 있기 바로 전날 밤에야 이 사실을 알게 됐다. 일이 다 성사되고 나서야 이 엄청난 사실을 알게 된 사람들은 아닌 밤중에 홍두깨도 아니고 갑자기 뒤통수를 맞은 기분이었다. 황당하기도 하고 분노가 치밀기도 해서 한동안 어수선한 분위기가 가시지 않았고, 이 때문에 우리가 계획했던 많은 일에 먹구름이 드리웠다.

다른 방식으로 협상에 임했어야 했을까? 나는 그렇게 생각하지 않는다. 경영진 전원이 협상에 참여하여 만장일치로 일을 처리했다면 경영진의 '원성'이 아니라 '지지'를 받았을 것이다. 그러나 그렇게 많은 사람을 상대로 합의를 이끌어내기는 쉽지 않다. 또 협상에 참여하는 사람이 많으면 많을수록 비밀이 새나갈 구멍이 많아지므로 합병 논의 사실이 대외로 흘러나가는 것은 시간문제였다. 나를 비롯하여 한 기업의 CEO라면 사내의 결정 사항에 불만이 있거나 반대 의견을 주장하던 사람들이 기자들에게 내부 기밀을 누설하는 식으로 화풀이하는 경우를 많이 봐왔다. 그때도 그랬고 지금도 이 합병 협상을 은밀하게 진행했어야 한다는 믿음에는 변함이 없다. 협상을 무위로 돌려서는 안 된다고 생각했기 때문이다. 그리고 언젠가 무너진 신뢰의 끈을 다시 연결할 시간과 기회가 있으리라 믿었다.

게다가 타임워너 임원진이 자존심에 상처를 입었다는 사실 빼놓고는 달리 불평할 만한 사항은 없어 보였다. 그래서 나는 언론을 통해 이번 합병은 어느 한쪽이 칼자루를 쥐는 불평등한 결합이 아닌 '동등한 합병'이라는 사실을 재차 강조했다. 그러나 형식적으로는 맞는 말이었으나 실질적으로는 절대로 동등한 합병은 아니었다.

합병할 당시 AOL은 타임워너에 비하면 한참 애송이였지만 시가 총액이 1,630억 달러로 제너럴모터스^{General Motors}와 포드^{Ford}를 합친 것보다 시장 가치가 더 높았다. 따라서 실적으로 보면 AOL이 타임워너를 인수하는 모양새였다. AOL 주주는 매출 50억 달러에 수익 10억 달러를 올리는 기업을 100% 소유하던 지위에서 매출 400억 달러에 수익 100억 달러를 올릴 것으로 기대되는 합병 회사 55%를 소유하는 것으로 그 지위가 바뀌었다. 우리는 70%의 할증금을 지급했고, 주식을 처분하여 이익을 실현할 수 있도록 타임워너 임원들의 가득기간^{vesting period 34)} 단축도 허용했다. 실제로 주식을 매각한 임원이 있었다. 물론 이들은 자의로 회사를 떠나기로 결정한 사람들이었다.

사상 최대 규모의 합병

2000년 1월 8일 토요일에 마침내 합병 협상이 타결됐다. 나는 다음날 기자회견을 준비하러 뉴욕으로 갔다. 그리고 월요일 아침에 합병을 선언했다. 아무도 예상하지 못했던, 그야말로 비현실적인 대사건이 벌어진 것이다.

당시 AOL의 홍보 담당자는 케니 레러^{Kenny Lerer}였다(레러는 나중에 허핑턴포스트^{Huffington Post}를 공동 창업한다). 레러는 과거에 함께 작업한 경험이

---

34) 스톡옵션 등의 권리 행사가 제한되는 기간. 권한확정기간이라고도 함

있었기 때문에 타임워너의 조직 문화를 잘 알고 있었다.

그가 내게 이런 말을 했다.

"합병 선언을 하는 내일부터 아마 많은 것이 달라질 겁니다. 유감스럽게도 나쁜 쪽으로 말이지요."

그래서 내가 물었다.

"아니, 왜요?"

"지금은 잘나가는 회사의 CEO지만 내일부터는 그냥 '바지' 회장이 될 테니까요. 아마 내일부터는 무슨 일이든 당신에게 보고하는 사람이 없을 겁니다. 회장이라는 아주 그럴듯한 직함은 주어지겠지요. 그러나 실질적인 권한이 없는 당신을 다들 무시하게 될 거란 뜻입니다. 지금까지는 운전석에서 차를 몰았겠지만 앞으로는 뒷좌석에 앉아 다른 사람이 운전하는 모습을 지켜보는 게 당신 일이 될 겁니다."

하지만 나는 합병 선언을 망설이지 않았다. 이것이 AOL과 주주를 위해 최선이라고 생각했기 때문이다. 이사회를 이끄는 회장과 실제로 기업을 운영하는 CEO의 역할과 책임에 차이가 있다는 것도 물론 잘 알고 있었다. 그런데도 레러가 확신에 차서 거침없이 하는 말을 들으니 당황이 되는 것도 사실이었다. 레러는 이렇게 말했다.

"내일 기자회견장에서 불리한 계약을 한 것 같은 인상을 주면 절대로 안 됩니다. 그러면 사람들은 당신이 주도권 다툼에서 밀려났다고 생각할 겁니다."

어쩌면 나는 저자세로 저쪽에 너무 많이 퍼준 것일지도 모른다.

▶▶▶

나는 협상의 패자가 아니라 승자라는 인상을 줄 필요가 있다는 생각이 들었다. 그래서 전국의 일간지 1면에는 만면에 미소를 띤 채 마치 금메달리스트가 환호하듯 두 주먹을 하늘을 향해 치켜드는 내 모습이 대문짝만 하게 실리도록 했다.

이 퍼포먼스는 아주 제대로 먹힌 것 같았다. 합병 선언을 하고 며칠이 지나자 세상 사람들은 AOL이 세계를 접수했다고 보는 것 같았다. 내가 댈러스 공항에 내렸을 때가 지금도 생생하게 기억난다. 가판대에 즐비한 잡지 표지마다 내 얼굴이 실려 있었다. 합병 선언이 있은 그 일주일은 천지가 온통 AOL의 세상인 것처럼 느껴졌다. 그러나 돌이켜 보면 이러한 퍼포먼스로 얻은 것이 과히 좋은 것은 아니었다. 합병 회사를 내가 운영한다는 인상을 줬다는 의미에서 그렇다. 합병 회사가 휘청거리자 그것이 전부 리더인 내 잘못으로 비쳐졌다. 기업을 운영하는 책임은 이미 내려놓았는데도 (세상 사람들의 눈에 그렇게 비치지 않았다는 것이 문제였다) 기업의 운영 결과 및 성과는 오롯이 내 책임이었다. 오래지 않아 이에 따른 문제가 표면화되기 시작했다.

합병을 선언하던 날 기자회견장은 우리의 장밋빛 비전으로 가득 채워졌다. 우리는 이렇게 선언했다.

"AOL-타임워너는 기술업계의 혁신을 주도하며 정보, 엔터테인먼트, 통신이 결합된 미디어 플랫폼을 기반으로 하는 최고의 글로벌 회사가 될 것이다."

이것이 우리의 비전이었다. 합병을 지지했던 98%의 주주 군단이 꿈꿨던 비전이자, 우리가 믿어 의심치 않았던 미래였다. 그러나 결과는 우리의 기대와는 거리가 멀었다. 내부적·외부적 문제가 노출되며 최악의 상황을 만들어내고 있었다.

일단은 내부적인 문제가 불거졌다. 합병 당시 우리는 비용을 10억 달러 감축하자는 야심찬 계획을 세웠다. 당시에는 10억 달러 비용 감축은 그리 어려운 일이 아니라고 생각했다. 합병 회사의 비용 규모는 30억 달러에 육박했고, 여기서 3% 정도는 줄일 수 있다고 생각했다. 그러나 이러한 결정은 사업의 우선순위 조정과 인원 감축 논의로 이어졌다.

"인원도 감축해야 하고 사업도 축소해야 하는 상황이 되지 않았습니까. 이게 다 합병 때문입니다. 대체 뭘 어쩌자는 겁니까?"

분개한 임원들은 이렇게 항의했다.

이러한 상황은 가뜩이나 심기가 불편했던 고위 경영진의 불만을 더욱 증폭시켰고, 신뢰 회복을 위한 노력에도 찬물을 끼얹었다. 주식 시장이 휘청거리기도 전에, 합병으로 인한 마찰과 긴장이 고조되면서 조직이 먼저 휘청거렸다.

거품이 붕괴하다

합병 선언 후 딱 2개월 만에 나스닥은 사상 최고치를 경신했다.

그러고 나서 닷컴 거품이 붕괴했다. 당연히 우리의 주가도 폭락했다. 조만간 AOL의 시장 가치 역시 80%는 공중 분해될 판이었다. 그러나 이 사태는 AOL의 시장 가치에만 영향을 준 것이 아니었다. 듣도 보도 못했던 '졸부^{AOL}'에게 회사가 넘어간 것 같아 뒷목 잡으며 황당해했던 타임워너의 직원들은 이번에는 자신들의 연금^{401k}이 폭탄을 맞는 상황에 직면했다.

직원들은 이제 화가 머리끝까지 치밀어 올랐다. 그리고 이 모든 것이 다 합병 탓이라는 묘한 기류가 형성됐다. 각 신문의 논조에도 변화가 생기기 시작했다. 그러나 이 정도는 인터넷의 잠재력에 확신을 갖지 못했던 타임워너 임원들의 태도 변화에 비하면 아무것도 아니었다. 시장 폭락을 계기로 인터넷에 대한 비관론이 널리 확산됐다.

인터넷 호황이 몇 년 더 이어졌다면 그것이 AOL-타임워너에 더 도움이 됐을까? 분명히 그랬을 것이다. 그것이 중요한 의미가 있었을까? 확실히 그랬을 것이다. 주가 상승이 계속됐다면 언론 그리고 우리 임원진들도 역시 합병이 '신의 한수'였다고 추켜세웠을지도 모른다. 적어도 두 회사가 잘 통합될 수 있는 시간은 벌었을 것이다.

그러나 또 한편으로는 시간이 더 있었다고 더 나은 결과가 나왔을지에 대해서는 회의적이다. 양립 불가능한 조직 구조와 문화, 각기 다른 사명을 가진 두 기업을 하나로 통합하는 작업이 만만할 리 없었다. 조직의 관점에서 보자면 타임워너는 터너브로드캐스팅, 타임, HBO, 워너브러더스, 뉴라인시네마$^{New Line Cinema}$, 워너뮤직, 타임워너케이블 등 자율적으로 운영되는 독립 기업들을 하나의 '포트폴리오'처럼 운영하고 있었다. 말하자면 각 기업이 독자적으로 영역을 굳건히 지키고 있었다.

루퍼트 머독이 언젠가 내게 HBO가 타임워너케이블과 계약하는 것보다 뉴스코퍼레이션이 타임워너케이블과 계약하는 것이 더 쉽다고 말한 적이 있다. HBO와 타임워너케이블은 같은 계열사인데, 생판 남인 타기업과 계약하는 것이 더 쉽다니! 그리고 타임워너 소속 기업들이 각기 독립적으로 움직였기 때문에 실질적으로 AOL은 타임워너 하나와 합병하는 것이 아니라 10여 개의 독립 기업과 합병하는 셈이었다.

조직 문화의 관점에서 보자면 AOL과 타임워너는 인터넷의 미래와 잠재성에 대한 인식 차이가 너무 컸다. 수십 년 동안 타임워너를 지키며 조직 내에 확고한 기반을 구축한 몇몇 고위 경영진은 인터넷의 장밋빛 미래가 너무 부풀려진 것이라고 생각했다.

〈월스트리트저널〉은 타임워너 임원진의 말을 인용하여 나에 대해 "근거가 부실한 이론을 바탕으로 기술과 엔터테인먼트의 결합에 지나치게 몰두한다"고 표현했다. 이들은 내 비전이 실현될 가능성이 희박하다고 생각했다. 그러나 우리는 그러한 변화는 필연적이며, 그것도 머지않은 미래에 실현될 일이라고 굳게 믿었다. 그리고 이러한 변화에 가속이 붙어 정상 궤도에 오르게 되면 HBO의 프로그램을 다양한 플랫폼에서 이용하는 것도 꿈이 아니라고 생각했다. 그러나 HBO

경영진은 당시 HBO의 '고^{GO} 35)' 같은 스트리밍 서비스 개념에 대해 코웃음 쳤을 뿐이었다.

2000년 5월에 레빈은 경영 구조 개편을 선언하며 회사 전체에 일대 파문을 일으켰다. 내가 처음 테드 터너에게 합병 이야기를 꺼냈을 때는 터너도 여기에 찬성했었다. 터너는 타임워너가 너무 관료적이고 민첩성이 떨어진다고 판단했고, 합병을 통해 그러한 부분에 메스를 가하는 것도 하나의 방법이라고 생각했다. 그런데 레빈은 터너에게 부회장직은 유지하되 터너브로드캐스팅의 운영에서는 손을 떼라고 한 것이다. 이 결정에 자존심이 상한 터너는 자신을 모욕하는 처사라고 생각하며 불같이 화를 냈다. 설상가상으로 주가가 폭락하며 수십억 달러의 손실이 나기 시작하자 터너는 속이 부글부글 끓었다. 화가 치민 터너는 기회가 있을 때마다 AOL과 타임워너의 합병방식과 이 합병을 주도한 우리를 신랄하게 비판했다. 터너는 대놓고 레빈이 물러나기를 바랐다(그리고 그다음 화살은 나를 향하게 되었다).

의견 불일치 때문에 터너와 레빈 간에 알력 다툼이 생겼고, 여기서 더 나아가 회사 전체가 불화로 삐거덕거렸다. 상황은 점점 파국을 향해 치닫고 있었다. 나는 지금도 사람들이 왜 그렇게 황당해했는지, 왜 그렇게 분노했는지, 또 왜 그렇게 옹졸한 다툼을 벌였는지 이해할수가 없다. 〈타임〉 같은 귀중한 자산이, 다가올 디지털 세상에서도 계속 성공 가도를 달릴 수 있도록 함께 힘을 모아도 모자랄 판에 사사건

---

35) HBO의 방영작을 시청할 수 있는 앱

건 트집을 잡아 싸우고 있었다. 〈타임〉의 기자들은 AOL의 이메일 서비스를 사용해야 하는지, 아닌지에 대한 사소한 문제에 매달려 무의미한 소모전만 벌이고 있었다. 큰 그림은 완전히 무시한 채 사소한 논쟁거리에 매달리는 모습이 한심해 보일 때가 많았다.

나는 레빈이 우리의 원대한 비전을 실현할 수 있도록 사람들의 마음을 하나로 모을 수 있는 유능한 CEO이기를 바랐다. 그러나 레빈은 매우 똑똑한 사람이었지만, 독불장군식으로 자신의 생각을 밀어붙이기만 할 뿐 다른 사람의 의견을 듣거나 상의하는 법이 없었다. 게다가 나는 타임워너라는 조직에 파인 불신의 골이 그렇게 깊은지 잘 몰랐다. 타임워너의 모든 기업, 모든 부서, 모든 구성원이 마치 모래알처럼 따로 놀고 있었다. 소속 기업 전부가 독립적으로 운영되고 있어서, AOL은 합병의 가장 큰 이유라 해도 과언이 아니었던 타임워너의 광대역 인프라에 접근조차 할 수 없었다. AOL은 세계 최대 인터넷 브랜드였는데도 타임워너케이블 경영진은 이 기반을 활용하기보다 기존의 방식을 고수하려고 했다.

우리가 합병한 목적을 달성하려는 노력을 별로 하지 않는 레빈을 보면서 날이 갈수록 실망감이 커졌다. 그래도 이때까지는 그럭저럭 참을 만했다. 그러나 레빈이 또 다른 기업을 인수하려 한다는 사실을 알고 불만은 극에 달했다. 이번에는 AT&T의 광대역 통신 시스템을 넘보고 있었다. 두 기업의 통합관리 문제만으로도 머리가 터질 지경인데, 여기에 하나를 더 추가하려는 레빈의 행보를 도저히 납득할 수가 없었다.

정말 속이 문드러지는 기분이었다. 참고 참다가 이렇게 물었다.

"우리가 합치면서 하려고 했던 일을 하나도 못한다면 대체 합병은 왜 한 겁니까?"

그러자 레빈 역시 격앙된 어조로 이렇게 말했다.

"젠장, 나도 하루에 열두 번도 더 그런 생각을 한다니까요."

조용한 쿠데타

합병 이후 채 1년이 못 가 리더십의 변화와 방향 전환이 필요하다는 생각이 절실해졌다. 사실 레빈이나 타임워너 경영진에게만 책임을 돌릴 일은 아니었다. 일부 AOL 임원들의 오만이 문제를 키운 측면도 있었다. 그리고 나도 충분히 노력했다고 볼 수 없었다. 당시 나는 누가 합병사의 리더인지에 관해 불필요한 오해와 혼란을 일으키지 않기 위해서라도 경영진과는 되도록 거리를 유지하는 것이 좋겠다고 판단했었다. 그러나 결국 이러한 무관심과 오만이 화를 자초한 셈이었다.

결단이 필요했다. 수장인 레빈을 교체해야 한다고 생각했다. 그러나 레빈을 사임하려면 이사회 표결에서 4분의 3이 찬성해야 하고, 마땅한 후임자도 확보해야 한다. 내가 후임자가 될 수 없다는 사실은 잘 알고 있었다. 내가 그 일을 잘해낼 수 있을지 확신이 서지 않았기 때문이다. 어찌됐든 그것은 중요하지 않았다. AOL 출신을 CEO로 추대하려고 타임워너 경영진과 이사회를 소집할 수는 없는 노릇이었다. 만에 하나 그것이 가능하다 해도 그나마 가장 가능성 있는 대안은 밥 피트만Bob Pittman뿐이었다. 그런데 나로서는 영 내키지 않는 카드였다. 피트만은 합병 전 AOL의 사장 겸 COO(최고운영책임자)였다. 피트만은 몽상가나 이론가라기보다는 자료를 중시하는 실리주의자이자 행동주의자였다. 경영의 내실을 기하는 데 큰 도움을 줬고, 주가의 고공 행진에 크게 기여했다. 이러한 부분은 높은 평가를 받을 만했다.

그러나 단기적 목표에 초점을 맞추는 편이어서 장기적 비전에는 소홀한 측면이 있었다. 기업 인수라든가 전략적 투자에는 소극적이었다. 1996년에 아마존 지분 5%를 확보할 기회가 있었다. 그러나 피트만은 여기에 반대했고, 대신에 수천만 달러의 선수금을 조건으로 반즈앤드노블Barnes & Noble과의 협상을 추진했다. 이는 단기적 이익을 위해 장기적 차원의 전략적 가치 창조 부분을 외면한 아주 전형적인 사례였다. 그래서 타임워너와 잘해보겠다고 피트만을 CEO로 옹립하는 것은 어불성설이라고 생각했다. 내가 생각하기에 레빈을 대체할 인물로서 이사회의 승인을 얻을 만한 사람은 한 명밖에 없었다. 바로 딕 파슨스Dick Parsons였다.

파슨스는 1991년부터 타임워너 이사회에 합류했고, 1995년부터 사장직을 맡았다. AOL과의 합병 협상에 관여했고, 이후 밥 피트만과 함께 공동 COO가 됐다. 파슨스는 존경받는 경영인이었다. 타임워너에 합류하기 전에는 뉴욕 주지사로 있었는데, 부통령에 취임한 넬슨 록펠러$^{Nelson\ Rockefeller}$의 보좌관이었고, 다임저축은행$^{Dime\ Savings\ Bank}$의 총재로도 있었다. 한마디로 따르는 사람도 많고 신망이 두터운 인물이었다. 무엇보다 사내에서도 레빈의 후임자로 거의 굳어지는 분위기가 형성됐다.

그런데 처음부터 나는 파슨스가 이 회사를 이끌어갈 재목인지 확신이 서지 않았다. 물론 파슨스 개인은 매우 똑똑한 사람이고, 대인관계도 좋았다. 그러나 새로운 것을 적극적으로 받아들이는 쪽이라기보다 약간은 고리타분한 스타일이라는 부분이 좀 걸렸다. 컴퓨터는 고사하고 이메일도 사용하지 않는 사람이었다. 특히 기술적인 부분은 직접 경험해보지 않으면 이해하기 어려운 분야가 아닌가! 파슨스 본인도 자신이 '비전가'나 '혁신가' 쪽은 아니라는 사실을 인정했다. 그래도 완고한 임원들을 상대로 이견을 조율하고 협력을 이끌어내는 일은 잘해낼 것이다. 다시 말해 파슨스는 판도를 바꾸는 혁신가가 아니라 외교에 능한 수완가였다. 자신을 둘러싼 세상이 엄청난 변화의 물결에 휩싸여도 그 물결을 타고 나아가기보다 어떻게든 그 물결을 잠재우고 싶어 하는 쪽이었다.

달리 선택의 여지가 없었기 때문에 파슨스가 적임자인지 아닌지는 그다지 중요하지 않다는 생각이 들었다. 현재 상태로는 아무것도 할 수 없었고, 어떻게든 방향 전환이 필요했다. 새로운 돌파구를 찾기 위해서는 사람들의 지지가 필수적이었고, 이러한 지지를 이끌어내는 데는 파슨스가 적임이었다. 그리고 파슨스와 이상적 협력관계를 맺을 수도 있다고 생각했다. 전략 부문은 내가 책임지고, 파슨스는 그 전략을 실천하는 부분을 맡으면 된다.

결국 이렇게 타협하는 것으로 정리했다. 2001년 12월 초에 파슨스와 접촉한 나는 레빈의 경영방식에 문제가 있어서 이사회에 사임을 요청할 생각이라고 밝혔다. 그리고 파슨스를 후임자로 추대하고 싶다는 말도 덧붙였다. 우리 두 사람이 손잡고 회사를 정상 궤도에 올려놓고 싶다는 말도 했다. 파슨스도 상황을 이해했고, 이 계획에 협력하기로 했다. 우리 두 사람은 이사 한 사람 한 사람에게 수십 차례 전화를 걸어 레빈의 해임 건에 찬성표를 던져달라고 부탁했다. 레빈도 우리가 이 작업을 하고 있다는 사실을 알게 됐다. 그러나 전세를 뒤집기에는 이미 때가 늦었다. 결과가 어찌 되리라는 것도 알고 있었다.

며칠 후 레빈은 사임하겠다고 발표했다. 그리고 5월에 회사를 떠났다. 막상 떠나보내고 나서 다시 레빈이 그리워지는 데는 그리 오랜 시간이 걸리지 않았다.

파슨스가 CEO에 취임하고 몇 개월이 지난 후 파슨스와 나 그리고 당시 IBM의 CEO였던 루 거스너Lou Gerstner 이렇게 셋이 함께 저녁식사 자리를 마련했다. 나는 파슨스가 전략적인 부분에 좀 더 신경을 쓰면서 사내 통합에 박차를 가해주기 바랐다. 그리고 IBM에서 이런 일을 경험했던 거스너라면 도움이 되는 말을 해줄 것이라 생각했다. 우리는 뉴욕 웨스트빌리지에 있는 이탈리아 레스토랑에서 만났다. 한 시간쯤 후에 파슨스가 화장실에 간다며 자리를 비웠다. 그가 자리를 뜨기 무섭게 거스너가 내게 이렇게 속삭였다.

"이봐요, 스티브. 정말 저 사람하고 잘해나갈 수 있을 거 같아요?"

거스너로서는 파슨스가 기술 분야에 대해 몰라도 너무 모른다는 사실이 좀 충격적이었던 모양이다.

나는 이렇게 대답했다.

"그래서 내가 이 자리를 마련한 것이잖아요. 조언이 필요해서요."

끈 떨어진 AOL

이 만남이 있고 나서 얼마 지나지 않아 파슨스가 구조 개편을 결정했다. HBO의 CEO 제프 뷰크스$^{Jeff Bewkes}$와 타임의 CEO 돈 로건$^{Don Logan}$이 이끄는 2인 지휘체계로 간다는 것이다. 이 계획에 따르면 AOL과 타임워너케이블은 로건의 통제권하에 들어가게 된다.

나는 이러한 개편안에 반대했다. 반대한 이유는 로건이 미덥지 못해서가 아니었다. 오히려 로건은 정말 훌륭한 출판 경영인이라고 생각했다. 그러나 로건은 디지털 기술에 대한 이해도가 낮았고, 인터넷을 아주 싫어한다는 부분이 마음에 걸렸다. 인터넷에 대해 돈이 들어가기만 하고 나오지는 않는 '블랙홀'이라고 표현할 정도로 이 부문에 대한 반감도 컸다. 그리고 AOL이 주도권을 잡고 합병 계약을 성사시켰던 것이 못마땅했던 로건은 마치 그 분풀이라도 하듯 뷰크스와 함께 사사건건 트집을 잡으며 갈등을 조성했다.

당대 최고의 인터넷 플랫폼인 AOL 그리고 타임워너 기업군 중에서도 기술 기반 기업에 가장 가까운 타임워너케이블을, 인터넷의 잠재력을 전혀 믿지 않는 사람의 손아귀에 쥐어준다면 두 기업의 운명은 어떻게 되겠는가! 이 사람의 손에 AOL과 타이워너케이블이 망가질 수도 있다. 그래서 나는 파슨스, 뷰크스, 로건과 함께 저녁식사를 하면서 이 부분을 분명히 짚고 넘어갔다. 그리고 몇 가지 대안을 제시했다. 그러나 별로 귀담아 듣는 것 같지 않았다.

아무리 의견을 내봤자 소용이 없겠구나 싶었다. 정작 우리는 조직의 환경과 문화를 바꾸는 문제가 아니라 회사의 명칭을 바꾸는 이야기만 해대고 있었다. 조직 문화를 바꾸는 일은 불가능하다는 것이 일반적인 생각이었다. 조직 문화를 바꾸는 것이 올바른 방향이었을지 몰라도 이를 시도해보려는 사람이 아무도 없었다. 그렇다고 내가 아무런 노력도 하지 않았던 것은 아니다.

파슨스가 수장이 된 후 나는 뉴욕에 아파트를 하나 마련하고 본사에서 더 많은 시간을 보냈고, 파슨스와 더 자주 만났다. 그리고 각 계열사의 수장으로 전략위원회를 구성하자고 요구했다. 이러한 노력이 진전을 보이며 몇 가지 계획을 수립하는 단계까지 진행되었다. 그러나 6개월 정도 지나자 신임 CEO인 파슨스를 비롯하여 임원진이 전략위원회를 전혀 지원하지 않고 있다는 사실이 분명해졌다.

언젠가는 제프 뷰크스가 전략위원회 회의석상에서 내게 맹공을 퍼부은 적도 있었다. 그는 AOL이 '가장 문제'라고 말하며, 내가 AOL 의 지휘봉을 내려놓은 지 벌써 1년이 넘었다는 사실을 잘 알고 있으면서도 비난의 화살을 내게로 돌렸다. 매우 강도 높은 비난이 쏟아졌으나 나는 무기력할 수밖에 없었다. 불투명한 전략과 부실한 실행력으로 내 귀한 '아이'가 망가지는 모습을 속수무책으로 지켜볼 수밖에 없었다. 그런데도 예견된 결과에 대한 책임은 오롯이 내 어깨에 지워져 있었다.

이러한 문화의 충돌은 비단 고위경영진에 국한된 현상은 아니었다. 이사회 내부에서도 불꽃 튀는 신경전이 벌어지고 있었다. 합병 회사 이사회 임원 중 절반은 AOL 출신이고 절반은 타임워너 출신이었는데, 양측은 여전히 상대를 온전한 아군으로 받아들이지 못하고 있었다. 어느 쪽도 상대의 말을 진심으로 경청하지 않았다.

서로 이야기가 엇갈릴 때가 많았고, 아예 대화 자체를 하지 못할 때도 있었다. 나는 이사회 회장이라는 그럴듯한 직함을 갖고 있었으나 권한은 별로 없고 책임만 있었다. 또 실권은 없고 비난의 대상만 되는 그야말로 허울만 좋은 이사회 회장일 뿐이었다. 한때 세계의 주목을 받으며 잘나가던 기업의 CEO로서 이사회와 경영진을 이끌던 존재에서, 이리저리 치이는 한심한 존재로 전락한 것이다. 그러는 와중에도 내부 분열이 만든 상처는 아물기는커녕 계속해서 커져만 갔다.

일례로 AOL이 인스턴트 메신저 서비스인 AIM에 음성 서비스를 추가하려고 했다. AOL 측은 이 부문의 시장 잠재력이 상당하다고 봤다. 이것은 몇 년 후인 2003년에 스카이프의 출시로 증명됐다. 그러나 당시 타임워너케이블은 디지털 패키지 '트리플 플레이Triple Play'에 주력하고 있었고, 여기에 조금이라도 방해가 될 만한 일은 일절 허용하려 하지 않았다. 타임워너케이블은 결국 기존 사업을 지키고자 신사업의 목을 조르는 우를 범했다. 단기적으로는 그쪽이 더 이득이라고 봤기 때문이다. 결국은 소탐대실의 길을 좇은 것이지만 말이다.

나는 2002년 2월에 그래미상 시상식에 참석했다. 그런데 미국 음악업계의 전설적인 인물이자 당시에는 워너뮤직에 속해 있던 애틀랜틱레코드Atlantic Records의 창업자 아흐메트 에르테건Ahmet Ertegun이 내가 온다는 말을 듣고는 개인적으로 만나자고 했다. 그래서 우리는 베벌리 힐스에 있는 페닌슐라 호텔 한구석에 자리를 잡고 앉아 각자의 회사 사정을 이야기하기 시작했다.

에르테건은 이제 더는 소통이며 협상이 되질 않는다며 워너뮤직에 대한 불만을 쏟아놓았다. 에르테건은 음악업계의 상징과도 같은 인물이고(실제로 '로큰롤 명예의 전당'을 만든 사람이기도 함), 내 우상이기도 했다. 이런 사람에게서 이런 불만을 듣자니 비애감이 들며 마음이 언짢았다. 더 가슴 아픈 사실은 나 역시 에르테건의 말에 전적으로 동감한다는 사실이었다. 나는 사내에서 점점 고립되고 있었고, 영향력은 점점 약해졌다. 그런데도 내 어깨를 짓누르는 책임감의 무게는 점점 더 무거워졌고, 나를 향한 비난의 강도는 점점 더 거세졌다. 진심으로

에르테건에게 도움을 주고 싶었으나 그때는 그럴 만한 힘이 내게 없었다.

이러한 혼란이 계속되는 와중에 이번 합병이 언론의 도마 위에 올랐다. 2002년 7월에 〈워싱턴포스트Washington Post〉는 AOL에 대해 상당히 부정적인 내용의 기사를 게재했다. 1990년대 말 인터넷업계를 주도하던 시절에 보인 AOL의 과한 행보와 성향에 관한 내용이 주를 이뤘다. 이처럼 문화적 측면에서 접근한 곳 외에 '비관행적 거래를 통한 매출 신장'이라는 제하의 글에서 AOL이 회계상의 오류를 범했다고 주장하는 곳도 있었다. 당시 합병사인 AOL-타임워너는 방향을 잃고 휘청거렸고, 타임워너 경영진은 잘못된 합병에 대한 책임을 어떻게든 AOL 쪽으로 돌리려 애쓰는 중이었다. 그런 때에 언론에서 AOL의 잘못을 추궁하는 내용의 글을 써주니 타임워너로서는 이보다 더 고마울 수 없었으리라.

이러한 언론의 지적을 '타임워너가 AOL한테 속아서 한 합병'임을 뒷받침하는 증거로 내세우는 사람들이 많아졌다. 그러나 이러한 주장은 세 가지 점에서 타당성을 찾기 어려웠다.

첫째, 〈워싱턴포스트〉가 회계부정이라고 지적한 거래(이후 SEC의 조사를 받음) 전부가 실은 AOL과 타임워너가 합병된 이후에 이루어진 것이다. 따라서 이때 이루어진 거래와 회계 작업은 타임워너가 합병에 동의한 이후, 그러니까 합병에 합의하고 합병 계약이 체결될 때까지 약 1년 동안에 이루어진 것이므로 타임워너가 '속아서' 합병에 이르게 됐다는 주장은 설득력이 없다.

둘째, 몇몇 대기업이 회계부정 사건으로 곤욕을 치르던 차에 AOL의 회계부정 의혹이 불거졌다고는 해도 그 사건과 AOL의 회계 문제는 전혀 다른 차원의 것이다. 대금 지급이 어떤 항목으로 분류됐는지에 대한 논란에 대해 비평가들이 회계부정과 관련됐다고 주장했다. 하지만 이후 SEC의 조사 대상이 됐던 거래 전부가 AOL 측에 실제로 거래 대금이 지급된 정당한 거래였다.

셋째, 거래의 총액이 총매출에서 그렇게 큰 비중을 차지하는 것도 아니었고, 기껏해야 1~2% 정도였다. 2002년 8월에 〈슬레이트Slate〉는 'AOL의 회계사는 얼마나 큰 잘못을 저질렀나? 그렇게 큰 잘못은 아니다'라는 제목의 기사를 통해 다음과 같이 주장했다.

"우리가 기억해야 할 사항은 최악의 시나리오, 즉 AOL이 매출 부풀리기를 했다고 해도 상황이 그렇게 심각하지는 않다는 사실이다."

사실이 어떻든 그래도 타격은 입었다. 하필이면 2002년에 엔론Enron을 비롯한 일부 대기업의 회계부정 문제로 시끌시끌한 터에 언론이 이번 합병에 의혹을 제기하고 나선 것은 마치 불난 집에 기름을 붓는 격이 됐다. 사태 해결을 위해 뭔가 해야 한다는 것은 알고 있었으나 당시 내게는 경영진을 움직일 힘이 없었다. 그래서 이사회 쪽에 집중하기로 했다.

나는 돌파구를 마련하고자 여러 가지 전략을 구상했고, 그 내용을 적어 이사회 임원들에게 전달했다. 이때 구글 인수를 제안했다. 상장하기 훨씬 전이라 당시 구글의 가치는 20억 달러 정도였다(구글 검색 서비스를 우리 서비스에 통합시킨 대가로 그때 이미 구글 지분 5%를 보유하고 있었다. 지금은 아마 그 가치가 200억 달러에 달할 것이다). 또 소프트웨어, 하드웨어, 설계 부문에서의 탁월한 역량에 주목하고 애플의 매수도 고려했다. 그러나 그 어떤 제안이나 전략도 먹히지 않았다. 내 제안은 다들 거들 떠보지도 않았다. 달리 선택의 여지가 없다는 사실이 분명해졌다. 더는 버티기 힘들었다.

이제 떠날 때가 된 것이다.

새로운 출발

우리가 합병 승인을 받으려 할 때 몇몇 기업이 정부를 압박하고 있었다. 합병이 성사돼 통합된 기업은 그 힘이 너무 막강해서 경쟁 자체가 불가능해진다는 것이 그 이유였다. 그러나 결과적으로 우리의 발목은 잡은 것은 이들이 아니었다. 경쟁 기업들이 합병을 무산시키고자 정부를 끊임없이 압박해도 안 되던 일이었는데, 3년이 지난 후 우리 스스로 무너지고 말았으니 말이다.

우리에게는 엄청난 자산과 뛰어난 경영진이 있었다. 이 부분에서 2004년 아테네 올림픽에 참가한 미국 농구 대표팀이 연상되는 것은 왜일까! 당시 농구 대표팀은 '드림팀'이라 불릴 정도로 선수의 면면은

화려했다. 그러나 미국 대표팀은 푸에르토리코와 리투아니아 대표팀에 패하는 수모를 겪었다. 누구도 예상하지 못한 결과였다.

주식 시장 붕괴도 어이없는 결과를 만들어내는 데 한몫했다. 그러나 가장 큰 원인은 '사람'에게 있었다. 감정, 자존심, 자기도취 그리고 궁극적으로는 조직 문화에 원인이 있었다. 사상 최초로 1조 달러 가치를 지닌 기업이라는 명예를 얻었던 곳이 순식간에 가치가 2,000억 달러나 줄어들 수 있다는 사실에서 우리는 인적 요소가 얼마나 중요한 것인지 새삼 실감했다. 전 조직원이 같은 목표를 향해 나아갈 수 있도록 서로 화합하고 협력하는 문화를 조성하지 못하면 제아무리 훌륭한 전략이나 계획이 있어도 소용이 없다.

짐 콜린스^{Jim Collins}는 이런 말을 했다.

"훌륭한 인재를 많이 뽑는 것도 중요하지만 그 인재를 적재적소에 배치하는 것도 중요하다."

2015년에 〈포천〉이 샌프란시스코에서 글로벌 포럼을 개최했다. 나는 1999년에 상하이에서 개최된 글로벌 포럼에 참석한 적이 있었다. 포럼에서 나온 한결같은 주장은 문화가 중요하다는 것이었다.

지멘스의 CEO 조 케저^{Joe Kaeser}는 이렇게 말했다.

"지난 10년 동안 우리 사업의 50%가 바뀌었다. 생존의 열쇠는 주인의식을 토대로 하는 조직 문화에 있다. 사람들의 마음을 움직여라. 사람들의 자부심에 승부를 걸어라."

여기에 컴캐스트^{Comcast}의 CEO 브라이언 로버츠^{Brian Roberts}는 이렇게

▶▶▶

덧붙였다.

"조직 문화를 정비하는 것보다 더 중요한 일은 없다."

그리고 애트나^{Aetna}의 CEO 마크 베르톨리니^{Mark Bertolini} 역시 다음과 같은 말로 이러한 의견에 동의했다.

"성공 전략으로 문화만 한 것이 없다."

합병 당시 나는 개인의 감정이 조직의 의사결정에 그렇게 큰 영향을 미치는지 잘 몰랐다. 돌이켜보면 너무 순진했던 것인지 너무 무지했던 것인지 몰라도, 그때는 내가 적절하다고 생각하는 전략은 남들도 다 그렇게 생각할 것이라고 믿었다. 일례로 나는 신기술이나 신사업 모형을 바로바로 수용하는 것이 가장 바람직하다고 봤기 때문에 냅스터나 기타 첨단 디지털 서비스업체에 투자하자는 제안이 받아들여지지 않았을 때 상당히 충격을 받았다. 내게는 너무 당연해 보이는 일이라도 다른 사람들은 그렇게 생각하지 않을 수 있으므로 이들을 설득할 필요가 있다는 사실을 알지 못했다. 더 나아가 그 작업이야말로 매우 중요하다는 사실도 미처 깨닫지 못했다.

이사회 회의에 참석하면 양측이 마치 다른 언어를 사용하는 것처럼 서로 엇갈리기만 한다는 느낌이었다. 이러한 차이는 세계관이나 전략적 관점이 다르다는 데서 비롯된 것일 수도 있으나, 대개는 개인적인 불신이나 해소되지 않은 적의 혹은 분노가 그 원인이라는 생각이 강하게 들었다.

사람들 사이에 쌓인 이 불신을 해소해야 했다. 끊어진 신뢰의 끈을 다시 이어 붙여야 했고, 불신과 회의의 시선으로 나를 바라보는 사람들과도 협력관계를 맺었어야 했다. 그리고 나 또한 해결책을 찾는 일에 적극적으로 나서고 싶다는 마음을 전했어야 했다. 그런데 처음부터 나는 경영 일선에서 한 발 물러났기 때문에 사람들은 레빈을 유일한 의사결정권자라고 생각했다. 돌이켜보면 그때 나는 한 발이 아니라 두 발 세 발, 아니 너무 멀리 물러나 있었다. 내 개인사 때문에 그렇게 된 측면도 있었다.

합병되기 3년 전에 나는 첫 번째 아내와 이혼했다. 그래서 아이들에게 신경을 더 많이 쓰고 싶었다. 그리고 합병이 선언되고 나서 6개월 후에 형 댄이 뇌암 말기 선고를 받았다. 형에게 남은 시간이 얼마 되지 않았다. 그래서 형이 사는 샌프란시스코에 집을 얻어 자주 형을 보러 갔다. 그렇게 15개월을 함께 지낸 후 형은 결국 세상을 떠났다. 내 가족을 위해 시간을 할애한 것은 전혀 후회하지 않는다. 그러나 경영진에게 내 시간을 할애하지 않은 것은 매우 후회가 된다. 경영 일선에서 물러나 있는 것이 회사를 위해 좋은 일이라 생각했지만, 다른 사람들 눈에는 그것이 오만이나 무관심으로 비쳤던 모양이다.

사실 레빈의 후임자로 외부 인사를 영입할 수도 있었다. 그러나 이 안은 현실적으로 불가능했다. 그때 파슨스를 내세우지 않았다면 레빈을 몰아내려는 계획은 실패했을 것이다. 나중에 애플 인수를 고려할 때 심중에는 또 한 가지 생각이 있었던 것이 사실이다. 애플을 인수하면 스티브 잡스가 나중에 CEO가 될 가능성이 있다고 봤다. 스티브 잡스는 첨단기술 및 디지털업계에서 이미 명성이 자자했고, 픽사Pixar에서의 활약 때문에 콘텐츠업계, 특히 할리우드로부터 깊은 신뢰를 얻고 있었다. 스티브 잡스 카드는 계속 쥐고 있었으나 이 안에 찬성표를 던져줄 사람이 없었다. 찬성은커녕 이 안을 놓고 진지하게 논의한 적도 없었다.

결국에 나는 AOL-타임워너를 떠났다. 합병 선언 직후 〈베니티페어Vanity Fair〉는 빌 게이츠, 루퍼트 머독, 워런 버핏, 스티브 잡스 등을 제치고 영광스럽게도 나를 가장 영향력 있는 '혁신가'로 선정했다. 그런데 2년 후에는 1위는커녕 그 명단에 이름조차 오르지 못했다. 나는 미국에서 가장 잘나가던 기업의 CEO에서 하루아침에 백수로 전락했다. 내 인생에서 가장 고통스러웠던 시기였다. 그동안 내가 뭘 잘못했는지, 또 뭘 잘했는지 생각하면서 시간을 보냈다. 앞으로 뭘 해야 할지도 곰곰이 생각했다.

그렇게 일주일을 보낸 후 AOL의 임원이었고 AOL-타임워너 회장 시절에 내 수석 참모였던 돈 데이비스Donn Davis를 만났다. 앞으로 뭘 해야 할지 정확히는 모르겠지만, 일단 창업가 정신이 충만했던 초창기 때의 초심으로 돌아가 데이비스와 함께 앞날을 도모해보고 싶다고 말했다.

그리고 그해 말부터 유망 기업이나 사업에 투자하기 시작했고, 그 일이 무척 마음에 들었다. AOL에서 번 돈을 차대세 기업인을 지원하는 데 사용하는 것은 매우 보람 있는 일이었다. 투자 액수와 규모가 점점 커지자 차라리 투자 회사를 차려 좀 더 조직적으로 이 일을 추진하는 것이 좋겠다고 생각했다. 그리고 우리의 삶을 '혁신'적으로 변화시키는 일에 관심이 있는 차세대 기업인을 지원한다는 차원에서 회사의 명칭을 '레볼루션'이라고 정했다.

투자 회사 설립을 준비하는 과정에서 타임워너벤처스Time Warner Ventures의 부회장 출신인 타이지 새비지Tige Savage와 연이 닿아 우리와 함께하지 않겠느냐고 제안했다. 그리고 형 댄과 함께 H&Q에서 일했던 데이비드 골든David Golden, 내 변호사이자 믿음직한 조언자였던 론 클라인Ron Klain에게도 같은 제안을 했다. 그리고 AOL에서 나온 테드 레온시스도 레볼루션에 합류했다.

우리는 레볼루션을 세계적인 투자 회사 반열에 올려놓겠다는 새로운 꿈의 실현을 위해 함께 노력하기로 했다. 소극적으로 금전적 지원을 하는 데 그치는 것이 아니라, 성공 기업을 일구어낼 때 경험한 모든 노하우를 적극적으로 활용하기로 했다. 그래서 투자금만 전달하고 마는 것이 아니라 창업 기업인들이 그들의 꿈을 실현할 수 있도록 우리가 할 수 있는 모든 지원을 아끼지 않을 생각이었다.

2004년 말부터 2005년 초까지 레볼루션의 설립을 준비하며 보냈다. 검은 테두리 안에 빨간색으로 'R'자가 형상화된 독특한 모양의 로고도 만들었고, 투자해줄 유망한 사업이나 업체를 열심히 물색하기 시작했다. 이 과정에서 다양한 업종에 종사하는 많은 전문가와 기업인을 만났다. 그리고 우리가 원하는 도메인 이름과 상표를 선점하는 일도 게을리 하지 않았다. AOL은 버지니아 북부에서 시작했으나(그래서 버지니아 근교에 기술 단지를 형성했음), 이번에는 도심이 기술업계 부흥의 새로운 진원지가 되기를 바라는 마음에서 워싱턴 D. C. 중심가를 레볼루션의 본거지로 삼기로 했다.

마침내 2005년 3월에 레볼루션이 공식 출범했다. 이날 나는 본사에 있는 스피커를 통해 내 애창곡인 스티브 얼Steve Earle의 '혁명은 이제 시작The Revolution Starts Now'이라는 노래를 쩌렁쩌렁 울리게 틀어놓았다.

제 10장

보이는 손(정부)과 어떻게 협력할 것인가

···

　　결론적으로 나는 정치적이지 못한, 그리고 정치와는 거리가 먼 사람이었다. 역사와 공공 정책에는 관심이 많았으나 항상 독자 노선을 걷는 쪽이었고, 극단적 파벌주의에 영합하는 스타일은 아니었다. 대학에서는 정치학을 공부했는데, 그건 윌리엄스대학의 학과 중에 그나마 마케팅 분야에 가장 가까운 것이 정치학이었기 때문이다. 그때도 논쟁을 벌일 때 사람들이 이념적으로 너무 대립한다는 느낌이 강하게 들었다. 양극단에 치우칠 때가 많았고, 서로 의견이 엇갈린 채 평행선을 걷는 경우가 비일비재했다. 정부에 대한 생각 또한 문제의 근원 아니면 문제의 유일한 해결책이라는 식의 양극화 경향이 강했다. 나는 양극단의 어느 쪽에도 서고 싶지 않았고, 흑백 논리나 '모 아니면 도'라는 식의 극단적 논쟁도 좋아하지 않았다.

　　요즘도 업계 사람들이 정부에 관해 하는 이야기를 들어보면 학창 시절에 느꼈던 바로 그 기분이 들 때가 많다. 가만히 눈을 감고 들어보면 대학 때 논쟁하던 동료가 지금 이 자리에 와 있는 것이 아닌가 싶을 정도로 그때의 이야기와 분간이 안 갈 지경이다.

내 생각은 간단하다. 즉 정부가 3차 인터넷 혁명의 중심이 돼야 한다는 것이다. 자신의 정부관(政府觀)이 어떻든 그것은 중요하지 않다. 정부와 협력하는 방법 그리고 정부의 협력을 얻어내는 방법을 찾아내지 못한다면 3차 인터넷 혁명 환경에서 기업인으로 성공하기 어렵다는 것만 명심하면 된다.

사업하는 사람에게는 정부가 걸림돌이 될 때가 종종 있다는 점은 잘 알고 있다. 나 역시 그런 경험을 수차례 했었다. 기업인은 자립적이며, 정부와 협력하는 일에 익숙지 않고, 또 그것을 별로 원하지 않는다는 점도 충분히 이해한다. 그러나 정부가 한 국가의 사회와 경제에 미치는 막강한 영향력을 생각한다면 3차 인터넷 혁명과 관련해서도 정부의 역할이 매우 중요할 것이다.

작위(作爲)든 부작위(不作爲)든 간에 기업 환경은 정부가 만드는 것이다. 최악의 시나리오라는 관점에서 보자면 정부는 온갖 규정과 장애물로 젊은 기업인의 꿈을 망가뜨릴 수 있는 존재다. 정반대로 최상의 시나리오라는 관점에서 보자면 정부는 성공을 보장해주는 방식이 아니라 위험 수준을 낮춰주고 기회를 확대해주는 방식으로 혁신과 기업가 정신을 장려하는 환경을 조성하는 존재다.

궁극적으로 규정을 정하고 이를 실행하는 주체는 바로 정부다. 기업이 인재를 고용하고 벤처 자본을 유치하는 일은 쉬울 수도, 어려울 수도 있다. 창업이나 사업 확장 과정이 간단할 수도, 복잡할 수도 있다. 하지만 이 모든 것이 입법자(국회의원)의 손에 달렸다. 또 기업이 연구개발 부문에 혹은 상품화할 수 있는 새로운 아이디어를 고안하는 일에 자금을 얼마나 투자할지를 결정하는 것도 입법부다. 국가 간 상거래를 활성화하느냐 억제하느냐도 정부의 결정에 달린 문제다. 또 정부는 세법 등의 수단을 통해 투자가 필요한 업종과 부문에 적절한 지원을 한다.

정부의 무능과 불합리한 처사에 좌절하거나 분노할 때가 훨씬 많은 건 사실이다. 그렇다고 해서 정부는 아무짝에도 쓸모없는 거추장스러운 존재라고 치부하는 것도 어리석은 일이다. 기업하기 좋은 환경을 조성하는 데 정부의 역할이 매우 중요하다는 점을 충분히 이해할 필요가 있다.

혁신가로서의 정부

내가 태어난 해인 1958년에 드와이트 아이젠하워Dwight Eisenhower 대통령은 미 국방부 산하 첨단연구기관인 아르파Advanced Research Projects Agency, 이하 ARPA 36)를 창설했다. 아르파의 연구원들은 이 기관이 제공하는 충분한

---

36) 나중에 방위(Defense)를 의미하는 글자 'D'를 앞에 덧붙여 '다르파(DARPA)'라 개명. '미국방위고등계획국'이라 함.

자금과 연구 공간을 바탕으로 상업적 가치나 단기적 이익에 연연하지 않고 장기적인 측면에서 혁신에 도움에 되는 참신하고 기발한 아이디어를 개발하는 일에 매진했다. 설립 이후 아르파는 스텔스 기술에서부터 위성항법시스템^{GPS}에 이르기까지 획기적인 혁신기술을 개발해 왔다.

연방정부는 아르파와 같은 첨단 프로젝트를 통해 혁신의 동력을 자처하며, 우리의 미래 경제를 좌우할 참신한 아이디어 개발을 촉진해왔다. 이를 통해 궁극적으로 기술 혁명을 주도할 반도체를 포함하여, 초기에는 상용화가 불투명하여 투자가 망설여졌던 수많은 아이디어에 대해 과감한 투자 지원이 가능해졌다. 이처럼 민간 기업이라면 감당하기 버거운 위험이라도 정부는 이를 과감히 끌어안고 투자를 감행할 수 있다. '100대 연구개발상^{R&D 100 Award, 연구개발 부문의 아카데미상이라 할 수 있음}' 자료를 바탕으로 연방정부가 기술 개발에 미치는 영향을 연구한 결과, 1980년대 말부터 2000년대 말까지 이루어진 혁신 사례 대다수가 어느 정도는 연방정부의 지원을 받은 것으로 나타났다.

정부의 지원으로 이루어진 연구개발의 결과물이 상용화(商用化)하는 경우도 있다. 지금 우리가 사용하는 컴퓨터와 스마트폰의 모든 기능이 여기에 해당한다. 이러한 기능 대부분이 냉전 시대에 정부가 관련 분야의 기술 개발에 투자한 결과물이다. 자동차에서 사용하는 내비게이션 시스템(차량항법장치)은 미 국방부가 핵 억지력 향상을 위해 GPS를 개발한 덕분에 탄생한 것이다. 비행기의 이착륙을 안내하는 레이더 시스템은 해군이 접근하는 전함이나 전투기를 탐지하는 기술을 개발한 덕분에 세상에 나왔다. 구급상자 속의 갖가지 상비약도 정부 보조금이 없었으면 개발이 어려웠을 것이다.

정부가 인터넷의 탄생에 중추적 역할을 했다는 입장에서 보면 AOL의 탄생과 성장 과정에서 정부의 역할을 배제할 수 없다. 1962년에 아르파의 과학자와 엔지니어들은 각기 다른 장소에 있는 컴퓨터를 연결하여 네트워크화하는 방안을 모색했다. 그리고 4년 만에 이러한 네트워크를 구축하기 시작했다. 3년 후 컴퓨터 간 연결을 통한 최초의 중앙컴퓨터 네트워크를 완성했다. 이 네트워크를 구축하고 나서 10년 뒤인 1972년에 최초의 이메일 송신이 이루어졌으며, 이러한 인터넷 워킹 시스템을 '인터넷'이라 부르게 됐다.

정부가 최초로 인터넷을 개발하지 않았다면 AOL의 성공은 불가능했을 것이다. 또 벨시스템의 파산과 통신 시장의 치열한 경쟁을 유발한 독점 금지법에서부터 통신망 개방과 다이얼업 접근을 허용하기로 한 미연방통신위원회의 결정, 인터넷의 상업적 사용을 촉진하는 내용의 통신법^{Telecommunications Act, 1996} 통과 등 정부가 인터넷의 잠재력을 인식하고 이를 대중에 개방하기 위해 필요한 조치를 취했기에 가능한 일이었다.

인터넷은 군사용 혹은 연구용 도구에 그쳤을 수도 있다. 그러나 정부는 인터넷의 사용 범주를 확장하고 이의 상용화를 허용하는 결단을 내렸다. 현재의 관점에서 보면 이러한 선택은 너무도 당연한 것처럼 보일 수 있다. 그러나 이는 비전이 바탕이 된 매우 중요한 선택이자 결정이었다. 2014년 인터넷의 경제 규모는 8조 달러로 이는 스페인과 캐나다 그리고 브라질의 GDP를 웃도는 수준이었다.

정부의 역할은 혁신의 결과물을 상용화하는 것이 아니다. 시장이 감당하기 버거운 분야의 기술 개발을 촉진하여 참신한 아이디어와 미래 비전을 지닌 혁신적 기업인들이 자신들의 아이디어를 제품화하거나 사업 아이템으로 활용할 수 있게 지원하는 것이다. 겉보기에는 활동이 두드러져 보이지 않는 기관이라도 혁신 부문에서는 중요한 역할을 할 수 있다. 중소기업청Small Business Administration, 이하 SBA이 그 좋은 예다. 퀄컴Qualcomm, 애플, 인텔Intel 같은 기업도 대출받을 때 SBA의 지급 보증 덕을 톡톡히 봤으며, 덕분에 성장의 발판을 마련할 수 있었다.

그리고 정부가 주도한 정보 및 데이터의 온라인화 작업도 큰 도움이 됐다. 연방정부는 1994년부터 1999년까지 디지털 도서관 사업Digital Libraries Initiative, 이하 DLI을 추진하는 과정에서 여러 가지 문제를 해결하는 일에 참여했던 곳에 6,800만 달러의 연구 보조금을 지급했다. 정부의 이러한 수혜자 중에는 더 나은 웹페이지 색인방법을 찾으려 했던 스탠퍼드대학원 학생들이 포함돼 있었다. 이들이 바로 구글의 공동 창업자 래리 페이지Larry Page와 세르게이 브린Sergey Brin이다. 두 사람이 DLI의 보조금으로 실행한 연구의 결과물이 오늘날 구글 검색 알고리즘의 기초가 된 것이다.

정부가, 아니 더 정확하게는 정부의 노력이 없었다면 인터넷도 없었을 것이다. 그리고 인터넷의 상용화를 주도했던 1차 및 2차의 주요 혁신 기업도 없었을 것이다. 실리콘 밸리 사람들에게 기피 대상이자 조롱의 상대였던 정부 관료가 없었다면 애초에 실리콘 밸리 자체도 존재하지 못했을 것이다.

정부와 3차 인터넷 혁명

3차 인터넷 혁명기에 정부는 규제자와 고객이라는 두 가지 차원에서 중요한 역할을 할 것이다. 정부로서는 새로운 아이디어 전부를 다 감독 대상으로 삼아야 하기 때문에 규제자로서의 역할은 특히나 까다롭고 복잡하다. 사물인터넷의 기반인 센서와 추적 기술 덕분에 기업은 소비자가 무슨 식품을 구매하는지부터 시작해서 식습관은 어떤지, 에너지 사용량은 어떤지 그리고 밤에 잘 때의 적정한 실내온도에 이르기까지 일상생활의 아주 세세한 부분까지 알아낼 수 있다.

읽기 능력 향상을 위한 교육용 프로그램을 제공하는 기업이 있다고 가정하자. 이 기업은 학생 개인의 많은 자료를 수집한다. 그러나 학생이 학교를 졸업하고 나면 그 자료는 어떻게 될까? 본인이 자료를 소유하는가? 자료의 통제권을 가지는가? 어느 날 데이팅 앱에서 상대방과의 친화성 분석을 목적으로 그 자료를 올려달라고 하지 않을까? 기업에서 그 자료를 다른 곳에 팔아 버리지는 않을까? 간단한 문제가 아니며, 규제 당국으로서는 여간 까다로운 문제가 아닐 수 없다. 이러한 자료의 사용을 어느 정도나 허용할 것인가? 그리고 이 자료가 어떻게 사용되는지 고객은 어느 정도나 알 수 있는가? 정부는 이러한 질문에 어떻게 답할 것인가?

자료의 보안과 관련한 문제 또한 매우 복잡하다. 물론 해커가 사기, 명의 도용, 기타 등등의 목적으로 이러한 자료를 사용할 위험이 있다. 그러나 이보다 훨씬 위험한 사실은 해커가 사물인터넷 장치 자체를 통제한다는 것이다. 해커가 정부의 데이터베이스가 아니라 전국에 있는 모든 심박유지장치에 손을 댄다면 어떻게 될까?

전자개인정보센터Electronic Privacy Information Center 의 마크 로텐버그Marc Rotenberg 소장은 이렇게 말했다.

"사이버 보안 문제는 절대로 만만히 볼 사안이 아니다. 겨울철에 지구 반대편에 있는 해커가 워싱턴 D. C.에 있는 10만 가구의 자동 온도조절 장치를 전부 꺼버린다고 생각해보라."

이러한 문제를 규제 당국은 어떻게 대처할 것인가? 3차 인터넷 혁명의 특징인 경제적 잠재력을 해치지 않으면서 정보 보안과 사생활 보호의 문제를 어떻게 조율할 것인가? 양자 간의 균형을 유지하는 일은 생각보다 복잡하고 어려운 일이다. 만약 그렇지 않다고 생각한다면 그것은 너무 순진한 발상이거나, 이 과업의 복잡성과 난이도를 솔직하게 인정하지 않는 것이다.

고객으로서의 정부

3차 인터넷 혁명기의 기업들에게 정부는 규제자이기만 한 존재는 아니다. 정부는 중요한 잠재고객이기도 하다. 사실 앞으로 10년 내에 전 세계 정부에게 제품을 판매하는 수십 개의 유니콘[37]이 탄생하기를 바라는 마음이다.

대기와 해양의 질을 정확하게 측정하는 인터넷 기반 센서라면 미환경청Environmental Protection Agency, EPA이 눈독을 들일 수 있다. 새로운 인프라에 탑재하여 교통에 관한 실시간 정보를 제공하는 센서는 교통부Department of Transportation가 관심을 가질 것이다. 국방부Department of Defense는 이미 일선 장병들이 사용할 수 있는 착용형 장치를 활용하고 있다. 교통 신호, 에너지 사용, 하수관리 시스템, 범죄 통계 등의 관리체계 개선이 시급한 도시나 주정부도 주요 잠재고객이 될 수 있다.

연방정부는 이미 디지털 세대를 겨냥하여 정부의 서비스를 개편하는 작업에 착수했다. 2014년에 백악관은 미국디지털서비스US Digital Service, 이하 USDS라는 디지털 혁신 자문기구를 신설하여 기술업계 최고의 인재들을 모아 연방기관이 직면한 다양한 문제를 해결하게 했다. 〈패스트컴퍼니Fast Company〉는 정부 내에 꾸려진 이러한 디지털 생태계를 '오바마의 스텔스 스타트업Obama's stealth startup'이라 표현했다.

USDS는 짧게는 1년에서 길게는 4년 기한으로 일류 엔지니어들을

---

37) 기업 가치가 10억 달러 이상인 비상장 창업 초기 기업

모집하여, 온라인에서 영주권을 갱신하는 것에서부터 퇴역 군인을 위한 디지털 서비스 개선 작업에 이르기까지 다양한 프로젝트에 참여시켰다. 구태를 벗고 성공한 실리콘 밸리 기업의 효율성과 유효성을 정부 조직에서도 구현해보자는 것이 목적인 이러한 시도는 연방정부 조직의 관료주의와 비생산적인 조달체계를 혁신하려는 노력의 첫걸음일 수 있다. 평화봉사단^{Peace Corps}과 백악관펠로우^{White House Fellows} 프로그램이 인재 발굴 및 양성의 본거지가 됐듯이, USDS 또한 기술업계에서 떠오르는 스타의 등용문이 될 수 있다.

또 3차 혁신 기업의 산파(産婆) 역할을 해줄 수도 있다. USDS는 기회를 포착하는 데 능한 기술업계 인재를 찾고 있는데, 초창기에는 페이스북, 구글, 아마존, 트위터 출신들의 활약이 두드러졌다. USDS의 공동 설립자 토드 박^{Todd Park}은 성공한 창업자로서 명성을 떨치다 백악관으로 들어가게 됐다. 현재 이들은 국가가 직면한 가장 큰 문제를 해결하는 일에 몰두하고 있다. 즉 21세기 환경에 걸맞게 정부의 기능을 수행할 수 있는 방법을 찾는 일에 열중하고 있다.

USDS에서 일하던 인재들이 직무 기간이 끝난 후 다시 기업인으로 돌아간다고 해도 놀랄 일은 아니다. 정부 기관이 어떤 문제로 골머리를 앓는지 알았기 때문에 이러한 문제를 해결하는 데 초점을 맞춰 창업할 수도 있을 것이다.

3세대 혁신 기업인은 정부와 협력하는 환경에 대비해야 한다. 아무런 노력도 하지 않는데 의회 의원들이 나의 회사가 무슨 사업을 하느지, 정부가 골머리를 앓고 있는 문제를 해결하는 데 내가 어떤 도움이 되는지, 나의 제안이 어떤 효과를 내는지 알고 있을 것이라고 생각하지 마라. 내가 정부를 외면하고 계속해서 정부와 거리를 둔다면 많은 일이 나를 배제한 채 진행될 것이다. 물론 정부와 손을 잡는 일이 쉽지는 않다. 상호 존중하는 자세를 바탕으로 상대의 말을 경청하고 많이 인내해야만 하는 일이다. 그러나 아무리 어려운 작업이라도 여기에는 분명히 보상이 따를 것이다. 아니, 분명히 큰 보상이 따른다. 이 부분은 내 경험으로 증명할 수 있다.

정부와 협력하기

AOL과 타임워너의 합병이 치욕적인 실패로 끝난 주된 원인은 사람, 관계, 문화 등의 요소에서 찾아야 한다. 우리가 무엇을 해야 하는지는 너무도 잘 알고 있었다. 그러나 우리 앞에 놓인 기회를 활용하는 데 적절한 형태로 인적 요소와 문화적 요소를 재정비하는 데는 실패했다. 구성원 간의 신뢰 부재가 조직 능력에 치명상을 입혔고, 성공의 기회를 날려버렸다.

나는 정부와 협력 작업을 시작했을 때 이때의 뼈아픈 경험을 기억하며 똑같은 실수는 다시 하지 않으려고 했다. 그래서 좋은 아이디어를 생각해내는 일뿐 아니라, 그 아이디어를 실현하는 데 도움을 줄 사람들과 관계를 맺는 일도 게을리 하지 않았다. 당시 나는 의도적으로 정치권과는 적당히 거리를 뒀다. 정치 자금 모금 행사를 주최하거나 특정 후보자를 후원하는 일은 절대로 하지 않았다. 대신에 어느 한쪽에 치우치지 않고 양당과 우호적인 관계를 이어가려고 했다. 그런데 2009년에 이러한 접근법이 시험대에 올랐다.

이때 나는 신설된 '혁신 및 기업가 정신 고양을 위한 국가자문위원회National Advisory Council on Innovation & Entrepreneurship, 이하 NACIE'의 공동 의장직을 맡아달라는 제의를 받았다. 이 기구는 다양한 지역과 부문에서 영입한 수십 명의 전문가로 구성됐다. NACIE는 수많은 정책을 제안했고 백악관은 의견을 다수 수용하여 시행했다. 이후 오바마 대통령이 '스타트업 아메리카 파트너십'을 추진하면서 내게 의장직을 맡아달라고 했다. 그래서 우리는 넷플릭스의 리드 헤이스팅스Reed Hastings, 언더아모르Under Armour 스포츠용품 브랜드의 케빈 플랭크Kevin Plank, 페덱스의 프레드 스미스Fred Smith, 델의 마이클 델Michael Dell, 토리 버치Tory Burch, 매직 존슨Magic Johnson 등 내로라하는 업계 거물들로 이사회를 구성했다.

이후 얼마 지나지 않아 오바마가 대통령 직속의 '일자리 및 경쟁력 제고 위원회Council on Jobs and Competitiveness, 이하 일자리위원회'를 신설했고 내게 다시 이 위원회의 합류를 요청했다. 그래서 이 위원회 산하 '기업가 정신' 분과위원회를 맡아 페이스북의 셰릴 샌드버그Sheryl Sandberg, 벤처 캐피털 회사 KPCB의 존 도어John Doerr와 함께 작업했다.

이는 백악관 및 의회 인사들과 작업할 수 있는 기회였다. 우리는 주요 기업인과 양당 의원들이 서로 소통할 수 있는 기회를 마련하는 일부터 시작했다. 정계와 경제계 모두가 인정하는 독립 컨설팅 회사 맥킨지^{McKinsey}에게 혁신 지향적 정책에 관한 보고서를 작성해달라고 주문했다. 구체적으로 말해 지금까지 제안된 다양한 혁신 정책들을 정리한 후 기업가 정신 진작과 일자리 창출에 미치는 긍정적 효과를 기준으로 정책의 순위를 매겨달라고 한 것이다.

이러한 작업을 통해 개선이 필요한 정책들을 찾아낼 수 있었다. 우리의 권고안 중에는 글로벌 인재 쟁탈전에서 유리한 고지를 선점하기 위해 이민법을 손볼 필요가 있다는 내용도 들어 있었다. 창업을 더 쉽게 할 수 있도록 규제를 완화할 것을 권고하기도 했다. 또 기업가 정신 고양을 위한 프로그램과 첨단기술업계의 변방 지역에 기술 인프라를 구축하는 부분에도 초점을 맞췄다.

무엇보다 우리가 가장 초점을 맞춰야 할 부분은 기업인들이 창업 및 성장에 필요한 자금을 좀 더 쉽게 조달할 수 있게 해주는 일이었다. 이 과정에서 우리는 민간 자본 조달과 관련한 증권법이 1933년 이후로 전혀 개정되지 않았다는 사실을 알고 깜짝 놀랐다. 증권법이 1933년 상태 그대로이니 당연히 벤처 캐피털 운용이나 인터넷의 등장과 같은 현실이 반영됐을 리 없었다. 이러한 현실을 바로바로 반영하지 못하는 오래된 법률이나 규정 때문에 기업인이 주식 자본을 조달하기가 매우 어려웠다. 일례로 '도드-프랭크 월스트리트 개혁 및 소비자 보호법^{Dodd-Frank Wall Street Reform and Consumer Protection Act, 2010}' 같은 신설 금융 규제법 때문에 은행에서 대출 받기가 더 어려워졌고, 샤베인-옥슬리법^{Sarbanes-Oxley legislation, 2002} 때문에 신생 기업의 상장은 더 어려워졌다. 그래서 우리는 더 많은 지역의, 더 많은 기업인에게 더 빨리 자금이 흘러갈 수 있도록 하는 데 초점을 맞췄다.

이렇게 해서 좀 더 기업인 친화적인 IPO 환경을 조성하고 창업 기업인이 좀 더 쉽게 투자자를 찾을 수 있게 하는 데 초점을 맞춘 권고안을 완성했다. 여기서 가장 중요한 요소 가운데 하나는 인터넷 기반의 크라우드펀딩^{crowdfunding}을 통해 자금을 조달할 수 있게 한 것이었다. 온라인을 통해 프로젝트별로 자금을 조달할 수 있는 킥스타터와 인디고고^{Indiegogo} 같은 소셜 펀딩 사이트가 등장했으며, 우리는 창업이나 성장 자금이 필요한 기업인들이 크라우드펀딩 방식을 통해 주식 자본이나 대출 자본을 조달할 수 있기를 바랐다.

이러한 노력을 기울이는 내내 사람들은 이 작업은 괜한 시간 낭비일 뿐이며, 노력은 결국 외면당할 것이라고 말했다. 설사 이 권고안에 관심을 보이는 사람이 있다 하더라도 당파적 경향이 강한 의회에서 이 안이 통과될 리 만무하며, 특히 선거철에는 더욱 어렵다는 것이었다. 그러나 나를 포함한 태스크포스 요원들은 신뢰가 바탕이 된다면 결국은 합의에 이를 수 있다고 믿었다. 그래서 우리는 백악관과 의회의 핵심 인사와 접촉하기 시작했다. 우리로서는 권고안이 무시되지 않고 실제로 채택될 수 있도록 이들의 지지를 얻을 필요가 있었다.

보고서를 발표하기까지 몇 주 동안 사람들을 만나 물밑 작업을 벌이느라 분주하게 움직였다. 이 권고안은 2012년 1월 17일에 '일자리위원회' 회의에서 대통령에게 제출하기로 돼 있었다. 그러나 우리는 권고안을 발표하는 것이 중요한 것이 아니라, 권고안에 대한 지지 분위기를 조성하기 위한 사전 작업이 이 계획의 성패를 좌우한다는 점을 확실히 인식하고 있었다. 그런데 당시의 정치 상황이 그다지 녹록지 않았다. 또 대선을 앞둔 상황인지라 이 권고안에 당파적 색채가 들어간다면 의회에서 통과되기 어렵다는 점을 잘 알고 있었다.

GE의 CEO 제프 이멜트$^{Jeff Immelt}$가 위원장직을 맡았던 일자리위원회는 대통령 직속 자문기구라는 점에서 어느 정도 위상과 권위가 있었다. 그러나 우리는 정치적 고려는 되도록 피하고, 각 권고 사항의 이점에 초점을 맞추려고 했다. 기업인 친화적인 법안의 통과를 최우선시하는 일에 백악관뿐 아니라 공화당과 민주당 의원으로부터 초당적 지지를 얻고자 발표 당일까지 여러 곳에서 수십 차례 소모임을 열며 철저히 준비했다.

대통령과 만나기로 한 그 주에 나는 먼저 공화당 원내총무 에릭 캔터$^{Eric Cantor}$에게 전화를 걸어 일자리위원회가 열리기 전날 나를 만나 줄 수 있겠느냐고 물었다. 캔터는 그러자고 했다. 내가 하고 싶은 말은 아주 간단했다. 다음날 기업가 정신 진작과 일자리 창출을 위한 몇 가지 권고 사항을 담은 보고서를 제출할 예정인데, 이 권고안은 당리당략을 떠난 초당파적 노력의 결과물이라는 점을 분명히 밝혔다. 그러니 일단은 권고안을 찬찬히 읽어보라고 부탁했다.

그리고 원래 계획대로 권고안이 발표됐다. 대통령은 실업률이 높은 현 상황을 고려할 때 일자리 창출에 기여하는 기업인에 대한 지원을 포함하여 일자리 창출을 국가의 최우선 과제로 삼기 위해 양당이 초당적으로 협력해야 한다고 밝히며 보고서에 지지를 표했다.

그 직후 세부 사항을 논의하기 위해 캔터를 다시 만났다. 캔터는 몇 가지 사안에 관심을 보였고, 관련 법안의 의회 통과를 위해 양당이 협력해야 한다는 생각에 동의하는 것 같았다. 상당히 고무적인 반응이었다.

2주일 후에 캔터는 창업지원육성법^{Jumpstart Our Business Startups Act, 이하 잡스법}(머리글자를 따서 이하 잡스법^{JOBS Act}이라고도 함. 일자리 job과 묘하게 연관되는 기발한 작명이 아닌가!)을 발의했다. 잡스법은 우리의 권고안에 바탕을 두고 있다. 캔터는 우리의 권고안을 수용했다고 밝히면서 양당에 이 법안의 지지를 촉구했다. 이에 백악관은 지지 성명을 발표했고, 이 법안이 통과할 수 있도록 지원을 아끼지 않았다. 이 과정에서 나는 백악관 고문 진 스펄링^{Gene Sperling}, 제프 지엔츠^{Jeff Zients}, 발레리 자레트^{Valerie Jarrett} 등과 긴밀하게 협력했다. 스펄링과는 인연이 깊었다. AOL이 클린턴 행정부와 협력하여 인터넷 관련 규정을 만들 때부터 알고 지냈다(당시 클린턴 대통령은 인터넷의 잠재력을 인식하고 있었으며, 이메일을 보낸 최초의 대통령일 정도로 이 부문에 대한 이해도가 높았다). 지엔츠는 내 친구이자 창업 기업인이었고, 아이들도 같은 학교에 다녔다. 이처럼 이미 친분이 있던 사이로 상호 간에 신뢰 관계가 구축돼 있었기 때문에 내가 추진하려는 정책에 대한 협의도 순조롭게 진행됐다. 그런데 자레트는 오바마가 대통령에 선출된 이후에 만난 사람이었다. 그러나 이후 기업가 정신 진작을 위해 백악관과 협력하는 과정에서 자레트와도 돈독한 사이가 됐다.

워싱턴 정가의 지원 외에 외부의 지지도 필요했다. 창업 기업을 위한 플랫폼인 엔젤리스트^{AngelList}의 나발 라비칸트$^{Naval\ Ravikant}$와 벤처 자본가 케이트 미첼$^{Kate\ Mitchell}$ 같은 사람들은 인터넷을 활용하여 이러한 노력에 대한 일반의 지지와 관심을 이끌어냈다. 초당적 지지 덕분에 잡스법은 상하 양원을 통과했다. 2012년 4월 5일에 백악관 로즈 가든에서 오바마 대통령이 이 법안에 서명할 당시 나는 잡스법의 발의자 에릭 캔터를 비롯하여 양당의 법안 지지자들과 함께 대통령 뒤에 서 있었다.

참으로 벅찬 경험이었다. 입법적으로 생산성이 가장 낮았던, 즉 사상 최저의 입법 실적을 기록한 시기였음에도 뜻을 같이한 여러 사람이 협력하여 의미 있는 법안을 마련했고, 결국 대통령의 서명까지 받아냈다는 사실이 참으로 감격스러웠다. 대의를 위해서는 정파와 진영 혹은 소속이 다른 사람들 사이에도 신뢰 관계가 형성될 수 있다는 내 믿음이 입증되는 순간이기도 했다. 상대 당은 자신의 당에 압력을 가하려는 존재일 뿐이라는 기존의 '상식'에서 벗어나 정책적 사안에 따라 초당적 협력이 가능하다는 분위기를 만들어낸 것이다. 이 법안이 물론 완벽한 것은 아니었고, 어느 쪽도 자신들이 원했던 것을 모두다 취할 수는 없다. 그러나 양당 모두가 우선 정책 사항으로 꼽았던 새로운 사업 및 일자리 창출을 위한 첫걸음은 내디딘 셈이었다. 그리고 그들을 포함하여 우리 모두가 너무나 자주 망각하는 사실인데, 정치인에게 '타협'은 절대로 '저주'가 아니라는 사실을 보여줬다.

우버 : 예외적 상황인가?

사람들과 3차 인터넷 혁명에 관한 이야기를 하면서 정부와 파트너 관계를 구축하는 일에 더 신경 써야 한다고 말하면, 그중에 우버 이야기를 하는 사람이 꼭 있다. 우버는 정부와 파트너 관계를 맺기는커녕 같이 작업한 적도 없었다. "허락이 아니라 용서를 구하라"가 우버의 사업 방침이었다(물론 우버가 실제로 어느 쪽을 선택했는지는 확실히 알 수 없지만). 즉 일단 저지르고 문제가 생기면 나중에 해결하자는 전략이었다. 결과적으로는 이러한 전략이 먹혀들었다, 그것도 아주 훌륭하게. 우버의 영업 사전에 '파트너십'이나 '허락'은 존재하지 않는다. 우버는 기존 택시업계의 질서를 무시하고 교통 중개 서비스 플랫폼을 만들어 일반인을 기사로 끌어들이는 방식으로 하루아침에 큰 성공을 거뒀다. 파트너십에 의존하지 않는 전략이 우버에는 먹혔다면, 다른 곳은 왜 안 되는가?

우버의 상황에는 예외적인 몇 가지 이유가 있다. 우선 우버는 기본적으로 지방정부 단위로 거래했다. 규정, 지지 기반, 영향력 등이 제각각인 수십, 수백 개 지역이 영업 대상이 됐다. 따라서 이른바 '분할정복divide-and-conquer [38]' 전략을 구사할 수 있었다. 말하자면 전국이라는 큰 단위가 아니라, 세분화하여 도시별로 접근하는 일종의 '각개격파' 방식을 취했다. 지역 단위 접근법이라면 이러한 전략이 먹힐 수 있다.

그러나 사세 확장과 함께 영업의 범주가 지역의 단위를 점점 넘어서게 되면서 문제에 봉착했다. 거의 10여 개 주에서 송사에 휘말렸고, 각종 규제에 발목이 잡혔다. 독일, 네덜란드, 브뤼셀, 태국, 오스트레일리아 일부 지역, 인도, 남아프리카 등지에서 우버의 영업을 반대하는 움직임이 거세졌다. 스페인과 한국에서는 대중의 거센 반발에 밀려 영업 정지 처분을 받고 철수하는 상황에 몰렸다. 프랑스에서는 우버가 불법으로 택시 영업을 했다는 이유로 격렬한 시위가 벌어졌고, 이 때문에 우버의 임원들이 체포·투옥되기까지 했다. 그 결과 우버는 프랑스에서 우버팝Uberpop [39] 서비스를 중단했다.

그래도 우버의 상황이 예외적이라는 점은 여전하다. 우버는 광범위한 지역에서 영업 활동을 지속하면서 자잘한 분쟁에 계속 휘말리고 있었다. 그러나 감당할 수 없을 정도로 분쟁이 심화되지 않는 한 우버의 시장은 건재할 것이다. 우버에게는 전 세계의 여러 시장에서, 법정에서 그리고 여러 정부와 다중전을 벌이는 데 필요한 자본이 있다.

---

38) 그대로는 해결하기 어려운 문제일 때 작은 문제로 분할하여 해결한 후 이를 다시 통합하는 문제 해결 방식

39) 손님과 일반 운전자를 연결해주는 저가 차량 공유 서비스

또 우버는 정부의 지원 없이도 전혀 무리 없이 고객에게 서비스를 제공할 능력이 있다. 굳이 정부의 힘이나 협력이 필요하지 않다. 오히려 정부가 개입하지 않는 쪽이 더 좋을 것이다. 마지막으로 우버에게는 대중(고객)이라는 든든한 '우군'이 있다. 우버의 적(敵)은 경쟁사지 고객이 아니다. 즉 우버는 소비자 보호를 위한 규정이 아니라 기존 택시 회사의 보호를 위한 규정과 싸우고 있다. 우버는 소비자의 권리를 침해하는 혹은 소비자를 불편하게 하는 규정과 싸우는 것이라고 주장하면서 여론을 자기편으로 돌려세웠다.

그러나 우버의 예를 대다수 3세대 스타트업에 적용하는 것에는 무리가 있다. 우버처럼 도시인의 택시 이용방법을 혁신하고 싶은 기업도 물론 있다. 그런가 하면 대출방식이나 정부 서비스의 제공방식을 바꿔보려는 기업도 있고, 풍력발전 장치를 적극적으로 활용한다거나 학생들의 급식지원체계를 혁신하고 싶어 하는 기업도 있다. 이러한 유형의 혁신이 성공을 거두려면 정부를 적이 아닌 파트너로 삼아 함께 협력해야 한다.

| 기업 대 정부

3차 인터넷 혁명기를 맞이하면서 무엇보다 실리콘 밸리(경제계 혹은 기업)와 워싱턴 D. C.(정계 혹은 정부) 간의 반목과 적대감의 고리부터 끊어내고 싶다. 실리콘 밸리의 거물 기업인 중에는 극단적 자유주의에 입각하여 정부를 기업인의 적이자 혁신의 걸림돌이며, 성장에 방해만 되는 존재로 인식하는 사람도 있다. 이러한 세계관을 지닌 가장 대표적인 인물이 벤처 자본가 피터 틸[Peter Thiel]이다.

틸은 이렇게 말했다.

"나는 몰수 수준의 조세 정책, 전체주의적 집단주의 그리고 모든 인간의 죽음은 필연적이라는 식의 결정론적 이데올로기를 반대한다."

틸처럼 정부를 못마땅해하는 사람들의 논리가 다 틀린 것은 아니다. 이들의 말대로 정부는 민첩성이 떨어진다. 기업가 정신을 독려하기는커녕 이러한 분위기에 찬물을 끼얹을 때가 더 많다. 역기능적으로 움직일 때도 많다. 입법 절차를 보면 한숨이 나올 정도고, 규제 시스템도 낡디낡았다. 게다가 정부의 더딘 변화 속도는 기업인에게 큰 악재로 작용한다.

그러나 정부를 적으로 보는 업계의 시각은 바람직하지 않다. 기업과 정부를 동일한 잣대로 평가하는 것은 잘못된 것이다. 정부와 기업은 본질적으로 다른 영역에 속해 있으며, 추구하는 사명이 다르고, 관리 원칙과 규율도 다르다. 적어도 미국과 전 세계 대다수 국가에서 정부의 궁극적 목적은 사적 이익이 아닌 공적 이익을 추구하는 것이다. 그리고 정부가 협력하자고만 들면 그 스케일은 민간 기업이나 비영리 조직에 비할 바가 아니다.

정부 관리들이 기업인의 요구나 필요 사항에 대해 너무 무지하다는 것도 잘못된 생각이다. 물론 정부 관리 중에는 이해하지 못하는 사람도 있고, 더 나아가 기업인을 불신하는 사람도 있다. 정부 관리나 선출직 관료들이 업계 경험, 특히 창업 경험이 있는 사람이라면 상황이 조금은 나아질 것이라는 생각에는 동감이다. 그러나 그렇다고 해서 이들이 업계 상황을 몰라도 너무 모른다는 식으로 몰아가는 것은 너무 과한 처사다. 정부 관료와 기업인은 동기 요소도 다르고, 각기 신경써야 할 층(유권자 대 소비자)도 다르다. 그리고 이들은 기업인의 요구와 국민의 요구를 균형 있게 조율해야 할 책임이 있다.

한 국가의 통치 과정은 분할관리와 통합관리가 혼합된 매우 복잡한 과정이다. 이에 비해 기업의 관리체계는 분할적 혹은 독립적이라기보다는 단선적이며 통합적이다. 한 기업의 CEO가 결정을 내리면 경영진은 서로 협력하여 이 결정 사항을 실행하게 된다. 한 국가의 대통령은 어떤 사항을 결정할 수 있으나, 법을 제정하거나 추가 예산 지출 사항을 단독으로 결정할 권한은 없다. 따라서 중요한 전략적 결정 사항은 대부분 의회에서 처리한다. 기업의 이사회와 CEO가 서로 충돌하면 새 CEO를 선출할 수 있다. 그러나 의회와 대통령이 충돌한다고 해서 의회가 새 대통령을 선출한다거나, 대통령이 새 의회를 구성하는 일은 있을 수 없다. 기업의 이사회에서 필리버스터(의사진행 방해)가 있었다는 이야기를 들어본 적이 있는가?

그러나 한편으로 기업과 정부의 교차점은 공익적 차원의 '사명'에서 찾을 수 있다. 과거의 기업은 오로지 이익과 고객만을 좇았으나 이제는 공익적 차원의 사명도 고려해야 한다. 즉 더 부강한 국가, 더 힘 있는 국민, 더 나은 세상을 만드는 일에도 관심을 기울여야 한다. 적어도 이 부분에서만큼은 기업도 정부 수준의 책임을 통감해야 한다.

제11장

변화의 진앙, 미국

· ● ●

초기 영화 산업을 이끈 영화업계의 개척자는 바로 어빙 탈버그Irving Thalberg다. 탈버그는 MGM 영화사에서 수백 편의 영화를 제작하면서 '일 중독자'라는 별명을 얻을 정도로 열정적으로 일에 매달렸다. 그래서 웬만해서는 다 소화하지 못할 정도로 일정을 너무 빡빡하게 짜는 바람에 약속을 다 지키지 못하고 중요한 사람들을 몇 시간씩 기다리게 하기 일쑤였다. 이 부분에 관해서 점점 더 제어가 불가능한 상태가 되면서 일은 점점 더 쌓이고 주변 사람들만 죽어나는 상황이 연출됐다.

한번은 마르크스 형제(유명 희극인들)와 만나기로 돼 있었는데 이들이 약속 시간에 맞춰 도착해보니 탈버그가 30분 정도 늦을 것 같으니 좀 기다려달라고 했다. 난감해진 두 사람은 담배에 불을 붙이고는 탈버그의 사무실 앞에서 뻑뻑 담배 연기를 뿜어대기 시작했다.

그러자 탈버그가 "불이 났나?"라고 소리치며 뛰어나왔다.

그때 그루초 마르크스가 대답했다.

"아니, 우리요. 마르크스 형제!"

요즘은 정부의 주목을 받으려면 그루초가 그랬던 것처럼 연기를 뿜고 또 뿜어내서 '불이 났다!'라고 생각하게 하는 것이 유일한 방법이 아닐까 싶기도 하다.

그러나 여기서는 연기를 내뿜든 내뿜지 않든 그것이 중요하지는 않다. 나는 3세대 혁신 기업 환경에서 정부가 매우 중요한 역할을 한다고 생각한다. 그래서 이러한 역할을 부인하는 사람을 더는 참고 봐넘기기 어렵다는 점을 분명히 밝혀두고 싶다. 그러나 나도 그렇게 꽉 막힌 사람은 아니다. 기업인이 정부를 진지하게 바라보는 것이 중요하듯 정부 역시 기업인을 진지하게 바라봐야 한다. 더 정확하게 말하자면 후자가 훨씬 중요하다.

3차 인터넷 혁명이 미국 소비자에게 엄청난 혜택을 가져다주는 것은 분명하다. 그러나 3세대 혁신 기업가 정신의 덕을 가장 많이 보게 될 국가가 어디인지는 확실하게 알 수 없다. 지금까지는 미국이 세계 경제를 주도해왔던 것은 사실이다. 그러나 이러한 위치에 너무 오래 안주해있던 것이 문제였다. 따라서 3차 인터넷 혁명기에 혁신의 대상은 미국이 될 것이고, 또 그래야만 한다.

너무 지나친 발언이라고 생각되는가! 그러나 이것이 현실이다. 과거에 다른 국가가 미국이 쥐었던 패권을 쥐었던 사례가 전혀 없지는 않다. 미국에서 탄생한 산업의 맹주 자리가 다른 국가에게 넘어간 일도 여러 번 있었다. 2015년 현재 세계 5대 자동차 회사 가운데 미국

회사는 한 곳도 없고, TV 제조사 가운데도 미국 기업은 없다. 자동차 산업과 TV 제조업의 본고장이 미국인데도 말이다. 미국은 이제 기회를 포착하기보다 기회를 포기하는 길로 들어서는 것처럼 보인다. 3차 인터넷 혁명기에도 이러한 상황에 변화가 없다면 앞으로 20년 동안 전개될 가장 중요한 경제적 혁신은 미국이 아닌 다른 국가의 손에서 이루어질 수도 있다.

미국에서 이와 같은 암담한 미래가 전개되지 않게 하려면 어떻게 해야 할까? 3세대 혁신 기업이 미국에서 사업을 시작하여, 이곳에 뿌리를 내리고, 여기서 성공을 거두게 하려면 어떻게 해야 할까? 이를 위해 정부는 다음 여섯 가지 부분에 관심을 기울여야 한다.

스타트업과 소기업을 구분하라

정책 차원에서 볼 때 스타트업과 소기업 간에는 유의미한 차이가 있다. 스타트업과 소기업 둘 다 미국 경제에서 중요한 역할을 하고는 있으나 '스타트업'에 뜻을 둔 창업자와 소기업을 창업하려는 사람의 목적 간에는 본질적인 차이가 있다.

일반적으로 '스타트업'은 확장성이 크고 성장의 속도가 빠르며 업계의 기존 판도를 바꿀 잠재력이 큰 기업에 붙이는 명칭이다. 그리고 스타트업의 자금 조달은 주로 10배, 더 나아가 100배의 투자 수익률

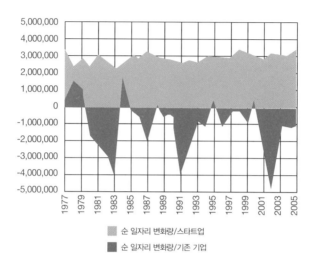

일자리 창출에서 스타트업의 중요성

- 순 일자리 변화량/스타트업
- 순 일자리 변화량/기존 기업

출처: 사업동태통계(Business Dynamics Statistics), 팀 케인(Tim Kane)

을 노리는 벤처 투자자를 통해 이루어진다.

반면에 소기업은 대체로 대출을 통해 자금을 조달한다. 예를 들어 지역 은행에서 소액 기업 대출을 받는 경우가 여기에 해당한다.

또 단기간에 초고속 성장을 목표로 하는 스타트업과 달리 소기업은 오랜 기간에 걸쳐 꾸준히 성장하는 것을 목표로 한다. 이러한 맥락에서 소기업은 장기간에 걸쳐 직원, 고객, 수익을 꾸준히 늘려가려고 한다. 이러한 차이 때문에 스타트업과 소기업은 각기 해결하려는 문제가 다르고, 전체 경제에 미치는 영향력에도 차이가 생긴다.

사실 미국 경제에서 새로운 일자리 창출은 그 전부가 소기업이 아니라 스타트업의 공이라 해도 과언이 아니다. 성장 순위에서 상위 1%에 해당하는 출중한 스타트업(이를 '가젤'이라고 함)이 연간 전체 일자리의 약 40%를 창출하고 있다. 앞의 표는 스타트업이 일자리 창출에서 얼마나 중요한 역할을 하는지를 잘 보여준다.

정치인들이 일자리 창출에 관해 이야기할 때 보면 소기업과 스타트업을 구분하지 않으며, 게다가 스타트업보다는 소기업에 초점을 맞춘 정책을 추진하는 경향이 있다는 것을 알게 된다. 그런데 이것은 방향이 완전히 잘못된 것이다. 적어도 일자리 창출을 원한다면 스타트업을 지원하는 쪽에 더 신경을 써야 한다.

3차 인터넷 혁명의 선봉에 서라

2015년에 언론인 대런 새뮤얼슨Darren Samuelson은 정치 잡지 〈폴리티코Politico〉에 '미 정부는 사물인터넷에 대해 무엇을 얼마나 알고 있는가?'라는 제목의 글을 실었다. 이 글에서 새뮤얼슨은 앞으로 세계 경제에서 무려 10%의 비중을 차지하게 될, 혹은 그렇게 될 것으로 예측되는 사물인터넷 산업의 추세와 동향을 미국 정가가 제대로 인식하고 있는지를 진단하고자 했다.

새뮤얼슨은 이렇게 말하고 있다.

"결론적으로 말해 미국 정부는 사물인터넷 부문에 대한 이해가 부족하다. 사물인터넷이나 사물인터넷 환경에서 발생할 여러 가지 문제에 대한 통합관리체계가 갖춰져 있지 않다. 사물 및 객체의 네트워크 기술은 식품의약국[FDA], 도로교통안전국, 농업국, 항공국 등 적어도 20여 개의 연방기관과 30여 개의 의회 위원회에서 별도로 관리하고 있는 실정이다. 의회는 국가적 차원에서 사물인터넷 산업에 관한 포괄적 전략을 수립하지 않았고, 관련 법안을 마련하지도 않았다."

참으로 걱정스러운 내용이기는 하나 이러한 상황을 전혀 이해할 수 없는 것도 아니다. 정부의 규모와 관료적 특성 때문에 정치인들은 경찰관보다는 소방관처럼 행동하는 경향이 강하다. 범죄 예방을 위해 순찰 활동을 벌이는 경찰관보다는 불이 나야 출동하는 소방관 쪽에 더 가깝다. 말하자면 문제가 발생하지 않도록 미리 예방하는 쪽보다는 일단 문제가 일어나야만 움직인다.

그러나 정책 입안자들이 문제 예방에 눈을 돌린다 해도 일이 그리 쉽지는 않을 것이다. 3세대 혁신 기업인은 특정 부문에 한정해 활동하는 것이 아니라 거의 전 경제 부문에 걸쳐 다양한 산업 부문에 손을 댈 것이다. 따라서 관할권에 관한 문제 하나만으로도 머리가 터질 지경일 것이다. 연방정부는 그 규모나 구조적 특성상 그렇게 다양한 부문에 동시에 영향을 미치는, 전방위적이고 포괄적인 문제를 규율하는 데 적합하지 않다. 이러한 한계를 갖고도 정부가 문제 해결에 나선

다면 아마도 서로 모순되고 상충되는 규정들로 가득한 누더기 시스템을 만들어낼 뿐이다. 그리고 이러한 불완전한 시스템하에서는 혼란만 가중되고, 기업은 어느 장단에 춤을 춰야 할지 몰라 우왕좌왕하는 상황만 빚어질 뿐이다.

한 가지 대안은 현재 22명의 각료로 구성된 내각의 규모를 축소하는 것이다. 실제로 규모를 줄인다는 의미도 있으나, 이보다는 지휘 체계를 일원화하여 효율성을 더 높인다는 의미가 더 강하다. 정부를 하나의 기업으로 보자면 대통령은 CEO에 해당하는데, 직속 부하를 이렇게 많이 거느린 CEO를 나는 본 적이 없다. 정부와 기업이 똑같을 수는 없지만, 정부도 이 부분은 참고할 필요가 있다고 본다.

1971년에 닉슨 대통령은 내각을 7개 부서로 축소하고 각 기관을 통합하여 담당 각료에게 더 많은 권한을 부여하자는 안을 내놓았다. 그러나 앞서 말했다시피 내각 축소 제안은 연방정부의 규모를 줄이는 것이 아니라, 큰 규모로 인한 비효율성을 줄이는 것이 목적이다. 물론 각료의 수가 줄어들 수는 있으나 그 권한은 더 강해질 것이다. 부통령이 일종의 최고운영책임자COO가 되어 행정부를 통솔하는 역할을 맡고, 대통령은 CEO로서 전략적인 임무에 더 집중하자는 것이다.

더불어 너무 길고 과도하게 포괄적이라서 국가에 꼭 필요한 훌륭한 인재를 등용하는 데 걸림돌이 되는 상원의 인준 및 검증 절차를 개선할 필요가 있다. 정부로서는 이러한 제안이 꽤 합리적이기는 하나 너무 급진적이라고 생각될 수는 있다. 물론 하루아침에 이루어질 일은 아니다. 그러나 이렇게 우물쭈물 하는 사이에 3세대 혁신 기업은 비효율성으로 무장한 답답한 정부와 충돌하게 될 것이다. 그렇게 되면 혁신의 속도는 당연히 느려지고, 경쟁자들이 우리를 앞질러 가버릴지도 모른다.

　　이렇게 미봉책으로 눈 가리고 아웅해봤자 임시방편밖에 나오지 않을 것이다. 2014년 초에 서아프리카 지역에서 발병한 에볼라가 연말쯤 되자 전 세계인을 공포에 떨게 하는 무서운 전염병으로 발전했다. 미국에도 에볼라 바이러스가 상륙하면서 공포가 확산됐다. 서아프리카를 여행한 사람들과 에볼라 환자를 돌봤던 의료인들이 희생자가 됐다. 의회는 즉각적인 대책을 요구하고 나섰다. 오바마 대통령은 정부의 대응방식을 놓고 우려와 고민이 깊어졌다. 중구난방으로 대책을 남발하기보다 범정부적 차원의 협력적 대응이 필요하다고 생각했다. 내 친구이자 동료인 론 클라인^{Ron Klain}이 백악관의 부름을 받은 것이 바로 이때였다.

　　당시 클라인은 레볼루션에서 투자관리 업무를 맡고 있었고, 케이스 재단의 업무도 지원하고 있었다. 그는 앨 고어와 조 바이든^{Joe Biden} 부통령의 수석 보좌관을 비롯하여 정부 일을 많이 했다. 그리고 명석한 두뇌와 뛰어난 관리 기술, 탁월한 문제해결 능력, 특유의 끈기와 성실함으로 호평받는 인물이었다. 오바마가 클라인을 에볼라 사태의 총괄 책임자인 이른바 '에볼라 차르^{Ebola czar}'에 적임자라고 생각한 이유가 바로 여기에 있다.

당시 에볼라 사태에 관여하는 기관이 너무 많아서 대응책에도 통일성이 없었다. 중구난방식의 대응책을 총괄할 종합대책기구가 필요하다고 생각했다. 이 기구의 책임자가 구심점이 되어 범정부적 전략을 강구하여 실행하고, 관련된 모든 사항은 이 책임자를 통해 대통령에게 보고하는 식으로 보고체계를 일원화했다.

3차 인터넷 혁명을 맞이할 때도 이러한 대응체계가 필요하다. 3차 인터넷 혁명에 대비하여 정부가 일사분란하게 움직이지 못하고, 체계나 준비도 없이 허둥대다가 막대한 경제적 이익을 얻을 기회를 날려버리는 일이 있어서는 절대로 안 된다. '에볼라 차르'처럼 3차 인터넷 혁명을 전담할 총괄 책임자가 필요하다. 이 책임자를 중심으로 범정부적인 종합 대책을 수립하여 실행해야 한다. 말하자면 '3차 인터넷 혁명 차르'가 필요한 셈이다.

그러나 이 역시 임시방편일 뿐이다. 정말 필요한 작업은 행정부의 쇄신 및 구조 개편이다. 그런데 수많은 대통령이 시도를 했으나 이러한 노력은 의회의 벽에 번번이 막혀버렸다. 그동안 선거 자금줄 역할을 해왔던 기업인데, 이러한 쇄신 및 혁신 노력 때문에 이들 기업에 대한 자신들의 영향력이 상실될 것을 우려한 의원들의 이기심이 한몫했다. 차르를 많이 내세우는 것은 장기적 대책이 아니라 응급 처치일 뿐이다. 급속히 변화하는 세상에서 미국이 이 거센 변화의 물결을 타고 순항하려면 민첩하고 효율적인 정부가 반드시 필요하다. 결국 과도기에는 다수의 차르가 필요한 것이 아니라 빠릿빠릿한 '정부' 하나가 필요한 것이다.

연구개발 부문에 대한 투자를 늘려라

지금은 구글이 가장 혁신적이고 가장 영향력 있는 IT 기업으로 꼽히지만 앞으로 30년 후에는 또 어떻게 될지 아무도 모른다. 구글이 누리는 지금의 명성과 지위는 더 획기적인 아이디어를 들고 나오는 신생 기업에게 넘어가게 될지도 모른다. 구글이 그랬듯이 이 새로운 기업 역시 연구개발 부문에 대한 정부의 투자 덕분에 성공을 거머쥔 기업일 것이다.

그러나 정부가 연구개발 부문에 투자하는 것을 너무 당연시해서는 곤란하다. 그동안 가능성 있는 기술에 대한 정부의 투자가 얼마나 부족했는지 알면 아마 깜짝 놀랄 것이다. 2015년에 연방정부의 부문 투자 규모는 GDP의 0.69% 수준이었고, 이는 1950년대 이래로 가장 낮은 수준이다. 게다가 연구개발 부문 투자가 큰 효과를 봤음에도 지난 25년 동안 투자액은 꾸준히 감소했다. 그러니 첨단기술 제품의 수출에서 중국과 독일에 뒤지고 있고, 싱가포르와 한국이 바짝 뒤쫓아 오고 있다는 이 현실은 어찌 보면 당연한 일이다.

▶▶▶

이처럼 정부의 투자가 감소하면서 혁신의 발판 역할을 해왔던 연구 프로젝트들이 큰 타격을 입었다. 일례로 미국국립보건원^{NIH}은 그동안 의학연구 부문에서 큰 성과를 거둬왔다. 그러나 2014년에는 NIH의 예산이 10년 전보다 25%나 감소했다. 과거에는 NIH에 제출된 연구 제안서 3건 가운데 1건꼴로 연구비 지원이 이루어졌다. 그러나 2014년에는 이 비율이 6건 중 1건으로 줄어들었다.

정부의 지원을 받았던 주요 연구개발센터 가운데 예산이 대폭 삭감된 곳은 미항공우주국^{NASA}, 질병관리센터, 국방부, 에너지부 등이다. 연방정부의 연구 지원금을 받았던 과학자와 연구자 가운데 54%가 휘하 연구원들을 해고해야 하는 상황에 몰렸다. 그리고 연구비 걱정 없이 작업에 몰두할 수 있는 좀 더 안정된 환경을 찾아 외국 이주를 고려하는 사람들도 생기기 시작했다.

생물의학 부문은 2003년 이후로 매년 연구비 지원이 감소했다. 2007년부터 2012년까지 생물화학 부문의 연구비 지원 규모가 9% 감소했다. 이는 같은 기간 아시아 태평양 지역에서 이 부문의 연구비 지원이 51% 상승한 것과 극명한 대조를 이룬다.

돈이 있어야 일자리 창출도, 또 창업도 가능한 법이다. 결국은 돈이 모이는 곳에서 일자리도, 창업 기업도 생겨난다. 투자 예산 삭감은 재정 적자를 우려한 조치일 수 있으나 연구개발 부문에 투자를 줄이는 것이야말로 미래의 정부 재정 적자를 예약하는 것과 다를 바 없다.

노벨 경제학상 수상자 로버트 솔로$^{Robert\,Solow}$는 GDP 성장의 50% 이상은 지난 50년 동안 이룩한 과학적 성과 덕분이라고 했다. 그런데도 우리는 첨단기술 분야의 연구를 늘리기는커녕 자꾸 줄이고 있다. 이래서야 혁신의 발판이 될 '기술' 개발이 이루어질 리 만무하다. 연구 개발 및 이에 대한 투자를 등한시한다면 장기적 차원의 경제적 잠재력이 저하되고, 미래의 혁신 능력도 감퇴될 것이다.

스타트업의 자본 조달을 용이하게 하라

미국인들은 상업화가 가능한 훌륭한 아이디어를 매일 생각해낸다. 그러나 많은 사람이 매일같이 좋은 아이디어를 그렇게 많이 쏟아내는 데도 그런 아이디어로 창업까지 이르는 사람들은 거의 없다. 이처럼 창업이 만만치 않은 가장 큰 이유는 자본 조달이 쉽지 않기 때문이다.

자본 조달과 관련한 네트워크가 구축돼 있지 않다면 투자자를 만나기란 쉽지 않다. 투자자를 만나기 위해 고군분투하는 과정에서 이런저런 불상사를 겪다가 지레 지쳐 나가떨어지는 경우가 부지기수다. 자본 조달만 잘됐더라면 분명히 성공했을 사업인데, 자금 상황이 여의치 못해 그냥 꿈을 접는 사람들도 많다. 그러나 앞으로는 그런 걱정을 덜 수 있다. 인터넷 시대에는 좋은 아이디어와 투자자를 연결해주는 도구를 통해 좀 더 손쉽게 자본을 조달할 수 있고, 정부가 이 과정에서 중요한 역할을 할 수 있다.

의회와 백악관이 지분 투자형 크라우드펀딩^{equity-based crowdfunding}을 합법화하는 내용을 골자로 한 일명 '잡스법'을 통과시킴으로써 이 부문에서 큰 진전을 이뤘다. 잡스법 이전에는 SEC^(미국증권거래위원회)가 공인한 투자자만 스타트업에 투자할 수 있었다. 그러나 SEC 공인 투자자가 되려면 순자산이 100만 달러 이상이거나 연소득이 20만 달러 이상이 돼야 한다. 주주가 500명 이상인 기업은 SEC에 등록하게 돼 있었다.

그러나 이러한 규정은 두 가지 점에서 국가 경제에 부정적인 영향을 미친다.

첫째, 창업 자금으로 사용되어 일자리와 경제적 가치를 창출할 수도 있었을 투자 자금 수십억 달러가 사용되지 못하고 묶여 있게 된다.

둘째, 부자들만 스타트업에 투자할 수 있게 한 이른바 공인 투자자 제도는 소득 불균형 현상을 더욱 심화시킨다. 페이스북처럼 성장 가능성이 큰 스타트업에 투자해야 큰돈을 벌 확률이 높은데, 이런 스타트업에 부자만 투자할 수 있게 한다면 부자에게만 더 큰 부자가 될 기회를 제공하는 셈이다. 부익부 빈익빈 현상만 심화할 뿐이다.

그런데 잡스법이 통과하면서 이러한 역기능적 체계에 변화가 생겼다. 그러나 2012년 4월에 법안이 통과된 이후 SEC가 이 법의 시행 규칙을 마련하기까지 3년이 넘게 걸렸다. 또 이러한 기다림 끝에 얻은 규정이 예전보다는 좀 나아졌다고는 해도 신생 기업에게는 여전히 부담이 되는 부분이 많았다. 따라서 앞으로도 계속 가다듬어가야 한다. 물론 이러한 규정일수록 신중하고 꼼꼼하게 접근해야 한다는 점은 충분히 이해한다. 그러나 너무 꼼꼼히 따지다 시간을 지체하는 것은 민첩성을 생명으로 하는 스타트업에는 독이 될 뿐이다.

SEC 시행 규칙을 잘 정비한다면 경제적 가치가 높은 스타트업이 필요 자본을 조달하는 일이 좀 더 수월해질 것이다. 유망한 스타트업에 많은 투자가 이루어지도록 의회 쪽에서 할 수 있는 일들도 꽤 많이 있다. 스타트업에 투자했을 때 발생한 수익에 대해 세율을 낮춰주는 것을 포함하여, 각종 세제 혜택으로 스타트업에 대한 투자를 촉진할 수 있다. 그러므로 세제 개혁 논의에 이러한 부분도 포함시켜야 한다. 그리고 일자리 창출과 성장에 도움이 되는 장기적 투자를 독려해야 한다.

┃ 인재 확보를 용이하게 하라

이민법 개정을 미국 정치계의 '제3궤조$^{third rail}$ **40)**'라고 생각하는 사람이 많다. 제3궤조는 만지면 감전돼 죽는다(정치인으로서 이민법을 잘못 건드렸다가는 다음 선거를 기약할 수 없게 되고 이로써 정치 생명이 끝난다는 뜻).

----
40) 전차 위가 아닌 철로 옆에 설치된 급전 철로

즉 이민법 개정은 정치인들이 건드려서는 안 되는 사안이라고 생각하는 것이다. 그러나 이는 정치인에게 해당하는 말이고, 기업인의 세계에서는 상황이 또 달라진다. 우리는 지금 치열한 글로벌 인재 쟁탈전을 벌이고 있다.

훌륭한 아이디어를 가진 이민자들이 차고 넘친다. 이민자들은 아프리카, 유럽, 중동 등 세계 각지에서 온다. 2012년 카우프만 재단의 조사 결과를 보면 2006년부터 2012년 사이에 창업한 기술 기업 가운데 4곳 중 1곳이 이민자 출신이 창업자 혹은 공동 창업자인 것으로 나타났다. 실리콘 밸리의 경우 그 비율이 절반에 육박한다. 내가 이민법 개정을 옹호하는 취지에서 상원법사위원회에 나가 증언할 때 언급했듯이 이민자가 창업한 기업들이 2005년 한해에만 무려 520억 달러의 매출을 기록했다.

테슬라의 창업자 엘론 머스크는 남아프리카공화국 출신의 이민자다. 처음에는 캐나다로 갔다가 다시 미국으로 온 경우다. 구글의 공동 창업자 세르게이 브린은 여섯 살 때 가족과 함께 소련에서 미국으로 건너왔다. 이와 관련하여 〈뉴욕타임스〉는 이렇게 말한 바 있다.

"히브리이민자협회가 없었으면 구글도 없었을지 모른다."

그러나 이민자들이 점점 증가하는데도 미국은 시대착오적이고 불합리한 이민법 때문에 무한 인재 경쟁에서 밀리고 있다. 이러한 상황을 반영하듯 2005년 이후로 이민자가 창업한 기업의 비율이 16% 이상 감소했다. 스타트업 창업자들은 뛰어난 인재인데도 이민자라는 이유로 그린카드 발급 조건이 너무 까다롭다고 불만을 토로한다. 지금도 과학 및 기술 분야의 인재들이 미국 대학으로 유학을 온다. 그러나 이들 대다수가 공부가 끝나면 훌륭한 창업 아이디어를 품은 채 고국으로 돌아간다. 설사 이들이 미국에 머물고 싶다고 해도 상황은 마찬가지다.

외국인의 창업이 예전보다 감소한 것은 아니다. 그보다는 미국에서의 창업이 줄었다고 하는 것이 맞을 것이다. 즉 이들은 미국이 아니라 고국 혹은 기업인 친화적인 환경이 조성된 곳으로 눈을 돌리고 있다. 인도 전자상거래업체 스냅딜^{Snapdeal}의 공동 창업자 쿠날 발^{Kunal Bahl}은 와튼스쿨(펜실베이니아 경영대학원)을 졸업하고 미국에 남을 생각이었으나, 취업 비자를 얻지 못하는 바람에 고국행을 택할 수밖에 없었다. 2015년 현재 시장 가치가 50억 달러에 달하는 스냅딜은 인도에서 5,000명 이상을 고용하고 있다.

미국이 진작에 좀 더 융통성 있는 이민 제도를 운용했더라면 이 엄청난 경제 가치 및 일자리 창출 효과가 고스란히 미국의 것이 될 수 있었다. 너무도 아깝고, 너무도 안타까운 일이다.

재목이 될 인재들을 미국으로 불러 경제적 가치를 창출하는 기술을 열심히 공부시키고 훈련시켜서는 모두 고국으로 돌려보내고 있으니 이 얼마나 어리석은 일인가! 좀 심하게 말하면 '죽 쑤어서 개준다'는 말이 딱 들어맞는 상황이다.

지금까지 미국은 세계에서 가장 혁신적인 국가이며, 기업가 정신이 충만한 창업인들의 천국이었다. 미국이 이민자 친화적인 국가였다는 점도 여기에 한몫했다. 그런데 미국으로 오는 것도, 체류하는 것도 점점 더 어려워지면서 수많은 인재를 다른 국가에 빼앗기는 상황이 되고 있다.

이민법 개정 논쟁과 관련하여 기술업계는 무엇보다 전문직 종사자에게 임시 체류를 허용하는 이른바 '전문직 취업 비자H-1B' 발급 제도의 개선을 요구하고 있다. H-1B 소지자들은 기술업계의 주요 인재 풀Pool로서 업계가 탐낼 만한 잠재적 인재의 보고라 할 수 있다. 그러나 H-1B에 대한 공급이 수요를 따르지 못하는 상황이다. H-1B는 석사 학위 소지자에게 할당된 2만 개를 포함하여 매년 8만 5,000개가 발급되고 있다. 2014년 기록을 보면 이때 미 이민국에 H-1B를 신청한 사람이 17만 2,000명이나 됐다. H-1B 비자를 취득하는 이민자 출신의 기업인과 엔지니어의 수를 늘리는 것은 미국 산업계에도 큰 보탬이 될 것이다.

그러나 언론인 제임스 수로위키James Surowiecki는 2012년 8월에 〈뉴요커New Yorker〉에 기고한 글에서 다음과 같이 말했다.

"1990년 당시 취업이민비자의 연간 발급 한도는 총 14만 개였다. 그런데 이후 미국 경제가 66%나 성장했고, 인도와 중국의 부상으로 해외의 우수 인재들이 급증하고 있는데도 그때의 한도가 지금까지 유지되고 있다."

스타트업 비자$^{Startup Visa}$ 제도를 시행할 필요가 있다. 좋은 아이디어로 미국에서 창업에 성공한 이민자 출신 기업인에게 문호를 개방하여 이들이 창업에 성공한 후 미국에 체류를 원한다면 미국 시민권 취득의 길을 열어주는 것이다. H-1B 비자 시스템의 개선도 물론 중요하지만 스타트업 비자 같은 새로운 유형의 비자를 신설하는 것이 훨씬 효과적일 것이다. 오래 전부터 대학원 졸업자에게 자동으로 그린카드를 부여하는 방법을 논의해왔다. 이제 이것의 법제화를 고려해야 할 시점이다.

전 세계 우수 인재를 미국으로 끌어들일 수 있어야만 가장 혁신적인 국가이자 창업 기업인의 천국이라는 지금까지의 명성을 앞으로도 이어갈 수 있을 것이다. 이민은 해결해야 할 골치 아픈 문제이기만 한 것이 아니라 꽉 움켜잡아야 할 귀중한 기회다.

새로운 시대에 걸맞은 새로운 규정

1차 인터넷 혁명 그리고 2차 인터넷 혁명의 특성은 3차 인터넷 혁명에서도 확인할 수 있다. 즉 경제 환경은 급속도로 변화하는데 관련 법률의 제정 속도가 이를 따라가지 못한다. 아직도 20세기 기업 환경에 토대를 둔 규제체계가 여전히 적용되고 있으며, 이 가운데는 당연히 현 실정에 전혀 부합하지 않는 것도 있다.

▶▶▶

우버나 주문형 식료품 배달 서비스인 인스타카트^{Instacart}처럼 프로젝트 단위로 일하는 일종의 개인 사업자들과 파트너십을 구축하는 신종 사업 모형이 등장하면서, 고용자나 근로자에 관한 기존 개념을 재고할 필요가 생겼다. 우버나 인스타카트에서 일하는 사람들은 자신들의 사정에 맞게 원하는 시간에, 원하는 만큼 일하고 보수를 챙긴다.

그러나 이 새로운 사업 모형에 문제가 전혀 없는 것은 아니다. 예를 들어 파트너 형태의 근로자 중에는 부당한 사유로 독립 계약자 지위를 상실해도 이를 막을 방법이 전혀 없다는 점을 우려한다. 다시 말해 계약자의 지위를 보호할 마땅한 장치가 없다는 것이 문제다. 특히 우버 모형을 채택하는 기업이 점점 늘어 업계의 '우버화^{uberization}'가 가속화하는 상황에서 일반 직장에서 가능했던 유급 휴가라든지, 실험 보험, 퇴직 연금 등은 어떻게 될 것인가?

이러한 문제가 불거진 주된 원인은 현 법률체계에는 이른바 프리랜스 경제^{Freelance Economy} **41)** 환경상의 고용 개념이 반영돼 있지 않기 때문이다. 현재의 법체계는 근로자를 정규직과 독립 계약자 두 가지 범주로 구분했던 뉴딜 정책 시절의 근로자 개념을 기반으로 한 것이다. 지난 수십 년 동안은 이러한 체계가 그런대로 먹혔으나 이제 더는 어렵다. 이러한 유형의 스타트업에서는 일주일에 단 몇 시간 만 일하는 사람들이 부지기수다.

구 근로자 모형에 따른 복지 혜택과 직업적 안정성을 보장하는

---

41)   자유계약방식을 기반으로 하는 신경제체계

한편, 신모형에 따른 융통성과 계층 간의 이동성을 부여하는 형태로 정규직 근로자와 독립 계약자 사이에서 적절한 타협점을 찾아야 한다. 근로자의 권리를 보호하는 것과 경제적 성장을 도모하는 것은 양립 불가능한 목표가 절대로 아니다. 즉 이 두 가지는 동시에 추구할 수 있다.

마크 워너^{Mark Warner} 상원 의원은 〈워싱턴포스트〉와의 인터뷰에서 다음과 같이 밝혔다.

"정부는 신경제 환경을 낡은 틀 속에 가두려 하지 말고 제도 개혁을 통해 혁신을 장려하고, 모든 사람에게 경제적 지위 상승의 기회를 제공하는 일에 앞장서야 한다."

모든 것은 적절한 수준에서 타협점을 찾는 정부의 의지와 능력에 달렸다. 이러한 작업은 새로운 사업 모형을 따르는 기업뿐 아니라 중산층 및 저소득층 근로자에게도 큰 기회를 제공한다. 정부가 '독립 계약자 기반의 사업 구조'와 기존 모형에 따른 '근로자 보호 개념'이 모두 반영된 새로운 유형의 고용 체계를 수립한다면 사회 · 경제적 지위 상승의 새로운 길이 열릴 것이다.

그렇다고 해서 사회 · 경제적 지위 상승이 아주 쉬워진다는 뜻은 아니다. 지금과 같은 체계에서는 프리랜스 경제의 이점이 100% 발휘되는 상황은 아니지 않은가! 그러니 적어도 이런 상태보다는 나아질 것이라는 의미다. 현 상태에서는 학력 수준이 낮은 사람들이 사회 · 경제적 지위 상승의 기회를 누릴 방법은 별로 없다. 저학력 근로자들에게는 학력 수준을 끌어올리는 데 필요한 시간도, 자원도 없다. 저임금 근로자가 일하면서 공부해서 고학력자가 되는 일은 하늘의 별따기다. 이는 슈퍼맨이 아니라면 불가능한 일이다. 현재로서는 그렇다.

▎시간은 우리를 마냥 기다리지 않는다, 서둘러라!

다른 국가의 상황은 우리와는 다르다. 이들 국가는 미국이 지금껏 경제 성장을 이루고 번영을 누리는 모습을 지켜보면서 우리의 방식을 배워 그대로 실천하고 있다. 전 세계 거의 모든 국가가 창업 친화적인 환경을 조성을 하는 일에 발 벗고 나서고 있다. 창업 정신을 독려하고, 기업하기 좋은 환경을 만들고, 자본에 대한 접근성을 높여 자본 조달을 용이하게 하고, 자국 기업인 그리고 자국으로 끌어들인 외국 기업인의 사업적 성공에 필요한 지원 네트워크를 구축하는 등의 노력을 경주하고 있다.

캐나다는 2013년에 스타트업 비자 프로그램을 시작하여 캐나다에서 창업을 원하는 기업인에게 영주권을 발급하기로 했다. 이에 관해 캐나다 고용부 장관 제이슨 케니^{Jason Kenney}는 이렇게 말했다.

"솔직히 우리는 미국의 이민 제도가 줄줄 흘리고 있는 씨알 굵은 이삭을 열심히 주워 담고 있다."

칠레 정부는 2010년에 '스타트업 칠레'라는 창업 지원 및 육성 프로그램을 시작했다. 이 프로그램의 목적은 칠레판 '미니 실리콘 밸리'를 만드는 것이었다. 칠레는 남미 지역에서 이미 고속 성장 국가로 분류되고 있으며, 이 성장 가도에 더욱 활기를 불어넣겠다는 것이 그 목적이다.

유럽 역시 기업가 정신을 진작하는 데 몰두하고 있다. 런던, 헬싱키, 스톡홀름, 베를린 등이 스타트업의 중심지로 부상하고 있다. 2013년에는 런던이 샌프란시스코와 뉴욕을 제치고 크라우드펀딩 부문에서 세계 최고의 도시로 부상했다. 또 영국 정부는 자국을 핀테크^{Fintech} [42]의 메카로 육성하기 위해 규제 환경 개선에 박차를 가하고 있다.

한국 정부 역시 실패의 두려움을 딛고 전진의 노력을 경주하고 있다. 중국은 2010년대 말까지 전문 인력 인재풀의 규모를 1억 8,000만 명 이상으로 끌어올리는 것을 목표로 하고 있다. 그동안은 중국의 우수 인재들이 미국을 포함한 외국의 유명 대학에서 공부한 후 결국은 그곳에 눌러 앉는 일이 많았다. 이렇게 남 좋은 일만 시키는 일은 이제 더는 하지 않겠다는 의지이다.

중동과 아프리카 지역에서도 스타트업의 성장세가 두드러진다. 세계 경제의 안정화라는 측면에서는 바람직한 현상이겠으나, 경쟁자들이 더 늘어난다는 측면에서 보면 긴장하지 않을 수 없는 상황이다. 이스라엘은 고도의 '스타트업 국가'로 명성이 자자하고, 기초 기술 부

---

42) '금융(Financial)'과 '기술(Technique)'의 합성어로서 모바일을 통한 결제 · 송금 · 자산관리 · 크라우드펀딩 등 금융과 IT가 융합된 산업을 의미함

▶▶▶

문에도 투자를 많이 하고 있다. 그리고 요르단 강 서안 지구에 벤처 캐피털을 설립하며 일자리, 기회, 희망을 창출하는 이 지역 기업인에게 자금을 지원한다(아내 진이 조지 W. 부시 행정부에서 미-팔 파트너십의 공동 의장을 맡으면서 케이스 재단이 이러한 펀드 조성의 촉매제가 됐다는 부분에서 개인적으로 큰 자부심을 느낀다).

아프리카의 움직임도 눈여겨봐야 한다. 특히 나이지리아와 케냐가 혁신적 기업가 정신의 온상으로 부상하고 있다. 심지어 쿠바에서도 기업가 정신이 발현되고 있다. 쿠바는 반세기 동안의 사회주의 체제를 마감하고 개혁과 혁신 지향적인 새로운 혁명을 준비하고 있다. 오랫동안 금지했던 소기업 활동을 허용했으며, 이 소기업들이 나중에는 대기업으로 성장하게 될 것이다.

미국이 머뭇거리며 뒷걸음질 치는 동안 다른 국가들이 미국이 장악했던 그곳으로 물밀듯이 밀고 들어오고 있다. 오래전부터 미국 기업인의 전유물이던 각종 도구를 이제는 전 세계의 수많은 기업인이 사용한다.

오스트레일리아에서부터 잠비아까지 전 세계 거의 모든 정부가 스타트업 친화적인 기업 환경을 조성하고자 민간 기업과 협력하고 있다. 전 세계에서 일고 있는 이러한 변화가 미국에 즉각적인 위협이 되지는 않을 것이다. 라고스(나이지리아의 옛 수도)가 앞으로 6개월 만에 실리콘 밸리를 추월하지는 못할 것이다. 앞으로 6년 후라도 그 가능성은

희박하다. 산티아고(칠레의 수도), 상파울루(브라질의 최대 도시), 서울(한국의 수도) 등도 마찬가지다.

그렇다고 미국이 아직은 괜찮아 보이는 현재의 위치에 만족하며 가만히 있어도 된다는 의미는 아니다. 아니, 그렇게 느긋하게 있다가는 큰코다칠 것이다. 미국의 상징과도 같았던 기업가 정신이 흐릿해지는 것은 단지 국제 경쟁력이 약화된다는 문제만은 아니다. 이것은 성장 잠재력 상실의 문제로도 이어진다. 즉 창업 정신이 사라지면 다른 국가와의 경쟁에서 뒤처질 뿐 아니라, 국내 경제의 성장 잠재력까지 약화하는 결과를 낳는다.

미국 경제는 한마디로 '기업인 생태계'라 할 수 있다. 기업인, 특히 창업 기업인이 미국 경제의 기본 토대다. 성장을 원한다면 성장할 수 있는 환경을 만들어줘야 한다. 일단은 연구개발 부문에서 새로운 아이디어를 만들어내야 한다. 그러면 혁신적 기업인이 나서서 그 아이디어를 상업화할 것이다. 예전에는 이렇게 했다.

미국은 이제 예전의 이 과정을 처음부터 다시 시작해야 한다. 일자리를 창출하고 경제 활동을 촉진하여 지금까지 미국이 누렸던 '경제 대국'의 위상을 유지하려면 이 방법밖에 없다. 연구개발, 정부, 기업인 중 어느 한쪽이라도 제 역할을 다하지 못하면 모든 것이 끝이다. 정부가 기업인 생태계를 떠받치지 못해서 일자리 창출과 경제 성장 부문에서 이미 쓴맛을 보지 않았던가!

미국은 1차 인터넷 혁명을 주도했고, 2차 인터넷 혁명도 주도했다. 이제 3차 인터넷 혁명을 주도할 수 있고, 또 주도해야만 한다. 발 빠르게 준비하여 대처한다면 미국의 미래는 밝을 것이다. 그러나 앞으로 나가지 못하고 머뭇거리기만 한다면 미국은 '혁신의 중심지'라는 타이틀을 내려놓아야 할 것이다. 항상 앞장서서 세상을 이끌었던 미국이 다른 국가를 뒤쫓아가기 바쁠 것이고, 미국의 것을 모방하느라 바빴던 다른 국가를 이제 미국이 모방하는 상황이 될 것이다. 물론 이렇게 된다고 해서 미국이 망한다거나 뭐 그런 것은 아니다. 그러나 미국이 세계를 지배하던 시대는 끝난다는 의미다. 이것이야말로 우리가 정말 피하고 싶은 미래가 아닌가!

제**12**장

변화의 물결을 타라

　　　　　　　　1983년 6월, 나는 진로를 놓고 한참 고
민에 빠졌다. 그때 내 나이가 24세였고, 1년 동안 피자헛에서 일한 후
였다. 한동안은 여기저기 여행하며 머리를 식혔다. 그러면서 앞으로
뭘 할지 생각했고, 그동안의 경험을 바탕으로 여러 대안의 장단점 목
록을 작성했다. 기존 회사나 창업 기업 혹은 컨설팅 회사에 취직하는
것 등 여러 가지 대안을 생각해보고 각각의 장단점을 하나하나 작성
해나갔다.

　　첫 번째 대안은 애플이나 아타리 같은 기존 기업에 들어가는 것
이었다. 이런 기업의 마케팅 부서에 들어가면 내가 원하던 대로 기술
업계에 입문하는 출발점이 될 수 있을 것이다. 그러나 대기업의 관료
주의와 형식주의의 관행이 걸림돌이었다. 대기업으로 가는 것은 장점
도 있으나 그만큼 단점도 있었다.

　　그다음으로는 실리콘 밸리에 있는 컨설팅 회사에 들어가는 것이
었다. 그런데 실리콘 밸리에 입성하는 것은 좋은데, 세 가지가 마음에

걸렸다. 너무 답답하고, 지루하고, 결정적으로 컨설팅 업무 자체가 싫었다. 그래서 컨설팅 회사에 들어가는 것도 그냥 접었다.

마지막 대안으로 창업 기업이 하나 남았다. 결국 나는 스타트업인 CVC를 선택했다. 참신한 아이디어, 전도유망한 기술, 신흥 시장에 미치는 엄청난 영향력 등 이곳을 택할 만한 장점은 손에 꼽을 수 없이 많았다. 그중에서도 빌 폰 마이스터와 함께 일하면서 배울 기회가 있다는 것이 가장 마음에 들었다. 그러나 단 한 가지 단점이라면 '미래가 불확실'하다는 것이었다.

CVC에서의 내 역할에서부터 CVC라는 기업의 미래에 이르기까지 확실한 부분이 하나도 없었다. 물론 그 결말을 잘 알고 있으니 마음 편하게 지켜볼 수 있을지 몰라도, 당시의 나로서는 미래가 불확실하다는 부분이 크게 다가올 수밖에 없었다. 그러나 '불확실함'은 결정적 단점인 동시에 장점이기도 했다. 미래가 불확실하다는 것은 입사하고 나서 몇 개월 만에 회사가 문을 닫을 수 있다는 말이고, 이렇게 되면 다시 일자리를 찾아 나서야 한다는 이야기다. 그러나 또 한편으로 미래가 불확실하다는 것은 스스로 내 운명을 개척할 기회가 생긴다는 의미다. 결과적으로 나는 '인터넷의 일상생활화'에 깊숙이 관여할 기회를 얻게 됐다.

1914년에 유명한 탐험가 어니스트 섀클턴Ernest Shackleton이 남극 탐험을 떠나기 전에 신문에 냈던 탐험 대원 모집 광고의 문구가 생각난다.

"모험 여행을 떠날 사람 구함. 급료 적음. 혹독한 추위. 수개월간 계속되는 칠흑 같은 어둠. 끊임없이 찾아드는 위험. 무사히 돌아온다는 보장도 없음. 그러나 이 모든 것을 극복하고 성공만 한다면 명예와 함께 세상의 인정을 받게 됨."

이것이 바로 기업가 정신이며, 이것이 나를 CVC로 이끌었다.

24살 때 나는 '이 모험 여행'의 종착지가 어디일지 몰랐다. 내게 약속된 스톡옵션이 그냥 휴지 조각이 될지 어떨지도 알 수 없었다. 내가 아는 것이라고는 불확실함에는 도전과 기회가 함께 내포돼 있다는 사실뿐이었다. 위험과 가능성으로 가득한 미지의 세계, 누군가 탐험해주기를 기다리는 '온라인 남극'이 그곳에 있었다. 그리고 나 자신이 불확실한 미래를 개척하는 일에 일조하고 싶어 한다는 사실을 너무도 잘 알고 있었다.

지금 우리가 직면한 문제는 말할 것도 없고 앞으로 30년 후에는 어떤 세상이 펼쳐질 것이며, 또 어떤 문제에 직면할 것인지 알 수 없다. 이 또한 불확실한 미래의 영역이기 때문이다. 그러나 이러한 불확실성이 단점이기만 한 것은 아니다. '단점'의 탈을 쓴 '장점'이라고 보면 된다. 말하자면 '불확실성'의 길로 들어선 우리에게는 새로운 영역을 개척할 '기회'이자 '의무'가 주어진 것이다. 이제 창업 기업인, 기존 기업의 경영자, 정부 관료, 일반인 등을 포함한 우리 모두가 이를 위해 해야 할 일이 무엇인지 그것만 생각해야 한다.

말하고 싶은 것

이 책을 건성으로 읽어도 좋고, 결론만 보겠다고 맨 뒷장으로 건너뛰어도 상관없다. 그러나 이 부분만은 읽어주기 바란다. 창업 기업인이든, 기존 기업의 경영진이든, 아니면 그냥 일반 독자든 간에 지금 이야기하고자 하는 내용은 꼭 명심했으면 한다.

3차 인터넷 혁명 시대가 시작되고 있다. 인터넷으로 뭔가를 할 수 있던 시대에서 인터넷으로 모든 것을 하는 시대로 진입하는 것이다. 예전 '전기'의 자리를 이제 '인터넷'이 차지하게 되었다. 전기가 없으면 일상생활이 불가능한 시대가 됐듯이, 이제는 인터넷이 없으면 일상생활이 곤란해지는 그런 시대가 된다.

이 과정에서 우리의 일상생활과 밀접한 관련이 있는 산업 부문이 큰 변화를 겪게 될 것이다. 성공을 위해 넘어야 할 장벽이 더 높아지므로 파트너십을 구축하는 일이 예전보다 훨씬 더 중요해질 것이다. 대외신인도를 높이고, 시장의 진입 장벽을 낮추고, 각종 규제와 통제 절차를 무사히 통과하려면 다양한 주체와의 '파트너십' 구축만 한 전략이 없다.

정부는 3차 인터넷 혁명의 영향을 가장 많이 받는 산업 부문을 규제하려 할 것이다. 그러므로 정부를 파트너로 삼을 필요가 있다. 자신의 정부관(政府觀)과 정부의 역할을 혼동해서는 안 된다. 정부가 성장의 걸림돌이 될 수도 있고, 성장의 동력이 될 수도 있다. 그러나 어느 쪽으로 이해하든 정부 그리고 정부의 역할을 무시할 수는 없다.

사회적 영향을 생각하여 '사익과 공익' 모두를 추구하는 기업을 꿈꾸는 이른바 '임팩트 기업인'이 3차 인터넷 혁명을 주도할 것이다. 세계의 변방으로 취급되던 '나머지' 국가들이 이제는 실리콘 밸리 같은 일부 제한된 곳에서 주도하던 혁신 작업에 참여하듯이, 3차 혁신의 물결은 지역을 가리지 않고 전 세계로 퍼져나갈 것이다. 3차 인터넷 혁명이 우리에게 던지는 과제가 그리 만만치는 않을 것이다. 토머스 에디슨은 '실행 없는 비전은 환상일 뿐'이라 하지 않았던가! 그러나 우리가 함께 힘을 모아 비전을 실행한다면 '기업가 정신이 충만한 가장 혁신적인 국가'라는 타이틀을 계속 유지할 수 있을 것이다.

지금까지 구구절절 길게 늘어놓았으나 이것이 내가 말하고자 하는 핵심이다. 이 부분을 3차 인터넷 혁명에 관한 클리프노트^{CliffsNote} [43] 혹은 온라인 매체인 버즈피드^{BuzzFeed}, 즉 '요약본'이라 생각해도 좋다.

이제 마무리에 앞서 다음 사항을 다시 강조하고자 한다.

창업 기업인에게

〈인디펜던스 데이^{Independence Day}〉나 〈월드 워 Z^{World War Z}〉, 〈고질라^{Godzilla}〉 같은 재난 영화를 보면 한 등장인물이 주인공을 보면서 "지구의 운명

---

43)　방대하고 난해한 세계 고전의 핵심 내용을 알기 쉽게 정리하여 재구성해놓은 시리즈물

이 당신에게 달렸어요!"라고 말하는 장면이 꼭 나온다. 그러면 우리의 주인공은 침을 한번 꿀꺽 삼키고는 잔뜩 긴장한 모습으로 우주선을 타고 날아올라 소행성을 파괴하거나 외계인을 무찌르고 지구로 무사히 귀환한다.

현실 세계에서는 다행히 지구로 접근하는 소행성 같은 것은 없다. 우리가 아는 한은 그렇다. 그러나 솔직히 말하자면 2010년대를 사는 지금 우리 앞에는 소행성이나 외계인의 공격에 버금가는 매우 위험한 장애물이 놓여 있다.

창업 기업인에게 나는 이렇게 말하고 싶다.

"미국, 더 나아가 세계의 운명이 당신 손에 달렸어요."

우리의 미래는 꿈을 꾸는 사람, 꿈을 실천하는 사람 그리고 낡고 오래된 틀을 깨고 새로운 기술을 만들어내는 사람의 손에 달렸다. 그러니 이상은 높게, 야망은 크게 갖도록 하자. 돈을 얼마나 벌까보다는 사회에 얼마나 영향을 미칠까를 더 생각하자.

2013년, 〈뉴요커〉에 실린 애플 임원의 다음과 같은 주장에 나는 결코 동의하지 않는다.

"우리는 미국의 문제를 해결할 의무가 없다. 가장 좋은 제품을 만드는 일이 우리의 유일한 의무다."

기업인은 훌륭한 제품과 인기 있는 앱을 만드는 것으로 그 책임을 다하는 것이 아니다. 그러한 제품이 가치가 없어서가 아니라 인류의 가장 고귀한 자원인 고급 인력의 명석한 '두뇌'는 항상 가장 어렵고, 가장 까다로운 문제를 해결하는 일에 사용돼야 한다고 믿기 때문이다.

현재 미국의 보건의료체계에는 구멍이 숭숭 뚫려 있다. 높은 비용으로 평범한 수준의 결과를 내는 한심한 상황이다. 그렇다고 의료 서비스의 이용이나 접근이 용이한 것도 아니다. 하지만 이제 유전 및 생명공학 분야의 혁신적 스타트업이 추세 반전의 길을 열고 있다. 편리성은 높이고, 비용은 낮추고, 품질은 높이는 방향으로 의료 서비스 부문의 혁신을 주도하고 있다.

교육 부문의 혁신도 주목할 만하다. 인터넷을 이용하여 교육 서비스에 대한 접근성을 높이고 있다. 새롭게 부상하고 있는 교육공학 분야의 스타트업이 학습 기회의 평등, 학생의 수준에 맞는 맞춤화된 학습, 비용은 낮추고 편리성은 높인 교육 기회 제공 등 교육 부문에서 혁신의 발판을 마련하고 있다. 이는 먼 미래의 일이 아니라 지금 우리 앞에서 일어나고 있는 현실이다. 이러한 혁신적 도구를 채택하는 학교가 점점 늘고 있는 상황에서 가장 좋은 방법을 찾아 이를 전국적으로 확대할 필요가 있다.

금융 서비스 부문에서도 놀라운 변화가 일어나고 있다. 기존 금융계에서 벗어난 새로운 유형의 대출 및 투자 플랫폼의 등장이 이러한 현실을 말해준다. 교통 체계에도 변화가 생기고 있다. 자율주행 자동차와 초음속 하이퍼루프Hyperloop 44)가 등장하면서 공상과학 영화에나

----

44) 기압의 압력 차를 이용해 빠른 속도로 움직이는 튜브형 초고속열차

나올 법한 일들이 현실이 되고 있다. 에너지에서부터 보험, 농업에서부터 제조업에 이르는 모든 것이 바뀌고 있다. 3차 인터넷 혁명은 우리의 일상생활과 관련된 모든 부문에서 혁신의 기회를 제공할 것이다. 그러므로 다루기 어려웠던 오래된 문제들을 이 새로운 접근 틀 안에서 공략할 방법을 찾아내야 한다.

그리고 '만물인터넷'은 우리 일상생활의 모든 측면에 영향을 미친다는 점을 기억하라. 자신에게 도움이 되는 방식으로 이 도구를 사용하라.

3차 인터넷 혁명기에는 기업이 사회적인 문제를 해결하고, 사회 전반에 긍정적인 영향을 미치는 일에 참여하게 될 것이다. 이익만이 아니라 사회적 영향이나 공익에 초점을 맞추는 기업이 더 늘어날 것이다. 또한 기업가 정신의 지역화와 세계화가 동시에 진행될 것이다. 그러므로 굳이 실리콘 밸리 같은 특정 지역으로 몰려갈 필요 없이 지금 있는 바로 그곳에서 시작하면 된다.

기업인은 '독주자'가 아니라 '교향악단'의 단원이어야 한다는 점을 기억하라. 독주자들이 모여 교향악을 연주할 때 더 웅장하고 더 아름다운 소리를 낼 수 있다. 3차 인터넷 혁명의 물결을 타고 더 높이 날고 싶다면 혼자가 아니라 함께 가야 한다.

사람들 그리고 사람들의 일상생활에 중대한 영향을 미치는 산업부문은 정부가 규제하게 될 것이다. 그러므로 정부의 정책을 존중해야 한다. 또한 이에 대한 이해가 바탕이 되지 않으면 성공을 기대하기 어렵다.

마지막으로, 3차 인터넷 혁명은 '혁신적'으로 그러나 이와 동시에 '점진적'으로도 이루어진다는 점을 기억하라. 생각했던 것보다는 좀 느리게 그러나 상상했던 것보다는 훨씬 더 강력하고 광범위하게 3차 인터넷 혁명은 그렇게 전개될 것이다.

어쨌거나 자신의 회사뿐 아니라 국가, 더 나아가 전 세계에 가장 큰 가치를 선사할 혁신적 아이디어를 추구하기 바란다. 다음과 같은 말이 진실이기 때문이다.

"석기 시대가 끝난 것은 인류가 돌을 다 써버렸기 때문이 아니라 돌보다 더 나은 것을 발명했기 때문이다."

기존 기업인에게

극한의 공포심과 극한의 호기심을 함께 키울 때다. 미래를 두려워하라. 그리고 동시에 그 두려운 미래에서 기회를 찾아라. 불굴의 투지와 끈기로 그 기회를 현실로 만들어라. 현재의 모습에 안도하지 마라. 내일이면 상황이 어떻게 바뀔지 모른다. 그러니 내일을 준비하며 항상 깨어 있어라. 앞으로 무엇이 어떻게 변할지 미리 예상하고 대비하지 않으면 현재의 위치를 유지하지 못한다. 기술업계에서 항상 눈을 떼지 말고, 이 부문에서 어떤 일이 일어나는지 그리고 기술 부문에서 이루어진 변화와 진보가 자신이 속한 업종에 어떤 영향을 미칠지 항상 생각하라.

추세에 항상 주의를 기울여라. 유망한 기술임에도 이를 외면하려는 유혹에 빠지지 마라. 모든 질문에 대해 개방적인 태도를 보이고, 직원들이 무슨 질문이든 얼마든지 할 수 있게 하라. 마땅한 답이 없을 때는 전혀 새로운 것을 만들어내라. 직원들에게 혁신의 공간, 실험의 공간을 제공하라. 더 많이 시도하고 더 과감하게 시험하게 하라. 아무리 엉뚱한 아이디어라도 찬물을 끼얹지 말고 마음껏 생각하게 하라. 훌륭한 아이디어도 처음에는 다 말도 안 된다며 비웃음을 받는 경우가 많았기 때문이다.

실제로 메리어트나 힐튼 같은 글로벌 호텔 체인은 일반인들이 자신의 방과 침대용 에어 매트리스(공기 주입형 매트리스)를 빌려준다는 아이디어에 대해 처음에는 무슨 정신 나간 생각이냐는 반응이었다. 그러나 이로부터 7년이 지난 후인 2015년에 이 개념을 사업화한 에어비앤비Airbnb는 시장 가치가 250억 달러나 되는 성공 기업이 됐으며, 반세기 넘게 호텔업계를 주름잡았던 메리어트와 힐튼을 능가하는 기업으로 자리 잡았다. 이와 같은 상대적 가치평가 결과뿐 아니라 호텔업계의 급작스러운 판도 변화는 에어비앤비의 파급력이 어느 정도인지를 짐작케 한다.

마르코 루비오Marco Rubio 상원의원이 지적한 바대로 '호텔' 하나 없는 에어비앤비가 세계 최대 숙박 서비스 제공업체가 됐다. 이와 마찬가지로 단 한 대의 차량도 보유하지 않은 우버가 현재 세계 최대 운송 서비스 회사다. 두 회사 모두 불과 10년 전에는 존재하지 않았고, 그러한 유형의 사업 개념 자체도 없었다.

이런 식의 시장 판도 변화는 광범위하게 그리고 전방위적으로 일어난다는 점을 기억하라. 생각지도 못한 저 밑바닥에서 경쟁자가 불쑥 치고 올라올 수도 있지만, 저 위에서 경쟁자가 뚝 떨어질 수도 있다. 요컨대 기존 대기업이 어느 날 갑자기 우리 시장으로 뛰어 들어올 수 있다. 애플은 본래 음악 사업과는 무관했고, 구글도 원래는 휴대전화 사업자가 아니었다. 그런데 애플과 구글이 어느 날 갑자기 그 시장에 뛰어들었다. 그러므로 사내외 네트워크를 구축하고 전방위적으로 기회를 포착해야 한다.

미래는 그 미래를 창조하려고 노력하는 자의 것이다. 우리가 꿈꾸는 미래가 있고, 그 미래에 대한 비전이 있기 때문에 모험인줄 뻔히 알면서도 사업의 세계로 들어서는 것이다. 그러므로 일시적 성공에 취해 미래 비전을 포기하지 말아야 한다.

여러분에게는 야심 찬 프로젝트를 실행하는 데 필요한 자본도 있고 인재도 있다. 이제 변화를 저지하는 데 자원을 쓸 것인지, 아니면 변화를 주도하는 데 쓸 것인지만 결정하면 된다.

그리고 3차 인터넷 혁명기에는 파트너십이 훨씬 더 중요해진다는 사실을 명심하라. 다음 10년 동안은 지난 10년보다 더 많은 기회를 누릴 수 있을 것이다. 그러니 방어만 하지 말고 공격에 나서라. 그러나 혼자서 하지는 마라. 헬렌 켈러^{Helen Keller}는 이렇게 말을 했다.

"혼자서는 조금밖에 못한다. 그러나 함께하면 더 많이 할 수 있다."

정부에게

기업인에게 사회에 긍정적인 영향을 미치는 데 혹은 더 나은 사회를 만드는 일에 자신의 능력과 재능을 써야 할 책임이 있다면, 정부에게는 기업가 정신을 진작하고 새로운 아이디어를 상업화하기 좋은 기업 환경을 만들어줘야 할 의무가 있다. 이러한 측면에서 정부는 스타트업의 성공에 중요한 역할을 한다.

정치인들이 하는 말을 들으면 여야 모두 이러한 상황을 아주 잘 이해하는 것 같다. 그러나 여야를 불문하고 늘 공수표만 날리는 행보에 넌더리가 난다. 정치인들은 기업가 정신 진작이 매우 중요하다고 입을 모은다. 그러나 언제나 말뿐이지 도무지 행동이 따르지 않는다. 차세대 스티브 잡스나 마커 저커버그, 엘론 머스크가 나오기를 진심으로 원한다면 그동안의 공염불은 이제 그만두고 실질적인 정책을 내놓아야 한다.

기업인에게 가해지는 규제 부담을 줄여 새로운 아이디어의 상업화를 지원해야 한다. 그리고 '나머지 지역의 부상'을 지원하여 혁신 경제의 패러다임을 전방위적으로 확산해야 한다. 공정하게 경쟁할 수 있는 환경을 만들어 좋은 아이디어를 가진 기업인이라면 누구에게라도 자본 조달 기회를 제공해야 한다.

글로벌 인재 쟁탈전에서 밀리지 않으려면 현재의 역기능적 이민 제도를 개혁해야 한다. 이제 우리가 할 일은 당파와 집단, 소속, 부문을 불문한 전방위적 협력뿐이다. 세계에서 가장 혁신적인 국가이자 창업 기업인의 천국이라는 타이틀을 내주고 싶지 않다면 말이다.

▍모두에게

미국이 혁신과 창업의 메카라는 타이틀을 잃지 않으려면 프로그래머, 정책 입안자, 창업 기업인, 선출직 관료 등을 포함한 모든 관계자가 상대에 대한 반목과 갈등의 고리를 끊고 전향적 자세로 서로 협력해야 한다. 그 살벌했던 냉전 시절에도 미소 양국 간에 심각한 갈등 상황이 빚어질 때를 대비하여 백악관(미국 정부)과 크렘린(소련 정부) 간에 '레드폰red phone'이라는 긴급 직통 전화선인 핫라인hot line이 개설돼 있었다.

21세기인 지금은 워싱턴 D.C.(연방정부)와 실리콘 밸리(산업계) 간에 이와 비슷한 핫라인, 이른바 '레드 아이폰red iPhone'이라도 개설해야 할 판이다. 그리고 이 핫라인은 항시 열려 있어야 한다. 정부와 업계의 관계가 소원했던 것은 부정할 수 없는 사실이므로, 무엇보다 양자 간의 관계 개선을 위한 원활한 소통이 필요하다. 엔지니어는 의회를 이해해야 하고, 의회는 기업인을 이해해야 한다. 상대방의 말을 경청하는 것에서 한 발 더 나아가 상호 지원을 위한 실질적인 조치를 취해야만 한다.

어쨌든 기업인과 정부가 원하는 것이 같다는 사실부터 기억하자. 즉 양자 모두 더 나은 삶을 살기를 바라고 있다. 우리 사회는 사회보장이나 군대의 힘뿐 아니라 사이버 보안이나 에어비앤비 덕분에 더 좋아졌다. 창의적인 제품, 삶에 큰 영향을 미치는 사회보장제도, 기존 판도를 바꿀 만한 혁명적 혁신, 건설적인 입법 등 그것이 어떤 형태이든 간에 기업의 CEO나 의회 의원 모두가 원하는 것은 우리가 좀 더 안전하고, 좀 더 행복하고, 좀 더 생산적인 삶을 살 수 있게 하는 것이다. 인류 역사상 가장 성공적인 스타트업의 나라가 못 된다면, 미국이라는 국가의 존재 의미는 과연 무엇일까?

정부와 업계 간에 마찰이 없을 수는 없다. 빠른 시일 내에 정부가 불필요한 (업계 입장에서 보면) 규제를 과감히 철폐할 것 같지도 않고, 각 기업이 보유한 개인 정보를 정보기관과 언제 어떻게 공유할지에 대한 합의가 쉽게 이루어질 것 같지도 않다. 그러나 좀 더 기능적인 의료보험 사이트 HealthCare.gov 를 구축해야 한다든가, 정부의 감시 증가로 인한 갖가지 문제를 해결해야 하는 등 정부와 업계의 이해와 협력이 필요한 사항이 점점 늘어가는 상황에서는 기업인과 정부 간에 더욱 돈독하고 생산적인 관계 구축이 필수다.

▶▶▶

궁극적으로 양측이 일자리, 서비스, 가치 창출이라는 측면에서 국가에 공헌하려면 이처럼 대국적 차원의 작업을 행할 때 상대를 배제하는 일은 이제 그만둬야 한다. 우리가 직면한 문제에 대한 최선의 해결책은 대통령 집무실(정부)이나 팔로알토의 차고(업계)에서 나오는 것이 아니다. 가장 혁신적인 아이디어는 각기 다른 분야에 종사하며 각기 다른 관점을 지닌 다양한 사람이 함께 머리를 맞댔을 때 나온다.

독자 여러분에게

이제 독자 여러분 차례다. 지금 이 책을 읽고 있다면 그것은 기업인의 미래와 3차 인터넷 혁명의 잠재력에 관심이 많다는 의미일 것이다. 책 속에 소개된 여러 가지 아이디어를 보면서 전율이 느껴질지도 모르겠다. 또 이것보다 더 좋은 아이디어가 있거나 좋은 사업 아이디어가 불쑥 떠오르는 사람도 있을지 모른다. 그런데도 아직 이 책을 붙들고 있다면 창업에 대한 확신이 아직 서지 않았기 때문이다. 그 좋은 아이디어를 사업화해보겠다며 자신 있게 나서지 못하고 아직 망설인다면 내가 여러분을 충분히 설득하지 못했다는 의미다. 그래서 내 개인적인 경험을 하나 더 들어, 망설이는 여러분의 등을 한 번 더 떠밀어보고자 한다.

대학을 졸업하고 나서 앞으로 무엇을 해야 할지 갈피를 잡지 못한 나는 일단 경영대학원 두 곳에 원서를 냈다. 이때 첨부했던 자기소개서를 여기에 공개하겠다.

통신 기술의 눈부신 발달로 '머지않아' 우리 생활이 몰라보게 달라질 것이라고 확신한다. 이동통신 기술의 혁신(특히 쌍방향 케이블 시스템)으로 TV 수상기가 신문, 컴퓨터, 학교, 전자투표기, 카탈로그 등의 역할이 통합된 이른바 '정보의 동맥' 역할을 하게 될 것이다.

이것이 전통적 광고 시장 및 광고 모형에 엄청난 변화를 몰고 올 것이다. 신기술 덕분에 고객 세분화가 이루어지고 구태의연한 기존의 광고 형태에서 벗어나 각 광고주와 그 광고주의 표적 고객을 겨냥한 새로운 광고 포맷을 개발할 수 있을 것이다. 세분화된 고객층을 기반으로 설득과 광고 효과에 관한 좀 더 정교한 측정 및 검증 기법이 개발될 것이다.

이보다 더 중요한 것은 앞으로는 기술업계 종사자에 대한 이해도 및 기술 인재들에게 동기를 부여해줄 방법을 고민하고, 향후 직면하게 될 문제를 예측하는 능력을 갖춘 경영진을 육성하는 일에 힘을 쏟게 될 것이라는 점이다.

이 자기소개서를 써서 제출했던 1980년에 나는 이 모든 것이 가능하다고 확신했다. 절대로 허튼 소리가 아니었고, 내 나름의 근거에 따른 예측이었다. 그러나 안타깝게도 내가 지원한 경영대학원마다 나를 퇴짜 놓았다. 그런데 결과적으로 40여 년 전에 썼던 내용이 그대로

▶▶▶

현실이 됐다. 게다가 내 예측에서 한 발 더 나아가 통신 기술의 발달로 '머지않아' 우리 생활이 몰라보게 달라지는 것이 아니라 '이미' 달라졌다. 또 인터넷은 광고 분야에 큰 변화를 일으킨 것을 넘어 소비자와의 상호 작용방식에도 큰 변화를 일으켰다. 그리고 기술업계 종사자에 대한 이해도가 높고, 그 분야에서 발생할 문제를 예측하는 능력을 갖춘 임원을 육성하는 일이 전보다 훨씬 중요해졌다.

이러한 맥락에서 여러분의 역할이 중요하다. AOL을 통해 '미국의 온라인화'에 참여할 수 있었던 것이 나로서는 크나 큰 행운이었다. 이제 3차 인터넷 혁명을 주도하느냐 마느냐는 바로 여러분 손에 달렸다. 무사히 변화의 물결을 타려면 여러분의 도움이 필요하다. 1, 2세대 혁신 기업인보다 더 큰 변화의 물결 속을 도도히 헤쳐나갈 여러분의 모습을 생각하면 내 가슴이 뛴다. 그리고 솔직히 말하면 그런 여러분이 부럽고 살짝 질투가 나기도 한다. 3차 인터넷 혁명이 그런 의미 있는 변화를 이끌어낼 가능성을 보여주는 지금, 이보다 더 가슴 벅차고 이보다 더 흥분되는 경험이 또 어디 있겠는가!

이 역사적인 순간을 맞아 여러분 내면에 숨어 있던 '혁신가'를 두드려 깨워야 한다. 기존의 질서를 무조건 받아들이는 것은 거부하고 항상 새로운 것을 찾는 '혁신 본능'을 자극해야 한다. 그렇게 깨어난 혁신 본능이 여러분을 늘 탐구하고, 질문하고, 틀을 깨는 개척자의 세계로 인도할 것이다. 창업자든, 시도할지 말지 고민하는 기업의 임원이든 간에 이러한 내면의 목소리에 귀 기울여야 한다.

내 경험상 장담컨대 분명히 골치 아픈 일, 가슴 아픈 일이 한두 가지가 아닐 것이다. 반대의 목소리가 들끓을 것이다. 1896년에 자동차가 처음 나왔을 때도 "말을 타!"라며 조롱했던 사람들이 있었다. '인터넷'을 어떻게 발음하는지조차 몰랐고, 인터넷이 필요하리라고는 생각조차 하지 못했던 사람들이 있었다.

여러분이 할 일은 '할 수 있어!'라고 속삭이는 내면의 목소리에 귀를 기울이는 것이다. 넬슨 만델라도 이런 말을 했다.

"해내기 전까지는 다 불가능해 보인다."

미래는 불확실하다. 분명히 그렇다. 그러나 불확실하기에 더 끌리는 법이다. 또 쉽지 않은 일이라는 것도 분명한 사실이다.

그래서 루스벨트가 1세기 전에 했던 말을 명심할 필요가 있다.

이러쿵저러쿵 비평만 하는 사람이 아니라 직접 현장에서 일하는 사람이 중요하다. 얼굴이 먼지와 땀으로 범벅이 될 정도로 열심히 노력하는 사람, 실패해도 자꾸 도전하는 사람 그런 사람이 정말로 가치 있는 사람이다. 실패 없는 수고는 없다고 하지 않던가! 노력하다 보면 실수를 저지를 수도 있다. 그러나 계속해서 노력하는 사람, 열정과 공헌의 가치를 아는 사람, 대의를 위해 자신의 귀중한 시간을 할애할 줄 아는 사람은 최상의 시나리오에 따라 성공이라는 단 열매를 맛볼 수 있다. 설사 최악의 경우 실패한다 해도 적어도 시도는 해보고 겪은 실패라 아쉬울 것이 없다. 아무것도 시도하지 않는 냉소적이고 비겁하고 소심한 사람은 성공도 실패도 경험하지 못한다. 이들에게는 그럴 자격도 없다.

이제 그만 이 책을 내려놓기 바란다. 그리고 옆에 있는 스마트폰을 집어 들어라. 가슴 속에서 야망이 꿈틀대는 것이 느껴진다면 창업도구들을 챙겨 들고 행동에 나서라. 겁낼 필요 없다. 쓰러질 수도 있다. 다시 일어나면 된다. 멈추지 말고 계속 시도하라. 모두가 잠든 한밤중에 이것저것 생각하고 또 생각하라. 자부심이 느껴질 만한 일을 하라. 그러나 일시적 성공에 취해 다음 도전을 등한시하지는 마라.

실행하라. 지금까지 이룬 것을 과감하게 포기하고 처음부터 다시 시작할 때다. 세상이 여러분을 기다리고 있다.

한번 해보지 않겠는가!

감사의 글

내가 책을 낸 것은 이번이 처음이다. 스콧 피츠제럴드[F. Scott Fitzgerald]가 이런 말을 한 적이 있다. "말하고 싶은 것이 있어서가 아니라 말해야 하는 것이 있어서 책을 쓰는 것이다." 그동안 AOL이나 인터넷의 역사에 관한 책을 한번 써보지 않겠느냐는 제의를 여러 번 받았으나 나는 과거보다는 미래에 더 관심이 더 많았기 때문에 별로 내키지 않았다. 그런데 3차 인터넷 혁명이 여러 가지 면에서 1차 인터넷 혁명과 많이 닮았다는 사실을 알게 되면서 생각이 달라졌다. 미래는 과거에 바탕을 둔다는 사실을 새삼 깨달은 나는 책을 써야겠다는 의지가 갑자기 불타올랐다.

20년 동안 억눌려 있던 집필 본능(?)이 뒤늦게 발동하면서 오히려 의욕이 넘쳐났다. 그러나 나 혼자서는 역부족이라는 것을 잘 알고 있었기 때문에 최고 인재들의 도움을 받기로 했다.

먼저 월터 아이작슨에게 손을 내밀었다. 아이작슨과는 20년 넘게 알고 지낸 사이고, 6년 전에 함께 비행기를 타고 가다가 책을 한번 써보면 어떨까 하는 이야기를 처음 했었다. 이때는 아이작슨이 스티브 잡스로부터 전기를 써달라는 제의를 받은 직후였고, 디지털 혁명의

320

역사를 담은 아이작슨의 명저《이노베이터》의 집필을 막 시작한 시점이었다. 내가 책을 쓰기로 했다고 말하자 아이작슨은 바로 도움을 줬다. 아이작슨은 내 초고를 읽고 이것저것 비평해줬다. 게다가 고맙게도 서문까지 써줬다.

나는 이른바 '대중의 지혜'라는 것을 믿는 사람이다. 그래서 이번에도 여러 사람에게 내 원고를 보여주고 조언을 얻었다. 한 사람이 쓴 것보다 이렇게 여러 사람의 지혜가 들어가는 것이 훨씬 나은 결과를 낸다고 생각한다.

이 책을 쓰는 내내 귀중한 시간을 내주며 상세하고도 솔직한 비평을 해준 사람들이 있었다. 이들에게 심심한 감사의 마음을 전한다. 내 오랜 친구인 콜린 파월(전 AOL 이사회 임원)은 에피소드를 좀 더 추가하는 것이 더 생동감이 나지 않겠느냐는 의견을 주었다. 조직에 관한 부분은 톰 티어니[Tom Tierney]의 조언이 많은 도움이 됐다(베인[Bain]의 CEO 출신이니 그 내용이 얼마나 가치 있었겠는가!). 내 절친이자 AOL과 레볼루션의 파트너로서 20년 넘게 관계를 이어온 테드 레온시스도 내게 큰 힘이 돼주었다. 데이비드 페트라우스[David Petraeus]의 따끔한 충고도 여러 가지로 도움이 됐다. 브래드 펠드[Brad Feld]는 테크스타즈[Techstars]의 공동 창업자이자 스타트업에 관한 책을 다수 출간한 저자로서 창업 기업인의 관점에서 차세대 창업 기업인의 자세에 관해 유용한 의견을 제시했다. 항상 부지런한 돈 그레이엄[Don Graham]은 기업인으로서 자신의 경험을 토대로 이 책을 처음부터 끝까지 꼼꼼히 검토해줬다.

'나머지 지역'에 속하던 여러 곳을 돌아다닐 때 항상 동행했던 로스 베어드Ross Baird는 지역 기업인에 관한 부분을 쓸 때 여러 가지 조언을 해주었다. 기업인 출신의 현 하원 의원인 존 딜레이니John Delaney는 업계와 정부를 이어줄 중요한 연결고리로서 혁신을 주도하는 정부의 역할에 관해 많은 조언을 해줬다. 창업가 출신으로 백악관 최고기술책임자가 된 토드 박, 예산관리국 국장이 된 내 오랜 동료 프랭크 레인즈도 많은 도움을 줬다. 존 헌츠먼Jon Huntsman은 중동 지역을 여행하는 중에도 여러 가지 조언을 아끼지 않았고, 이를 통해 미국이 세계 최강국이 된 비결이 다름 아닌 '혁신'과 '기업가 정신'이라는 사실을 다른 국가들도 다 알게 됐다는 점을 다시 한 번 깨닫게 됐다.

맥킨지앤드컴퍼니McKinsey & Company의 글로벌 매니징 디렉터 도미니크 바튼Dominic Barton은 전략적 관점에서 〈포천〉 500대 기업이 직면한 도전 과제와 관련하여 소중한 의견을 피력했다. 록히드마틴Lockheed Martin의 전 CEO 노엄 오거스틴Norm Augustine은 정부와 업계가 힘을 합쳐야 한다는 내 견해에 힘을 실어줬다.

원고를 다듬고 정리할 때 조언을 구했던 사람이 한둘이 아니다. 특히 내 글에 대해 솔직하고 건설적인 피드백을 해준 많은 친구와 동료에게 감사하고 싶다. 도움을 준 사람들을 다 열거하자면 한도 끝도 없으나 몇 사람을 소개하면 다음과 같다. 데이비드 애거스David Agus, 존 브릿지랜드John Bridgeland, 워렌 버핏, 스티브 클레먼즈Steve Clemons, 톰 데이비드슨Tom Davidson, 지그스 데이비스Jiggs Davis, 도우 홀러데이Doug Holladay, 제프 이멜트, 마이클 린턴[Michael Lynton], 존 맥카터[John McCarter], 레니 멘도카[Lenny Mendonca], 크리스틴 그루스 리치먼드, 데이비드 루벤스타인[David Rubenstein], 셰릴 샌드버그, 마크 세리프, 짐 셸턴[Jim Shelton], 피터 심즈[Peter Sims], 데이비드 스코튼[David Skorton], 마이클 스미스[Michael Smith], 앨런 스푼[Alan Spoon], 커스텐 사엔즈 토베이, 쉘 타일[Sheel Tyle] 등이다. 그리고 필리프 부르귀뇽[Philippe Bourguignon], 에리히 브록사스[Erich Broksas], 돈 데이비스[Donn Davis], 데이비드 골든, 실러 헐링[Sheila Herrling], 스콧 힐레보[Scott Hilleboe], 에번 모건[Evan Morgan], 브라이언 새서[Brian Sasscer], 타이지 새비지, 클래러 지크[Clara Sieg] 등을 비롯한 레볼루션과 케이스 재단의 수많은 동료에게도 감사한다.

무한한 능력의 소유자 론 클라인이 이끈 지원팀의 도움이 없었다면 이 책은 세상에 나오지 못했을 것이다. 특히 밥 바넷[Bob Barnett]의 리더십과 성실함에 힘입은 바 컸다. 그리고 딜런 로[Dylan Loewe]와 연설문 작성 대행사인 웨스트윙라이터스[West Wing Writers] 팀이 아주 큰일을 해줬다. 이들은 그동안 내가 했던 인터뷰와 연설 내용을 꼼꼼히 조사하여 이 책에서 주장하려는 하는 바의 근거를 명확히 하는 데 도움이 되는 자료를 만들어줬다. 또 앨리 번즈[Allie Burns], 매리사 홉킨스 세크레토[Marissa Hopkins Secreto], 허비 지스켄드[Herbie Ziskend], 안드리아 콜레스니코프[Andria Kolesnikoff] 등에게도 감사한다. 이들은 가능한 한 많은 사람이 이 책을 읽을 수 있도록 좀 더 흥미로운 책으로 만들고자 애를 써줬다.

출판사 사이먼앤드슈스터[Simon & Schuster]도 빼놓을 수 없다. 출간 논의 때문에 수많은 출판사와 접촉할 기회가 있었으나 나는 곧바로 카르프

로넨$^{Karp\ Loehnen}$, 벤 로넨$^{Ben\ Loehnen}$과 의기투합했고, 이 책을 준비하는 내내 이들의 통찰력과 진심 어린 격려가 큰 도움이 됐다.

지난 10여 년 동안 수많은 기업인을 만날 기회가 있었다. 이들의 경험담에서 영감을 받았고, 이들이 품은 높은 이상과 비전에 감명받았다. 내 투자 회사 레볼루션은 10년 전에 영업을 시작한 이후로 100여 개에 달하는 기업을 지원했다. 우리를 자사의 파트너로 삼아준 기업, 창업 기업인들이 자신의 아이디어를 사업화할 수 있도록 지원해준 수많은 투자자, 매일 고군분투하며 자사의 발전을 위해 열심히 일해준 수백, 수천의 근로자, 신생 기업이 만든 제품이나 서비스를 구매해준 수백만 명의 소비자 등에게 정말 감사한다.

우리는 세상을 바꿀 수 있는 혁신적 아이디어 그리고 그러한 아이디어를 실현할 수 있는 사람에게 투자하고 싶었고, 또 그렇게 해왔다고 자부한다. 레볼루션을 통해 그리고 케이스 재단을 통해 사회에 긍정적 영향을 미칠 기회가 우리에게 주어졌다는 사실이 감사할 따름이다.

나는 대학에 다니던 때인 1980년에 앨빈 토플러의 《제3의 물결》을 읽고 크게 감명받았다. 그래서 토플러에게 경의를 표하는 마음으로 이 책에도 같은 제목을 붙였다. 지금의 젊은 친구들이 이 책을 읽고 내가 토플러의 책을 읽었을 때와 같은 감명을 느낄 수 있기를 바랄 따름이다.

이제 내 가족에게 감사를 표하고 싶다. 아내 진을 만난 것은 1988년이었다. 진이 한창 잘나가던 GE를 떠나 신생업체인 AOL에 합류하기로 했을 때 나는 정말 기뻤다. 이후 아내 진은 AOL이 성장하는 데 큰 역할을 했고, 더불어 내 인생에서도 중요한 역할을 했다. 진은 물론 이 책이 출판되기까지의 전 과정에서 아낌없는 지원을 해준 통찰력 있는 조언자였다. 게다가 케이스 재단이 설립된 이후 20여 년 동안 이 재단을 잘 이끌어줬다. 살아오는 동안 우여곡절을 겪는 내 모습을 보면서 묵묵히 곁을 지켜준 부모님 댄 케이스와 캐롤 케이스에게 감사한다. 누나 카린Carin과 남동생 제프Jeff 그리고 먼저 세상을 떠난 형 댄에게도 감사의 마음을 전하고 싶다. 특히 댄은 내가 창업 기업인으로서 성공하는 데 결정적 역할을 해준 정말 고마운 사람이다. 그리고 이 자리를 빌려 형의 빈자리를 채워준 형수 스테이시Stacey에게도 감사를 전한다. 그리고 내 아이들 에버렛Everett, 애니Annie, 케이티Katie 그리고 두 의붓딸 니키Nikki와 케이티Katie에게도 고마운 마음을 전한다. 반듯한 성인으로 잘 자라준 것이 고맙고 자랑스러울 따름이다. 전처인 조앤 바커Joanne Barker에게도 감사한다. 전처는 AOL 초창기 시절에 나를 많이 격려해줬고, 무엇보다 전처 덕분에 아이들이 잘 자랄 수 있었다.

그리고 무엇보다 AOL이 세상에 나오지 않았다면 이 책이 나올 일도 없었을 것이다. AOL의 공동 창업자인 짐 킴지와 마크 세리프에게는 항상 고마운 마음뿐이다. 그리고 그 어려웠던 창업 초기 시절을 함께 했던 수십 명의 개척자(?) 그리고 이후 우리와 함께한 수백, 수천의 AOL 직원 모두에게 감사한다.

AOL을 창업한 1985년에는 미국의 온라인 사용 비율은 3%밖에 안 됐고, 대다수는 온라인이 왜 필요한지조차 몰랐다. 그런데 내가 CEO 자리에서 물러났던(타임워너와의 합병 협상을 원활히 하고자) 2000년에는 인터넷이 성년기에 접어들었고, 미국 인터넷 트래픽의 절반가량이 AOL을 거치고 있었다. 팀원들의 지칠 줄 모르는 도전과 열정의 시간이 없었다면 이 모든 것이 불가능했을 것이다. 기업가 정신의 핵심은 '팀워크'라는 것을 체감했다. 그런 면에서 우리는 최강의 '드림팀'이었다. 그리고 AOL을 믿고 우리와 함께 해준 수많은 사람에게 심심한 감사의 마음을 전하고 싶다. 또 AOL 시제품을 무료로 배포하는 데 도움을 준 모든 사람에게 감사한다. 이러한 도움이 없었다면 성공은 꿈도 꾸지 못했을 것이다. 이들의 믿음과 지원이 지금의 성공담을 만든 것이다.

끝으로 자신의 책상 위에서 혹은 차고 안에서 아이디어를 갈고 닦는 차세대 기업인에게 감사하고 싶다. 이들 덕분에 3차 인터넷 혁명이 새로운 혁신의 시대를 만들 것이다.

미래 변화의 물결을 타라

초판 1쇄 발행 2016년 10월 10일

지은이 스티브 케이스
옮긴이 이은주
펴낸이 이형도

펴낸곳 ㈜ 이레미디어
전화 031-919-8511(편집부), 031-919-8513(주문 및 관리)
팩스 031-907-8515
주소 경기도 고양시 일산동구 무궁화로 20-38 로데오탑 302호
홈페이지 www.iremedia.co.kr
카페 http://cafe.naver.com/iremi
이메일 ireme@iremedia.co.kr
등록 제396-2004-35호

편집 정은아, 최연정
디자인 사이몬
마케팅 신기탁

ISBN 979-11-86588-85-7 03320

가격은 뒤표지에 있습니다.
잘못된 책은 구입하신 서점에서 교환해드립니다.

이 도서의 국립중앙도서관 출판시도서목록(CIP)은 서지정보유통지원시스템 홈페이지(http://seoji.
nl.go.kr)와 국가자료공동목록시스템(http://www.nl.go.kr/kolisnet)에서 이용하실 수 있습니다.
(CIP제어번호: CIP2016021846)